Nel dicembre del 1945, due contadini scoprirono per caso, scavando nel cimitero di Nag Hammadi (Alto Egitto), una giara che conteneva tredici codici. Ai primi decifratori si rivelarono così cinquantatré testi gnostici, sino allora sconosciuti, in traduzione copta: fra questi, tre dei quattro *Vangeli* che vengono qui pubblicati nella versione e con il commento di Luigi Moraldi. La scoperta di Nag Hammadi ha avuto conseguenze sconvolgenti, che ancora si manifestano: non solo per quel che significava in sé il ritrovamento di alcuni fra i testi religiosi più alti che conosciamo, ma perché con essi affiorava una ricchissima testimonianza diretta della Gnosi, che ha costretto a mutare molte delle idee acquisite.

I Vangeli gnostici

Vangeli di Tomaso, Maria, Verità, Filippo

A CURA DI LUIGI MORALDI

ADELPHI EDIZIONI

© 1984 ADELPHI EDIZIONI S.P.A. MILANO

I edizione GLI ADELPHI: settembre 1993
X edizione GLI ADELPHI: giugno 2005

WWW.ADELPHI.IT

ISBN 88-459-1009-1

INDICE

PREFAZIONE

« *Quando apparve il Logos, che è nel cuore di quanti lo proferiscono, tra i vasi si produsse un grande turbamento perché gli uni erano vuoti e gli altri erano pieni, gli uni erano dritti e gli altri rovesciati* ». *Questo giudizio che danno i nostri Vangeli gnostici sullo sconcerto verificatosi all'apparizione di Gesù e del suo messaggio, può essere valido anche per lo sconcerto che, in forme più o meno clamorose, si è rinnovato ogni quarto di secolo fino ai nostri giorni. A volte assume forme piuttosto grossolane negando o mettendo in dubbio la stessa esistenza di Gesù. Gli gnostici non erano di questa opinione. Per loro Gesù Cristo faceva ancora tremare il mondo: « Se dici: " Sono cristiano " il mondo trema ». Non è nei Vangeli gnostici che si possono trovare argomenti per negare la sua realtà storica. Colpisce, invece, lo smarrimento, la tristezza e malinconia che avvolge gli apostoli allorché egli, terminata la missione terrestre, si allontana da loro. I maestri gnostici si ritenevano eredi degli apostoli e pensavano di essere fortunati per il fatto stesso d'avere compreso che erano « nel bisogno » e che ciò di cui avevano bisogno era grande, in quanto avevano bisogno di ciò che li rendeva « perfetti ». Era loro convinzione che prima della venuta del Cristo nel mondo non c'era pane.*

I Vangeli gnostici sono meditazioni su Gesù Cristo, sul suo messaggio, sulle reazioni che suscita in ogni credente, specie se intellettuale; e naturalmente sul modo di intendere il messaggio. I Vangeli gnostici non sono raccolte di dati biografici su Gesù: nulla del genere. Presuppongono nei lettori una conoscenza accurata del kérygma e della didaché, cioè sia dell'annunzio cristiano sia dei primi sviluppi e approfondimenti. Gli autori di questi Vangeli sono intellettuali cristiani. Conoscevano i nostri quattro Vangeli canonici? A una prima lettura parrebbe di sì. Ma studi più attenti gettano molti dubbi sulla prima impressione. D'altronde, ognuno dei nostri Vangeli richiede un esame particolare. Un giudizio d'insieme non è possibile. Non v'è dubbio che gli autori gnostici conoscevano quella che si suole chiamare « la tradizione sinottica » e « la tradizione giovannea », in forme che nel periodo in cui furono scritti i Vangeli gnostici non avevano ancora l'ufficialità che fu loro riconosciuta poco dopo. È verosimile, anzi, che i nostri quattro Vangeli canonici non avessero ancora la forma a noi oggi familiare. Quello della redazione dei Vangeli canonici e della formazione del canone cristiano del Nuovo Testamento è un campo non così chiaro da permettere delle sentenze sicure dal punto di vista cronologico. Una datazione approssimativa, basata su di un complesso di convergenze, ci porta a un periodo assai più vicino agli inizi della predicazione apostolica di quanto propongono, a volte, sentenze disinformate. Per i Vangeli gnostici abbiamo datazioni diverse dall'uno all'altro. Gli anni nei quali si collocano vanno dal 120 al 200 circa. Tanta è l'antichità di questi Vangeli.

Nel contesto di tradizioni evangeliche e Vangeli scritti, occorre tenere presente che nel periodo apostolico il termine « Vangelo » non fu mai adoperato come titolo di un libro contenente l'attività e le parole di Gesù, ma solo per designare il messaggio di salvezza

portato da Gesù: prima di essere un libro, fu una pa-
rola; prima di essere scritto, fu predicato; fu ascoltato
prima di essere letto. Servendomi del termine « Van-
gelo », come ogni studioso, non intendo istituire con-
fronti con l'uso familiare e, tanto meno, con i Vangeli
canonici; prendo il termine nel senso cristiano primi-
tivo di messaggio di salvezza apportato da Gesù. Mes-
saggio che in ultima analisi è lo stesso Gesù: « Chi per-
de la sua vita a causa mia e del Vangelo... » (Mc., 8, 35);
« Chi perde la sua vita per causa mia la troverà » (Mt.,
16, 25); aspetto, questo, molto evidente nei Vangeli
gnostici.

Quanto alla forma e al contenuto, cioè per lo stile
e per lo spazio temporale entro il quale si mantengono,
non assomigliano ai Vangeli canonici né ai Vangeli
apocrifi. Nel Vangelo di Tomaso abbiamo un note-
vole numero di « detti » di Gesù; « detti » che carat-
terizzano questo Vangelo. Negli altri i « detti » di Ge-
sù sono rarissimi, abbiamo invece delle meditazioni
su Gesù.

... Davanti alla verità l'uomo non si trova come di
fronte al mondo: vede il sole, pur non essendo il sole;
vede il mare pur non essendo il mare; ma se tu hai vi-
sto qualcosa di quel luogo, sei diventato quello che hai
visto. Egli parlò del luogo da cui ciascuno è venuto e
della regione nella quale ha ricevuto il suo essere es-
senziale. Il luogo al quale rivolsero il pensiero, quel
luogo è la loro radice. Gesù venne da quel luogo, don-
de portò del cibo. A chi lo desidera ha dato la vita.
Presteranno attenzione alla loro radice. Gesù dissimu-
lò segretamente ogni cosa. Egli, infatti, non si mani-
festò quale era realmente, ma si manifestò come lo si
poteva vedere: grande ai grandi, piccolo ai piccoli, an-
gelo agli angeli, uomo agli uomini. Perciò il suo Logos
si è nascosto a tutti. Alcuni lo vedono credendo di ve-
dere se stessi. La verità non è venuta nuda in questo
mondo, ma in simboli e in immagini: non la si può af-
ferrare in altro modo. Colui che è incapace di ricevere,

a maggior ragione è incapace di dare. La fede riceve, l'amore dà. Nessuno può ricevere senza la fede, nessuno può dare senza l'amore. Per questo appunto crediamo, per ricevere veramente: e così possiamo amare e dare.

I maestri gnostici, autori dei nostri Vangeli, non presentano queste e tante altre espressioni del genere come « detti » di Gesù; sono loro pensieri scaturiti dalla riflessione. I Vangeli gnostici sono meditazioni ed esposizioni sottili dettate da maestri dello gnosticismo. Ciò che colpisce e li differenzia profondamente dai quattro Vangeli canonici è l'atmosfera diversa, apertamente intellettualista. Affrontano direttamente ogni lettore in prima persona e lo pongono di fronte a ragionamenti, non a narrazioni, spesso incitandolo ad arrestare la lettura con pause di riflessione. Seguirli è una aperta battaglia e gli autori, ben coscienti di tale impegno personale, non si rivolgono inutilmente a tutti. Insegnano che a partire da Adamo furono generate tre nature: l'irrazionale, la razionale, la pneumatica o spirituale; la prima è perduta, la seconda è la natura della scelta e della lotta, la terza è la natura della lotta certa della vittoria. Sanno che nel mondo c'è del buono e del cattivo: che il buono non è buono, e il cattivo non è cattivo.

I maestri gnostici sono intellettuali cristiani agli albori del cristianesimo. Hanno ancora viva l'ebbrezza della nuova fede. Interpellano uditori e lettori: voi siete i figli della gnosi, cioè della conoscenza e dell'amore. Poneteci domande su Gesù, poiché è difficile presentarlo. L'ignoranza è schiava, la gnosi è libertà.

Come ogni lettore constaterà i nostri maestri non tengono d'occhio l'Antico Testamento, come, con diversa attenzione, fanno gli autori dei libri del Nuovo Testamento. Si muovono in un modo assolutamente indipendente. Si noterà ad esempio che non è menzionato alcun personaggio dell'Antico Testamento: e questa non è una constatazione di poco conto. Hanno ac-

*colto e propongono il messaggio cristiano con la loro
sofisticata formazione intellettuale nell'ellenismo del
tempo: più marcatamente l'autore del* Vangelo di Verità; *tradisce, probabilmente, una provenienza dal-
l'ellenismo ebraico l'autore del* Vangelo di Filippo.
*Ognuno si muove con sicurezza, ma sempre consape-
vole che l'oggetto del suo discorso abbondantemente
lo sorpassa.*

*Nelle mie note ho fatto uso della lunga familiarità
che ho con i testi gnostici e mi sono preoccupato di
chiarire il testo, senza la pretesa di esaurirne il significato; ho curato di porre il lettore sulla strada da percorrere. A volte ho deliberatamente lasciato alla riflessione personale del lettore la gioia della scoperta. Sono testi non facili, anche quando all'apparenza si di-
rebbe il contrario. Non ho mai avuto la pretesa di porre note pienamente esaurienti, consapevole che sarebbe stata una grossolana mancanza verso il personale
pensiero del lettore. La ricchezza di questo materiale
evangelico gnostico non è forse deliberatamente volu-
ta per allargare e approfondire la mente e il cuore del
lettore? A volte le note hanno la sola funzione di sti-
molare, perciò possono dare un senso di incompiutez-
za. La mia più attenta cura fu di comprendere il testo
copto e di renderlo fedelmente. Le versioni sono sempre difficili perché ogni lingua ha particolarità che
l'esperto non sempre è sicuro di rendere adeguatamen-
te; difficoltà e perplessità sono numerose quando si
tratta del copto di questi testi, che mostra molte caratteristiche per noi inconsuete prima della scoperta dei
manoscritti di Nag Hammadi. A volte l'ambiguità del
testo rasenta l'incomprensibilità, e tuttavia è necessaria un'opzione. Nei passi di maggiore importanza e
ove le perplessità sono più vive, rinvio in nota ad altre
versioni. In generale si osservi che è di fondamentale
importanza « sentire » con i testi, seguire la linea del
loro pensiero. Ogni versione deve assoluta fedeltà al-
l'originale, ma entro i limiti nei quali la fedeltà per-*

mette una sufficiente chiarezza: a questa norma si attengono le presenti versioni.

Parafrasando un testo di questi Vangeli così pregnanti, termino con l'augurio — per me che li ho curati e per quanti li leggeranno — che non capiti mai ciò che successe a quell'asino che girando attorno a una mola percorse cento miglia; quando fu sciolto si trovò ancora nello stesso posto. Certi uomini camminano molto, ma non arrivano mai da nessuna parte.

NOTA GENERALE
SULLE EDIZIONI DEI TESTI DI NAG HAMMADI

I codici contenenti i testi gnostici comunemente denominati « Testi di Nag Hammadi » dovettero attendere a lungo la pubblicazione definitiva (dal dicembre 1945, data della scoperta, al 1972, data del primo volume in facsimile). In questo periodo gli scritti conobbero varie peripezie. Alcuni furono parzialmente o integralmente studiati e pubblicati in edizioni che rappresentarono a volte un vero e proprio scoop giornalistico: anche per oggettive condizioni di fatto, si trattava di versioni non basate su 'originali' controllati accuratamente. Introdussero pertanto designazioni (numeri dei codici, pagine, righe, ecc.) errate o molto approssimative, che generarono una notevole confusione. In una simile situazione, quando dei manoscritti era nota soltanto una piccola parte, si diffusero false numerazioni di codici e titolature non verificate.

Tutto si avviò a una definitiva sistemazione non appena cominciarono a uscire i grandi volumi dell'edizione, frutto del lavoro accuratissimo di una équipe di specialisti e di molti tecnici, che mise a disposizione degli studiosi uno strumento indispensabile e unico: The Facsimile Edition of the Nag Hammadi Codices, Published under the Auspices of the Department of Antiquities of the Arab Republic of Egypt in Conjunction with the United Nations Educational, Scientific and Cultural Organization; *il primo volume fu edito nel 1972 e gli ultimi nel 1977. La serie completa consta di 10 volumi contenenti tutti i testi in lingua copta. A questi volumi fanno ormai riferimento tutti gli studiosi e su di essi è scrupolosamente basata la presente versione italiana nonché tutte le indicazioni critiche che l'accompagnano (designazione dei codici, delle pagine, delle righe e dei titoli).*

Nella bibliografia particolare che ho annesso a ogni singolo Vangelo ho menzionato anche le prime edizioni parziali e imperfette del testo copto, che hanno importanza per la storia della conoscenza dei testi.

Sulle scoperte, sui codici, sui titoli degli scritti e per la versione italiana di alcuni tra i più importanti, rinvio al mio volume, Testi gnostici, *Torino, 1982.*

Per ovviare alle confusioni e incertezze del passato, oggi gli studiosi si attengono nelle citazioni al seguente metodo: si rinvia all'edizione in facsimile, facendola seguire dal numero del codice, della pagina e delle righe cui ci si riferisce. Tale è il procedimento qui adottato nel presentare i testi, accompagnati, a margine, dall'indicazione delle pagine e delle righe (numerate ogni dieci). Allo stesso criterio mi sono attenuto nel rinviare ad altri testi. Ad esempio: NHC, XIII, 35, 1-10, cioè NH, Codex XIII (dell'edizione in facsimile), p. 35 dalla riga 1 alla riga 10. Oppure si dà la titolatura ufficiale del trattato, facendo seguire le stesse indicazioni; ad esempio: Protennoia Trimorfe, *35, 1-10. Di questo metodo mi sono servito nelle note e nei commenti.*

L. M.

I VANGELI GNOSTICI

VANGELO DI TOMASO

CODICE II, 32, 10 - 51, 28

Nel *Vangelo di Tomaso* ho mantenuto la numerazione dei detti proposta dai primi curatori e normalmente seguita in ogni edizione; qui, come negli altri Vangeli, ho inoltre mantenuto in margine la numerazione delle pagine e delle righe dei codici copti.

Questi sono i detti segreti pronunciati da Gesù, il Vivente, e scritti da Didimo Giuda Tomaso.

[1] Egli disse: « Colui che scopre l'interpretazione di queste parole non gusterà la morte ».

[2] Gesù disse: « Colui che cerca non desista dal cercare fino a quando non avrà trovato; quando avrà trovato si stupirà. Quando si sarà stupito, si turberà e dominerà su tutto ».

[3] Gesù disse: « Se coloro che vi guidano vi dicono: Ecco il Regno (di Dio) è in cielo! Allora gli uccelli del cielo vi precederanno. Se vi dicono: È nel mare! Allora i pesci del mare vi precederanno. Il Regno è invece dentro di voi e fuori di voi. Quando vi conoscerete, allora sarete conosciuti e saprete che voi siete i figli del Padre che vive. Ma se non vi conoscerete, allora dimorerete nella povertà, e sarete la povertà ».

[4] Gesù disse: « Un vecchio che nei suoi giorni non esiterà a interrogare un bimbo di sette giorni riguardo al luogo della vita, vivrà. Giacché molti primi saranno ultimi, e diverranno uno solo ».

[5] Gesù disse: « Conosci ciò che ti sta davanti, e ti si manifesterà ciò che ti è nascosto. Giacché non vi è nulla di nascosto che non sarà manifestato ».

[6] L'interrogarono i suoi discepoli e gli dissero: « Vuoi tu che digiuniamo? Come pregheremo e daremo elemosina? E che norma seguiremo riguardo al vitto? ». Gesù disse: « Non mentite e non fate ciò che odiate,
20 giacché tutto è manifesto al cospetto del cielo. Non vi è nulla, infatti, di nascosto che non venga manifestato, nulla di celato che non venga rivelato ».

[7] Gesù disse: « Beato il leone mangiato da un uomo: diverrà uomo; maledetto l'uomo mangiato da un leone: l'uomo diverrà leone ».

30 [8] Egli disse: « L'uomo è simile a un pescatore saggio che gettò la sua rete in mare, e dal mare la ritirò carica di pesci piccoli. In mezzo a quelli il saggio pescatore scorse un bel pesce grosso; allora gettò via, in ma-
34 re, tutti i pesci piccoli e scelse senza sforzo il pesce grande. Chi ha orecchie da intendere, intenda! ».

[9] Gesù disse: « Ecco uscì il seminatore. Si riempì la mano e gettò (la semente). Qualcosa cadde sulla via: vennero gli uccelli e la beccarono; altro cadde sulla pietra: non mise radice in terra e non levò la spiga al
10 cielo; altro cadde tra le spine che soffocarono la semente, e il verme se la mangiò; altro cadde sulla terra buona e portò buon frutto su in alto: produsse (più) del sessanta e del cento per cento ».

[10] Gesù disse: « Ho gettato fuoco sul mondo, ed ecco, lo custodisco fino a che divampi ».

[11] Gesù disse: « Passerà questo cielo e passerà ciò che è sopra di esso, i morti non sono vivi e i vivi non
20 morranno. Nei giorni in cui mangiavate ciò che è morto, voi lo rendevate vivo. Quando sarete nella luce che cosa farete? Nel giorno in cui eravate uno, siete diventati due. Ma allorché siete diventati due che cosa farete? ».

[12] I discepoli dissero a Gesù: « Sappiamo che te ne andrai da noi. Chi tra di noi sarà il più grande? ». Gesù rispose loro: « Dal luogo ove sarete, andrete da Giacomo, il Giusto, per il quale sono stati fatti il cielo e la terra ».

[13] Gesù disse ai suoi discepoli: « Fatemi un paragone, ditemi a chi rassomiglio ». Simon Pietro gli rispose: « Sei simile a un angelo giusto ». Matteo gli rispose: « Maestro, sei simile a un saggio filosofo ». Tomaso gli rispose: « Maestro, la mia bocca è assolutamente incapace di dire a chi sei simile ». Gesù gli disse: « Io non sono il tuo maestro, giacché hai bevuto e ti sei inebriato alla fonte gorgogliante che io ho misurato ». E lo prese in disparte e gli disse tre parole. Allorché Tomaso ritornò dai suoi compagni, questi gli domandarono: « Che cosa ti ha detto Gesù? ». Tomaso rispose: « Se vi dicessi una delle parole che egli mi ha detto, voi dareste mano alle pietre per lapidarmi, e dalle pietre uscirebbe fuoco e vi brucerebbe ».

[14] Gesù disse: « Se digiunerete vi attribuirete un peccato; se pregherete vi condanneranno; se darete l'elemosina farete del male ai vostri spiriti. Se andrete in qualche paese e viaggerete nelle (sue) regioni, se vi accoglieranno, mangiate ciò che vi porranno davanti e guarite quanti tra loro sono infermi. Giacché ciò che entra dalla bocca non vi contaminerà, ma è ciò che esce dalla vostra bocca che vi contaminerà ».

[15] Gesù disse: « Quando vedrete colui che non è nato da donna, prostratevi bocconi e adoratelo: egli è il vostro Padre ».

[16] Gesù disse: « Forse gli uomini pensano che io sia venuto a gettare la pace sul mondo e non sanno che io sono venuto a gettare divisioni, fuoco, spada, guerra. Cinque saranno in una casa: tre contro due e due contro tre, il padre contro il figlio e il figlio contro il padre. Ed essi se ne staranno soli ».

[17] Gesù disse: « Vi darò ciò che occhio non vide, ciò che orecchio non udì, ciò che mano non toccò, e ciò che non entrò mai in cuore d'uomo ».

10 [18] I discepoli di Gesù dissero: « Manifestaci quale sarà la nostra fine ». Gesù rispose: « Avete scoperto il principio voi che vi interessate della fine? Infatti nel luogo ove è il principio, là sarà pure la fine. Beato colui che sarà presente nel principio! Costui conoscerà la fine e non gusterà la morte ».

[19] Gesù disse: « Beato colui che era prima di di-
20 venire. Se diverrete miei discepoli e ascolterete le mie parole, queste pietre saranno al vostro servizio. In paradiso, infatti, avete cinque alberi che non cambiano né d'estate (né) d'inverno e le loro foglie non cadono: colui che li conosce non gusterà la morte ».

[20] I discepoli di Gesù dissero: « Manifestaci a che cosa assomiglia il Regno dei cieli ». Egli rispose loro:
30 « È simile a un grano di senape, che è il più piccolo di tutti i semi, ma allorché cade su un terreno coltivato produce un grande ramo (e) diventa rifugio per gli uccelli del cielo ».

[21] Maria domandò a Gesù: « A chi assomigliano i
37 tuoi discepoli? ». Egli rispose: « Sono simili a bambini che si intrattengono in un campo che non appartiene loro.

« Allorché verranno i padroni del campo, diranno: "Lasciateci il nostro campo!". Essi (saranno) nudi davanti a loro mentre lasciano e restituiscono il campo. Perciò dico: Se il padrone di casa sa che verrà il ladro, vigilerà prima che venga, e non permetterà che penetri
10 nella casa del suo regno e asporti i suoi beni. Ma voi vigilate al cospetto del mondo! Cingetevi i fianchi di grande potenza, affinché i ladri non trovino la strada per giungere fino a voi. Giacché il profitto che aspettate, essi lo troveranno. Ci sia tra voi un uomo giudizioso! Allorché il frutto è maturo, egli viene subito re-

cando in mano la sua falce, (e) lo raccoglie. Chi ha orecchie da intendere, intenda ».

[22] Gesù vide dei bimbi che succhiavano il latte. 20 Disse ai suoi discepoli: « Questi bambini che prendono il latte assomigliano a coloro che entrano nel Regno ». Gli domandarono: « Se noi saremo bambini entreremo nel Regno? ». Gesù rispose loro: « Allorché di due farete uno, allorché farete la parte interna come l'esterna, la parte esterna come l'interna e la parte superiore come l'inferiore, allorché del maschio e della femmina farete un unico essere sicché non vi sia più 30 né maschio né femmina, allorché farete occhi in luogo di un occhio, una mano in luogo di una mano, un piede in luogo di un piede e un'immagine in luogo di un'immagine, allora entrerete nel *Regno* ».

[23] Gesù disse: « Vi sceglierò uno da mille e due *38* da diecimila; e saranno confermati come una sola persona ».

[24] I suoi discepoli dissero: « Istruiscici sul luogo ove tu sei, giacché per noi è necessario che lo cerchiamo ». Egli rispose loro: « Chi ha orecchie, intenda. Nell'intimo di un uomo di luce c'è luce e illumina tutto il mondo. Se non illumina, sono tenebre ». 10

[25] Gesù disse: « Ama tuo fratello come l'anima tua. Veglia su di lui come la pupilla del tuo occhio ».

[26] Gesù disse: « Vedi la pagliuzza nell'occhio del tuo fratello, ma non vedi la trave che è nel tuo occhio. Quando dal tuo occhio avrai tolto la trave, allora vedrai (abbastanza) per togliere la pagliuzza dall'occhio di tuo fratello ».

[27] (Gesù disse): « Se non digiunate verso il mondo, non troverete il Regno. Se non osservate il sabato come un sabato, non vedrete il Padre ». 20

[28] Gesù disse: « Mi sono trovato in mezzo al mondo, e mi manifestai loro nella carne. Li trovai tutti ubriachi; tra essi non ne trovai alcuno assetato.

« E l'anima mia è tormentata per i figli degli uomini, perché in cuor loro sono ciechi e non vedono: vennero nel mondo vuoti e cercano di uscire dal mondo vuoti.

30   « Ma ora sono ubriachi. Allorché avranno vomitato il loro vino, allora faranno penitenza ».

[29] Gesù disse: « Se la carne pervenne all'esistenza a motivo dello spirito, è una meraviglia. Se lo spirito è pervenuto all'esistenza a motivo del corpo, è una meraviglia delle meraviglie. Ma io mi stupisco che una tale ricchezza abbia preso dimora in questa povertà ».

[30] Gesù disse: « Dove si trovano tre dèi, sono tre dèi; dove sono due o uno io sono con lui ».

[31] Gesù disse: « Un profeta non è accetto nel suo paese. Un medico non cura quelli che lo conoscono ».

[32] Gesù disse: « Una città costruita su un alto monte (e) fortificata, non può cadere né essere nascosta ».

[33] Gesù disse: « Ciò che udrai in un orecchio, proclamalo sui vostri tetti nell'altro orecchio. Nessuno, infatti, accende una lucerna per metterla sotto il moggio, né la pone in luogo nascosto, bensì la mette su un candeliere affinché quelli che entrano e quelli che escono vedano la sua luce ».

[34] Gesù disse: « Se un cieco guida un cieco, cadono ambedue in una fossa ».

[35] Gesù disse: « Non è possibile che uno entri nella casa di una persona forte e la prenda con la forza se prima non le lega le mani. Allora potrà saccheggiare la sua casa ».

[36] Gesù disse: « Non siate ansiosi da mattino a sera e dalla sera al mattino su come vi vestirete ».

[37] I suoi discepoli domandarono: « In che giorno ti manifesterai a noi, e in che giorno ti vedremo? ».
30 Gesù rispose: « Quando vi spoglierete senza vergogna,

quando deporrete i vostri abiti e li metterete sotto i
vostri piedi, come fanno i bambini, e li calpesterete, allora *vedrete* il Figlio del Vivente senza alcun timore ».   *40*

[38] Gesù disse: « Molte volte avete desiderato ascoltare queste parole che vi dico, e non avete alcun altro
dal quale ascoltarle. Giorni verranno nei quali mi cer-
cherete e non mi troverete ».

[39] Gesù disse: « I farisei e gli scribi hanno preso
le chiavi della conoscenza e le hanno nascoste. Essi non
sono entrati e non hanno lasciato entrare quelli che lo   *10*
volevano. Voi, però, siate prudenti come serpenti e
semplici come colombe ».

[40] Gesù disse: « Una vite fu piantata da altri che
non era mio Padre: giacché non si irrobustì, sarà sradicata e perirà ».

[41] Gesù disse: « Sarà dato a colui che già ha nella
sua mano; e a colui che non ha sarà tolto anche quel
poco che ha ».

[42] Gesù disse: « Siate transeunti! ».

[43] I suoi discepoli gli domandarono: « Chi sei tu,   *20*
che ci dici queste cose? ». (Gesù rispose:) « Da ciò che
vi dico non capite chi io sia. Ma siete diventati come
gli ebrei. Essi amano l'albero, ma ne odiano il frutto,
oppure amano il frutto e odiano l'albero ».

[44] Gesù disse: « A colui che bestemmia mio Padre
sarà perdonato, e a colui che bestemmia il Figlio sarà
perdonato. Ma a colui che bestemmierà lo Spirito Santo non sarà perdonato né in terra né in cielo ».   *30*

[45] Gesù disse: « Non colgono l'uva dalle spine, né
raccolgono fichi dai rovi; *giacché* essi non danno frutto. Una persona buona trae il bene dal proprio tesoro;   *41*
una persona *cattiva*, dal proprio tesoro cattivo, che è in
cuor suo, trae il male e dice (parole) cattive: giacché è
dall'abbondanza del suo cuore che produce cose cattive ».

[46] Gesù disse: « Da Adamo a Giovanni Battista
nessun nato da donna fu più grande di Giovanni Battista, sì che (davanti a lui) egli debba abbassare gli oc-
10 chi. Tuttavia vi dissi: Tra di voi chiunque sarà piccolo
conoscerà il Regno e sarà più grande di Giovanni ».

[47] Gesù disse: « Non è possibile che un uomo ca-
valchi due cavalli e tiri due archi; e non è possibile che
un servo serva a due padroni: onorerà uno e disprez-
zerà l'altro. Nessuno beve vino vecchio e desidera poi
subito del vino nuovo; né mettono vino nuovo in otri
20 vecchi, per tema che si rompano; né mettono vino vecchio in un otre nuovo, per tema che lo guasti; non
cuciono una pezza vecchia su di un vestito nuovo, per
tema che ne risulti uno strappo ».

[48] Gesù disse: « Se, in questa stessa casa, due fanno pace l'uno con l'altro, diranno a un monte: "Allontanati!". E si allontanerà ».

[49] Gesù disse: « Beati i solitari e gli eletti, poiché
30 troverete il Regno; voi, infatti, da esso venite e a esso
nuovamente ritornerete ».

[50] Gesù disse: « Se vi domandano: "Donde venite?". Rispondete loro: "Siamo venuti alla luce, dal luo-
42 go ove la luce nacque da se stessa; si *eresse* e si manifestò nella loro immagine". Se vi domandano: "Chi
siete voi?". Rispondete: "Noi siamo suoi figli, noi siamo gli eletti del Padre vivo". Se vi domandano: "Qual
è il segno di vostro Padre in voi?". Rispondete: "È il
movimento e il riposo" ».

[51] I suoi discepoli gli domandarono: « In che gior-
10 no verrà il riposo dei morti, e in che giorno verrà il
mondo nuovo? ». Egli rispose: « Quel (riposo) che
aspettate è venuto, ma voi non lo avete riconosciuto ».

[52] I suoi discepoli gli dissero: « In Israele parlarono ventiquattro profeti, e tutti parlarono in te ». Egli
rispose loro: « Avete omesso il Vivente che è davanti a
voi, e avete parlato (soltanto) dei morti ».

[53] I suoi discepoli gli domandarono: « La circoncisione giova oppure no? ». Egli rispose loro: « Se giovasse, il loro padre li genererebbe circoncisi dalla madre loro. Ma la vera circoncisione nello Spirito ha trovato piena utilità ».

[54] Gesù disse: « Beati i poveri, poiché vostro è il Regno dei cieli ».

[55] Gesù disse: « Colui che non odierà suo padre e sua madre, non potrà divenire mio discepolo. (Colui che non) odierà i suoi fratelli e le sue sorelle, e (non) porterà la sua croce come me, non sarà degno di me ».

[56] Gesù disse: « Colui che ha conosciuto il mondo, ha trovato (soltanto) un cadavere; e colui che ha trovato un cadavere è superiore al mondo ».

[57] Gesù disse: « Il Regno del Padre è simile a un uomo che aveva una *buona* semente. Di notte venne il suo nemico e seminò zizzania sopra alla *buona* semente. L'uomo non permise loro di sradicare la zizzania. Disse loro: "Affinché non andiate a estirpare la zizzania (e) sradichiate con essa anche il grano. Nel giorno della mietitura, le zizzanie appariranno, saranno estirpate e bruciate" ».

[58] Gesù disse: « Beato l'uomo che ha sofferto. Egli ha trovato la vita ».

[59] Gesù disse: « Mentre vivete contemplate il Vivente; affinché non moriate e cerchiate di contemplarlo, e non possiate (più) vederlo ».

[60] (Videro) un samaritano entrare nella Giudea portando un agnello. Disse ai suoi discepoli: « Che cosa farà dell'agnello? ». Gli risposero: « Intende ucciderlo e mangiarne ». Egli disse loro: « Fino a quando è vivo non ne mangerà, bensì dopo averlo ucciso e fattolo cadavere ». Gli risposero: « Non potrebbe fare altrimenti ». Ed egli: « Voi pure cercate un luogo per il riposo affinché non siate ridotti a un cadavere e mangiati ».

[61] Gesù disse: « Due riposeranno su un letto: uno morirà e l'altro vivrà ». Salome gli domandò: « Chi sei tu, uomo, che come colui che è dall'Uno sei salito sul mio lettuccio e hai mangiato alla mia mensa? ». Gesù rispose: « Io sono colui che proviene dall'Indiviso: a 30 me furono date cose (che sono) del Padre mio ». *Salome disse*: « Io sono tua discepola! ». *E Gesù a lei*: « Perciò io dico: Quando uno sarà indiviso sarà ricolmo di luce; ma quando è diviso sarà ricolmo di tenebre ».

[62] *Gesù* disse: « Io comunico i miei misteri *a co-* 44 *loro che sono degni dei miei* misteri. Ciò che fa la tua destra, la tua sinistra lo deve ignorare ».

[63] Gesù disse: « C'era un uomo ricco che aveva molte ricchezze. Disse: Mi servirò delle mie ricchezze per seminare, mietere, piantare e riempirò i miei granai di frutta, e non mancherò di nulla. Così pensava in cuor suo, ma in quella notte morì. Chi ha orecchie, 10 intenda ».

[64] Gesù disse: « Un uomo aveva degli ospiti. Dopo che ebbe preparato il banchetto, mandò un suo servo a invitare gli ospiti.

« Andò dal primo, e gli disse: "Il mio signore ti invita". Quello gli rispose: "Dei commercianti mi devono denaro. Vengono da me questa sera. Andrò e darò ordini. Mi scuso per il banchetto".

« Andò dal secondo, e gli disse: "Il mio signore ti 20 invita". (Quello) gli rispose: "Ho comprato una casa, e sono richiesto per un giorno. Non avrò tempo".

« Andò dal terzo, e gli disse: "Il mio signore ti invita". (Quello) gli rispose: "Un mio amico si sposa, e io darò il banchetto: non potrò venire. Mi scuso per il banchetto".

« Andò da un altro e gli disse: "Il mio signore ti invita". Quello rispose: "Ho comprato una cascina, vado a riceverne i redditi; non potrò venire. Mi scuso".

30 « Il servo tornò dal suo signore e gli disse: "Quelli che hai invitato al banchetto si scusano". Il signore

disse al servo: "Va' per le strade, e conduci al banchetto quanti trovi. Compratori e commercianti non entreranno nei luoghi del Padre mio" ».

[65] Egli disse: « Un uomo onesto aveva una vigna. 45 La diede a contadini affinché la lavorassero, per ricavarne (così) il frutto tramite loro. Mandò il suo servo ai contadini affinché gli dessero il frutto della vigna. Lo presero, lo colpirono, e poco mancò che l'uccidessero. Il servo se ne andò a dirlo al suo signore. Il signore pensò: Forse non l'hanno riconosciuto. Mandò un altro 10 servo. I contadini colpirono anche il secondo. Allora il signore mandò il proprio figlio, pensando: Forse avranno rispetto di mio figlio. I contadini, visto che era l'erede della vigna, lo presero e l'uccisero. Chi ha orecchie, intenda ».

[66] Gesù disse: « Indicami la pietra respinta dagli edificatori! Essa è la pietra d'angolo ».

[67] Gesù disse: « Colui che conosce il tutto, ma è 20 privo (della conoscenza) di se stesso, è privo del tutto ».

[68] Gesù disse: « Beati allorché vi odieranno e vi perseguiteranno. Non vi sarà luogo nel quale voi (non) sarete perseguitati ».

[69] Gesù disse: « Beati quelli che sono stati perseguitati nel loro cuore. Essi sono coloro che, in verità, hanno conosciuto il Padre.
« Beati quelli che sono affamati, giacché il ventre di colui che lo vuole sarà riempito ».

[70] Gesù disse: « Se lo esprimete da voi stessi, ciò 30 che avete vi salverà. Se in voi stessi non l'avete, ciò che in voi stessi non avete vi ucciderà ».

[71] Gesù disse: « Distruggerò *questa* casa, e nessuno potrà riedificarla ».

[72] *Un uomo* gli disse: « Di' ai miei fratelli che dividano i beni di mio padre con me ». Egli rispose: 46 « Uomo, chi ha fatto di me un divisore? ». E rivolto

ai suoi discepoli disse loro: « Sono io, forse, un divisore? ».

[73] Gesù disse: « La messe è molta, ma gli operai sono pochi. Pregate il Signore affinché mandi operai per la messe ».

[74] Egli disse: « Signore, molti sono presso il *pozzo*, ma nessuno è nel *pozzo* ».

[75] Gesù disse: « Molti sono coloro che stanno alla porta, ma (soltanto) i solitari entreranno nella camera nuziale ».

[76] Gesù disse: « Il Regno del Padre mio è simile a un commerciante che aveva della merce, e trovò una perla. Questo commerciante era saggio: vendette la merce e si comprò la perla. Anche voi cercate il tesoro che non perisce, che è durevole, là ove non può avvicinarsi il tarlo per rodere, né il verme per distruggere ».

[77] Gesù disse: « Io sono la luce che sovrasta tutti loro. Io sono il tutto. Il tutto promanò da me e il tutto giunge fino a me. Spaccate del legno, io sono lì dentro. Alzate la pietra, e lì mi troverete ».

[78] Gesù disse: « Perché siete usciti fuori in campagna? Per vedere una canna agitata dal vento? Per vedere *un uomo* vestito mollemente? Guardate i *vostri* re e i vostri grandi! Costoro sono *vestiti* mollemente, e non *potranno* conoscere la verità ».

[79] Una donna gli disse di tra la folla: « *Beato* il ventre che ti ha portato e i *seni* che ti hanno nutrito! ». Egli rispose: « Beati coloro che udirono il Logos del Padre e lo custodirono veramente! Giorni verranno nei quali direte: "Beato il ventre che non ha concepito e i seni che non hanno allattato!" ».

[80] Gesù disse: « Chi ha conosciuto il mondo, ha trovato il corpo; ma colui che ha trovato il corpo è superiore al mondo ».

[81] Gesù disse: « Colui che si è fatto ricco, diventi re; e colui che ha il potere, vi rinunci ».

[82] Gesù disse: « Colui che è vicino a me, è vicino al fuoco. Colui che è lontano da me, è lontano dal Regno ».

[83] Gesù disse: « Le immagini sono manifestate all'uomo, ma la luce che è in esse è nascosta nell'immagine della luce del Padre. Egli si manifesterà, ma la sua immagine resterà nascosta dalla sua luce ».   20

[84] Gesù disse: « Oggi, allorché vedete un vostro simile, vi rallegrate. Ma quando vedrete le vostre immagini che sono state fatte prima di voi, che né muoiono né sono palesi, per quanto sopporterete? ».

[85] Gesù disse: « Adamo scaturì da una grande potenza e da una grande opulenza, e (tuttavia) egli non fu *degno* di voi. Se, infatti, fosse stato degno non *avrebbe gustato* la morte ».   30

[86] Gesù disse: « *Le volpi hanno le loro tane*, e gli uccelli hanno i loro nidi, ma il Figlio dell'uomo non ha alcun luogo ove poggiare il capo e riposare ».   48

[87] Gesù disse: « Misero è il corpo che dipende da un corpo, e misera è l'anima che dipende da ambedue ».

[88] Gesù disse: « Verranno a voi gli angeli e i profeti e vi daranno quanto vi appartiene. Voi date loro ciò che avete nelle mani. Domandate a voi stessi: In che giorno verranno a ricevere ciò che è loro? ».   10

[89] Gesù disse: « Perché lavate la parte esterna del bicchiere? Non comprendete che colui che ha fatto la parte interna è lo stesso che ha fatto l'esterna? ».

[90] Gesù disse: « Venite a me, poiché il mio giogo è dolce e mite la mia dominazione, e troverete per voi un riposo ».   20

[91] Gli dissero: « Manifestaci chi sei, affinché possiamo credere in te! ». Egli disse loro: « Mettete alla

prova la superficie del cielo e della terra, e non avete riconosciuto colui che è davanti a voi. Voi non sapete (come) mettere alla prova questo tempo ».

[92] Gesù disse: « Cercate e troverete. Ma le cose sulle quali in quei giorni mi avete interrogato, io non le ho dette, allora. E adesso che io desidero dirvele, voi non me le domandate ».

30

[93] (Gesù disse): « Non date ciò che è santo ai cani, affinché non lo gettino nel letamaio. Non gettate le perle ai porci, affinché non *le calpestino* ».

[94] Gesù *disse*: « Colui che cerca, troverà; *e a colui che bussa* sarà aperto ».

49

[95] Gesù *disse*: « Se avete del denaro, non imprestatelo a interesse, ma datelo a uno dal quale non lo riavrete ».

[96] Gesù *disse*: « Il Regno del Padre è simile a una donna; prese un po' di lievito, lo *nascose* nella pasta, e ne fece pani grandi. Chi ha orecchie, intenda! ».

[97] Gesù disse: « Il Regno del *Padre* è simile a una donna che recava una brocca piena di farina. Mentre camminava per una strada lungi da casa, si ruppe l'*ansa della brocca* e la farina fuoruscì sulla via; lei non se ne accorse e non badò all'incidente. Giunta a casa sua posò la brocca e la trovò vuota ».

10

[98] Gesù disse: « Il Regno del Padre è simile a un uomo che vuole uccidere una persona potente: in casa propria estrae la spada e trapassa una parete, per provare se la sua mano è abbastanza forte. Poi uccise quella persona potente ».

20

[99] I discepoli gli dissero: « Fuori ci sono tua madre e i tuoi fratelli ». Egli rispose: « Quelli che sono qui, quelli che fanno la volontà del Padre mio, costoro sono miei fratelli e mia madre. Questi entreranno nel Regno di mio Padre ».

[100] Mostrarono a Gesù una moneta d'oro e gli dissero: « Gli agenti di Cesare esigono da noi le tasse ». Egli rispose: « Date a Cesare ciò che è di Cesare; date 30 a Dio ciò che è di Dio; e date a me ciò che è mio ».

[101] Gesù disse: « Colui che non odia suo padre e sua madre come me, non è adatto a essere mio discepolo. E colui che non ama suo padre e sua madre come me, non può divenire mio discepolo. Poiché mia madre mi diede menzogna, ma la mia vera madre mi 50 diede la vita ».

[102] Gesù disse: « Guai ai farisei! Sono infatti come un cane accovacciato su una mangiatoia di buoi: né mangia, né lascia che mangino i buoi ».

[103] Gesù disse: « Beato l'uomo che sa da quale parte entreranno i ladri, perché s'alzerà, concentrerà la sua forza, e si cingerà i fianchi prima che essi arrivi- 10 no ».

[104] Gli dissero: « Vieni, oggi preghiamo, e digiuniamo! ». Gesù disse: « Che peccato ho dunque commesso, o in che cosa sono stato vinto? Ma quando lo sposo uscirà dalla stanza nuziale, allora digiuneranno e pregheranno ».

[105] Gesù disse: « Colui che conosce il padre e la madre sarà detto "figlio di una prostituta" ».

[106] Gesù disse: « Quando di due farete uno, sarete figli dell'uomo; e quando direte a un monte: "Al- 20 lontanati!", si allontanerà ».

[107] Gesù disse: « Il Regno è simile a un pastore che ha cento pecore. Una, la più grande, si smarrì. Egli lasciò le novantanove e cercò quell'una fino a quando la trovò. Dopo che si era affaticato disse alla pecora: "Ti amo più delle novantanove" ».

[108] Gesù disse: « Colui che beve dalla mia bocca, diventerà come me; io stesso diverrò come lui e gli sa- 30 ranno rivelate le cose nascoste ».

[109] Gesù disse: « Il Regno è simile a un uomo
che, senza saperlo, ha un tesoro *nascosto* nel suo campo. Dopo la sua morte, lo lasciò al figlio. Il figlio non
51 ne sapeva nulla: ereditò il campo e lo vendette. Il com-
pratore venne e, mentre arava, trovò il tesoro; e co-
minciò a imprestare denaro a interesse a quelli che voleva ».

[110] Gesù disse: « Colui che ha trovato il mondo
ed è diventato ricco, deve rinunciare al mondo ».

[111] Gesù disse: « I cieli e la terra scompariranno
davanti a voi, e colui che vive dal Vivente non vedrà
né la morte né *la paura*. Poiché Gesù dice: Il mondo
10 non è degno di colui che troverà se stesso ».

[112] Gesù disse: « Guai alla carne che dipende dal-
l'anima! Guai all'anima che dipende dalla carne! ».

[113] I discepoli gli domandarono: « In quale giorno verrà il Regno? ». (Gesù rispose:) « Non verrà
mentre lo si aspetta. Non diranno: "Ecco, è qui!". Oppure: "Ecco, è là!". Bensì il Regno del Padre è diffuso
su tutta la terra, e gli uomini non lo vedono ».

[114] Simon Pietro disse loro: « Maria deve andare
20 via da noi! Perché le femmine non sono degne della
vita ». Gesù disse: « Ecco, io la guiderò in modo da
farne un maschio, affinché ella diventi uno spirito vivo uguale a voi maschi. Poiché ogni femmina che si fa
maschio entrerà nel Regno dei cieli ».

Il Vangelo secondo Tomaso

VANGELO DI MARIA

PAPIRO 8502

... la materia *sarà distrutta*, oppure no? Il Salvatore **7**
disse: « Tutte le nature, tutte le formazioni, tutte le
creazioni sussistono l'una nell'altra e l'una con l'altra,
e saranno nuovamente dissolte nelle proprie radici.
Poiché la natura della materia si dissolve soltanto nelle
(radici) della sua natura. Chi ha orecchie da intendere,
intenda ».

Pietro gli disse: « Giacché ci hai spiegato ogni cosa, **10**
spiegaci anche questo. Che cosa è il peccato del mondo? ». Il Salvatore rispose: « Non vi è alcun peccato.
Siete voi, invece, che fate il peccato allorché compite
(azioni) che sono della stessa natura dell'adulterio, che
è detto "il peccato".

« Per questo motivo il bene venne in mezzo a voi,
nell'(essenza) di ogni natura per restituirla alla sua ra- **20**
dice ». E proseguì dicendo: « Per questo *vi ammalate*
e morite, perché voi *amate ciò che è ingannevole*, ciò **8**
che vi ingannerà. Chi può comprendere, comprenda.

« La materia diede origine a una passione senza
uguali, che procedette da (qualcosa) che è contro na-

tura. Ne venne allora un disordine in tutto il corpo.

« Per questo motivo vi dissi: Fatevi coraggio! Se siete afflitti, fatevi coraggio, in presenza delle molteplici
10 forme della natura. Chi ha orecchie da intendere, intenda ».

Ciò detto, il Beato li salutò tutti e disse: « La pace
sia con voi! Abbiate la mia pace! State all'erta che nessuno vi inganni con le parole: "Vedete qui" o "Vedete
20 là". Il Figlio dell'uomo è infatti dentro di voi. Segui-
telo! Chi lo cerca lo trova.

« Andate, dunque, e predicate il Vangelo del Regno.
9 Non ho emanato alcun precetto all'infuori di quello
che vi ho stabilito. Né vi ho dato alcuna legge come
un legislatore, affinché non avvenga che siate da essa
costretti ». Ciò detto, se ne andò.

Ma essi rimasero tristi e piangevano forte, dicendo:
« Come possiamo andare dai gentili e predicare loro il
10 Vangelo del Regno del Figlio dell'uomo? Se essi non
risparmiarono lui, come saremo risparmiati noi? ».

S'alzò allora Maria, li salutò tutti, e disse ai suoi fratelli: « Non piangete, non siate malinconici, e neppure
indecisi. La sua grazia sarà per intero con voi e vi pro-
teggerà. Lodiamo piuttosto la sua grandezza, giacché
20 egli ci ha preparati e fatti uomini ».

Così dicendo, Maria volse al bene la loro mente ed
essi incominciarono a discutere sulle parole del *Salvatore*.

10   Pietro disse a Maria: « Sorella, noi sappiamo che il
Salvatore ti amava più delle altre donne. Comunicaci
le parole del Salvatore che tu ricordi, quelle che tu conosci, (ma) non noi; (quelle) che noi non abbiamo
neppure udito ».

Maria rispose e disse: « Quello che a voi è nascosto,
io ve lo comunicherò ».

10   Ed ella iniziò a dire loro le seguenti parole: « Io, lei
disse, vidi il Signore in una visione, e gli dissi: "Signo-

re, oggi ti ho visto in una visione". Egli mi rispose e
disse: "Beata, tu che non hai vacillato alla mia vista.
Là, infatti, ove è la mente, quivi è il tesoro". Io gli dissi: "Signore, adesso (dimmi): colui che vede la visione,
la vede (attraverso) l'anima oppure (attraverso) lo spirito?".

« Il Salvatore rispose e disse: "Egli non vede attra-   20
verso l'anima, né attraverso lo spirito, ma la mente, che
si trova tra i due, è quella che vede la visione e..." ».

[*Mancano quattro pagine*].

« ... E la bramosia disse: "Non ti ho vista quando sei   15
discesa, ora invece ti vedo mentre sali in alto. Come
mai, dunque, tu mi menti dal momento che mi appartieni?". L'anima rispose: "Io ti ho veduta, mentre tu
non mi hai né vista né conosciuta. Io ti facevo da vestito, ma non mi hai riconosciuta". Ciò detto, ella se ne
andò via allegra e gioiosa.

« Andò poi dalla terza potenza che si chiama igno-   10
ranza. Questa domandò all'anima: "Dove vai? Sei stata
presa nella malignità, ma sei stata presa. Non giudica-
re!". L'anima disse: "Perché mi giudichi, mentre io
non ho giudicato? Io sono stata presa, sebbene io non
abbia preso. Non sono stata riconosciuta. Ma io ho ri-   20
conosciuto che il tutto è stato disciolto, sia (le cose e
nature) terrestri sia le celesti".   16

« Dopo che l'anima ebbe lasciato dietro di sé la terza
potenza, salì in alto e vide la quarta potenza. Essa aveva sette forme. La prima è l'oscurità; la seconda è la
bramosia; la terza è l'ignoranza; la quarta è l'emozione
della morte; la quinta è il regno della carne; la sesta è   10
la stolta saggezza della carne; la settima è la sapienza
stizzosa. Queste sono le sette *potenze* dell'ira.

« Esse domandarono all'anima: "Da dove vieni, assassina degli uomini? Dove sei incamminata, superatrice degli spazi?". L'anima rispose e disse: "Ciò che mi
lega è stato ucciso, ciò che mi circonda è stato messo da

20 parte, la mia bramosia è annientata e la mia ignoranza
17 è morta. In un mondo sono stata sciolta da un mondo,
in un *typos* da un *typos* superiore, dalla catena del-
l'oblio, che è passeggera. D'ora in poi io raggiungerò,
in silenzio, il riposo del tempo, del momento, del-
l'eone" ».

Detto ciò, Maria tacque. Fin qui le aveva parlato il
Salvatore.

10 Ma Andrea replicò e disse ai fratelli: « Dite che cosa
pensate di quanto ella ha detto. Io, almeno, non credo
che il Salvatore abbia detto ciò. Queste dottrine, infatti, sono sicuramente insegnamenti diversi ».

Riguardo a queste stesse cose parlò anche Pietro.
Egli li interrogò in merito al Salvatore: « Ha egli forse
parlato realmente in segreto e non apertamente a una
20 donna, senza che noi lo sapessimo? Ci dobbiamo ricre-
dere tutti e ascoltare lei? Forse egli l'ha anteposta a
noi? ».

18 Maria allora pianse e disse a Pietro: « Pietro, fratello mio, che cosa credi dunque? Credi tu che io l'abbia inventato in cuor mio, o che io menta riguardo al
Salvatore? ».

Levi replicò a Pietro dicendo: « Tu sei sempre irruente, Pietro! Ora io vedo che ti scagli contro la don-
10 na come (fanno) gli avversari. Se il Salvatore l'ha resa
degna, chi sei tu che la respingi? Non v'è dubbio, il Salvatore la conosce bene. Per questo amava lei più di
noi. Dobbiamo piuttosto vergognarci, rivestirci del-
l'uomo perfetto, formarci come egli ci ha ordinato, e
20 annunziare il Vangelo senza emanare né un ulteriore
comandamento, né un'ulteriore legge, all'infuori di
quanto ci disse il Salvatore ».
19 *Quando Levi ebbe detto ciò*, essi presero ad andare
per annunziare e predicare.

Il Vangelo secondo Maria

VANGELO DI VERITÀ

CODICE I, 16, 31 - 43, 24

Il Vangelo di verità è gioia per coloro che dal Padre *16* 31
della verità hanno ricevuto la grazia di conoscerlo attraverso la potenza del Logos venuto dal Pleroma:
egli è nel pensiero e nella mente del Padre, egli è chiamato « Salvatore » essendo questo il nome dell'opera
che ha da portare a compimento per la salvezza di coloro che non conoscevano il Padre. Il nome *del* Van- *17*
gelo è, infatti, un proclama di speranza, è una scoperta
per coloro che lo cercano. Tutti, infatti, erano alla ricerca di colui dal quale erano usciti, e i tutti erano in
lui, l'inafferrabile l'incomprensibile, colui che è al di
sopra di qualsiasi pensiero.

L'ignoranza del Padre fu sorgente di angoscia e di 10
paura. L'angoscia si è condensata come una caligine,
sicché nessuno ha potuto vedere. Perciò l'errore si è affermato: ignorando la verità, ha elaborato la sua materia nel vuoto. Si industriò a formare una creatura sfor-
zandosi di ancorare nella bellezza l'equivalente della 20
verità.

Ma ciò non era una umiliazione per lui, l'inafferrabile l'incomprensibile: questa angoscia, questo oblio,

e quest'opera menzognera erano un nulla, mentre la
verità è stabile, inalterabile, inamovibile, è imperfetti-
30 bilmente bella. Perciò disprezzate l'errore. Non avendo
radice, era in una caligine rispetto al Padre, apprestan-
dosi a predisporre opere, oblii e paure per attrarre —
per loro tramite — coloro che si trovano nel (luogo) *di
mezzo*, e farli prigionieri.

L'oblio, derivante dall'errore, non era manifesto.
18 Non era come ... presso il Padre. L'oblio non esisteva
presso il Padre, anche se pervenne all'esistenza a causa
di lui; quanto esiste in lui è la conoscenza, che fu manifestata affinché si estinguesse l'oblio e il Padre fosse
conosciuto. L'oblio, infatti, pervenne all'esistenza per-
10 ché non conoscevano il Padre: dal momento, dunque,
in cui conoscono il Padre, l'oblio non sarà più. Questo
è il Vangelo di colui che essi cercano: *è stato* manifestato ai perfetti grazie alla misericordia del Padre.

Mistero nascosto, Gesù Cristo, per mezzo del quale
ha illuminato coloro che, a motivo dell'oblio, si trovavano nell'oscurità: li ha illuminati, ha indicato (loro)
20 la via. E questa via è la verità che ha insegnato loro.
Per questo motivo, l'errore si adirò contro di lui, lo
perseguitò, lo maltrattò, lo annichilì. Fu inchiodato a
un legno, divenne frutto della conoscenza del Padre;
ma per coloro che ne hanno mangiato non divenne
causa di perdizione.

Al contrario, per coloro che ne mangiarono, divenne
(causa) di gioia, a motivo della scoperta. Egli, infatti,
30 li trovò in se stesso, ed essi trovarono lui in se stessi:
(lui che è) l'inafferrabile l'incomprensibile, il Padre
perfetto, colui che ha fatto il tutto, nel quale si trova
il tutto, e del quale il tutto ha bisogno.

Egli, infatti, trattenne in se stesso la loro perfezione:
non l'aveva data al tutto. Non perché il Padre sia geloso: quale gelosia vi può essere in lui verso le sue mem-
19 bra? Poiché se in tal modo *questo eone avesse trattenu-
to per sé la loro perfezione*, essi non avrebbero potuto

salire *verso* il Padre, che trattiene in se stesso la loro
perfezione: egli (invece) la concede loro affinché ri-
tornino a lui e lo conoscano con una conoscenza unica
nella perfezione. Egli è colui che ha fatto il tutto, (colui) nel quale era il tutto, e del quale il tutto ha bisogno. Siccome uno che è ignorato da molti desidera essere conosciuto e, quindi, amato — di che cosa, infatti,
ha bisogno il tutto, se non della conoscenza del Padre? —, così egli venne, guida serena e tranquilla.

Entrò in una scuola e, da maestro, pronunciò la Parola. Si recarono da lui i sapienti, quanti si credevano
tali, mettendolo alla prova; ma egli li confondeva, dimostrando loro che erano vuoti. L'odiarono perché, in
verità, non erano sapienti.

Dopo tutti costoro si recarono da lui anche i fanciulli, ai quali appartiene la conoscenza del Padre: poiché furono irrobustiti, impararono (a conoscere) gli
aspetti del volto del Padre. Conobbero, e furono conosciuti. Furono glorificati, e glorificarono. Nel loro cuore si manifestò il libro vivo dei viventi, scritto nel pensiero e nell'intelligenza *del Padre,* che nella sua incomprensibilità era anteriore alla fondazione del tutto.
Nessuno poteva impadronirsi di questo (libro), poiché
era riservato a colui che lo afferrerà, a colui che sarà
immolato. Nessuno di coloro che credettero alla salvezza poté essere manifestato fino a che quel libro non fece la sua apparizione. Perciò il misericordioso e fedele
Gesù accettò con pazienza di sopportare le sofferenze,
fino a quando prese quel libro, sapendo che la sua
morte è vita per molti.

Come in un testamento, che non è ancora stato aperto, è nascosta la fortuna del capofamiglia morto, così il
tutto rimaneva nascosto fintanto che il Padre, l'essere
che esiste da sé e dal quale provengono tutti gli spazi,
era invisibile. Perciò apparve Gesù: si rivestì di quel
libro, fu inchiodato a un legno, rese pubblica — sulla
croce — la disposizione del Padre.

Oh grande insegnamento! Si umiliò fino alla morte,
30 colui che era rivestito di vita eterna! Spogliatosi dei
cenci corruttibili, si rivestì di immortalità, della quale
nessuno lo può privare. Penetrato nelle vuote regioni
delle paure, passò attraverso gli ignudi a causa del-
l'oblio – e divenne gnosi e perfezione – annunziando
21 quanto è nel cuore *del Padre* affinché la sua parola
ammaestrasse coloro che avrebbero accolto il suo insegnamento.

Coloro che accolgono il suo insegnamento, cioè i viventi, gli iscritti nel libro dei viventi, ricevono la dottrina su se stessi. La ricevono dal Padre tornando nuovamente verso di lui. Siccome la perfezione del tutto è
10 nel Padre, è necessario che il tutto risalga verso di lui.
Allora colui che conosce prende ciò che è suo e l'attrae
a sé.

Colui, infatti, che non conosce è nel bisogno; e ciò
di cui ha bisogno è grande, giacché ha bisogno di ciò
che lo rende perfetto. Siccome la perfezione del tutto
20 si trova nel Padre, è necessario che il tutto risalga verso
di lui, e che ognuno prenda ciò che è suo; costoro egli
li ha già iscritti e li ha preparati per dare a quanti sono
proceduti da lui.

Costoro, il cui nome egli aveva già conosciuto, furono chiamati alla fine, sicché colui che conosce è quegli
30 il cui nome fu pronunciato dal Padre. Colui il cui nome non è stato pronunciato è ignorante. E, infatti, come può udire uno il cui nome non è stato pronunciato?
Poiché colui che è ignorante fino alla fine è opera del-
l'oblio e con esso sarà distrutto. Se così non fosse, perché questi miserabili non hanno un nome, non hanno
22 una voce?

Sicché colui che conosce è dall'alto. Se viene chiamato, ascolta, risponde, si volge verso colui che lo chiama, risale verso di lui. Conosce come viene chiamato.
10 Siccome conosce, compie la volontà di colui che lo
chiama, vuole essergli gradito, accoglie il riposo. Il no-

me dell'Uno diventa il suo nome. Colui che conoscerà
in questo modo sa donde venne e dove va; conosce
come uno che, ubriacatosi, si riscuote dall'ebbrezza:
ritornato in sé, ha ristabilito ciò che è suo.

Egli ha distolto molti dall'errore, li ha preceduti fi- 20
no ai luoghi dai quali si erano allontanati quando cad-
dero in errore a motivo della profondità di colui che
avvolge ogni spazio, e non è avvolto da alcuno.

Era una grande meraviglia che essi fossero nel Padre,
senza conoscerlo, e che fossero capaci di uscire da soli, 30
dato che erano incapaci di comprendere e di conoscere
colui nel quale si trovavano. Poiché non così era uscita
da lui la sua volontà. Egli si manifestò come conoscenza che convince tutte le emanazioni. Questa è la gnosi
del libro vivente che egli ha manifestato agli eoni, alla 23
fine, come lettera senza che egli stesso si manifestasse.
Poiché non sono vocali né consonanti che uno può leggere, e pensare a cose vuote, bensì sono lettere della
verità, che pronuncia solo chi le conosce. Ogni lettera 10
è verità perfetta come un libro perfetto, poiché sono
lettere scritte dall'unità; le scrisse il Padre, affinché –
per mezzo delle sue lettere – gli eoni conoscano il Padre.

Mentre la sua sapienza medita il Logos   20
e la sua dottrina lo esprime,
la sua gnosi si manifestò.
La sua indulgenza è su di lui come una corona.
La sua gioia è unita a lui.
La sua gloria lo ha esaltato.
La sua immagine lo ha manifestato.
Il suo riposo l'ha accolto in se stesso.
Il suo amore si è incarnato in lui.
La sua fedeltà lo ha circondato.
Così il Logos del Padre camminò tra il tutto, essendo 30
il frutto del suo cuore e l'espressione della presenza 24
della sua volontà.

Egli, tuttavia, sostenta il tutto; egli vi compie una

scelta, e prende la forma del tutto. Egli lo purifica e lo
fa ritornare al Padre, alla Madre, il Gesù di infinita
dolcezza.

10   Il Padre scopre il suo petto: (il suo petto è lo Spirito Santo); manifesta quanto in lui è nascosto: ciò che
in lui è nascosto è il Figlio suo, affinché, per opera
della misericordia del Padre, gli eoni possano conoscerlo e non più penare alla ricerca del Padre: così si ripo-
20   sano in lui, sapendo che egli è il riposo.

Colmata la mancanza, distrusse l'esterna apparenza.
La sua esterna apparenza è il mondo, al quale egli era
asservito. Infatti, il luogo ove si trovano invidia e discordia è la deficienza; mentre il luogo ove si trova
l'unità è la perfezione.

30   La deficienza venne perché essi non conoscevano il
Padre, ma dal momento in cui conoscono il Padre la
deficienza non esisterà più.

Come l'ignoranza di una persona si dissolve da sola,
nel momento in cui ella conosce. Come si dissolve
25   l'oscurità nel momento in cui splende la luce, così la
deficienza dispare nella perfezione. Da questo momento non appare più l'apparenza esterna: si dissolverà
fondendosi nell'unità, mentre ora le loro opere sono
disperse. In (quel) momento l'unità porterà alla perfezione gli spazi.

10   Nell'unità ognuno ritroverà se stesso. Nell'unità,
per mezzo della conoscenza, egli purificherà se stesso
dalla molteplicità; come una fiamma, divorerà in se
stesso la materia: l'oscurità per mezzo della luce, la
morte per mezzo della vita.

20   Se questo, dunque, avvenne a ognuno di noi, è anzitutto necessario che ognuno rifletta a che l'abitazione
sia santa e tranquilla per l'unità.

Come persone che abbandonando un luogo distrug-
30   gono i vasi non buoni che vi si trovano e il padrone
dell'abitazione non si offende, anzi, se ne rallegra per-

ché al posto dei vasi cattivi ve ne sono di pieni e perfetti.

Questo infatti è il giudizio che è venuto dall'alto e ha giudicato ognuno, la spada sguainata a due tagli che taglia da ambo le parti: quando apparve il Logos, che è nel cuore di quanti lo proferiscono — non fu soltanto un suono, ma ha assunto un corpo —, tra i vasi si produsse un grande trambusto poiché gli uni erano vuoti e gli altri pieni, gli uni erano dritti e gli altri rovesciati, gli uni erano puri e gli altri spezzati.

Tutti gli spazi sobbalzarono e furono sconvolti: in essi non v'era stabilità alcuna, né avevano un ordine. L'errore fu preso dall'angoscia, non sapendo che cosa fare; si afflisse, si lamentò, si stupì, poiché non sapeva nulla.

Allorché gli si avvicina la gnosi — che è la rovina sua e di tutte le sue emanazioni —, l'errore è vuoto, non ha più nulla in se stesso.

Apparve la verità, e tutte le sue emanazioni la riconobbero. Nella verità salutarono il Padre con una forza perfetta che le ricongiunge al Padre: ognuno, infatti, ama la verità poiché la verità è la bocca del Padre; la sua lingua è lo Spirito Santo. Colui che si unisce alla verità è congiunto alla bocca del Padre, allorché dalla sua lingua riceverà lo Spirito Santo: egli è la manifestazione del Padre e la rivelazione di questi ai suoi eoni. Egli ha rivelato quanto di lui era segreto. Egli lo ha spiegato. Chi è mai, infatti, colui che esiste, se non il solo Padre?

Tutti gli spazi sono sue emanazioni. Essi conobbero che procedevano da lui come i figli da un uomo perfetto. Essi sapevano che non avevano ancora ricevuto la forma, né avevano ancora ricevuto il nome che il Padre crea per ognuno: allora ricevono da lui una forma della sua conoscenza. Poiché, pur essendo in lui, essi non lo conoscono; ma il Padre, il quale è perfetto, conosce gli spazi che sono in lui. Se egli vuole, manife-

sta chi vuole, dandogli una forma e un nome: dà loro
30 un nome, e fa sì che pervengano all'esistenza.

Quanti non sono ancora pervenuti all'esistenza ignorano colui che li ha fatti. Io, dunque, non affermo che
quanti non sono ancora pervenuti all'esistenza sono un
nulla: essi sono in lui.

28   Quando egli vorrà e se egli vorrà; in un momento
futuro essi perverranno all'esistenza.

Prima che appaiano tutte le cose, egli conosce ciò
che produrrà; al contrario, il frutto che non è ancora
10 apparso non sa nulla e non fa nulla. Così ogni spazio,
che è nel Padre, proviene da colui che è, ma egli lo ha
posto in essere partendo dal non essere. Poiché ciò che
20 non ha radice non ha frutto; ma dice a se stesso: « Ho
avuto l'esistenza *per essere nuovamente distrutto* ». Sarà distrutto.

Perciò quanto non è mai esistito non avrà mai esistenza.

Che cosa vuole dunque che egli pensi di se stesso?
Questo: « Sono come le ombre e i fantasmi della not-
30 te ». Quando risplende la luce, comprende che la paura, da cui era preso, è nulla. Erano talmente ignoranti
29 del Padre che non lo vedevano. E ciò infondeva paura,
confusione, instabilità, indecisione, dissensione; molte
erano le illusioni che li agitavano; molte le vuote stol-
10 tezze; proprio come se fossero immersi nel sonno e per-
vasi da sogni inquietanti; o come se fuggissero da qualche parte o ritornassero stremati dopo avere inseguito
questo o quello; (come se) colpissero qualcuno o rice-
vessero dei colpi, cadessero dall'alto o volassero nel-
20 l'aria pur senza avere ali; altre volte è come se qualcuno li volesse uccidere, sebbene nessuno li insegua, o
come se uccidessero i vicini, poiché sono sporchi del
loro sangue; fino al momento in cui coloro che sono
passati attraverso tutto ciò si svegliano: non vedono
30 nulla, quanti erano in tutta questa confusione, poiché
tutto ciò era nulla.

È quanto accade a coloro che hanno eliminato l'ignoranza come un sogno, che per essi non conta più nulla; neppure le sue opere contano più: le conside- 30 rano vuote, perciò le abbandonano come un sogno notturno; e stimano la gnosi del Padre come la luce.

Si comportarono così tutti coloro che erano addormentati, allorché erano ignoranti; così si levarono, al- 10 lorché si svegliarono.

Felice colui che è ritornato in sé, e si è svegliato. Felice colui che ha aperto gli occhi ai ciechi. Lo Spirito si affrettò a rialzarlo, allorché tese la sua mano a 20 colui che giaceva a terra, gli consolidò i piedi, poiché non era ancora risorto. Diede loro i mezzi per conoscere la gnosi del Padre e la rivelazione del Figlio. Quando lo videro e l'udirono, concesse loro di gustarlo, di 30 sentirne il profumo e di toccare il Figlio prediletto, dopo che era apparso portando loro il Vangelo del Padre incomprensibile.

Soffiò su di loro ciò che si trova nel pensiero, compiendo la sua volontà. Molti furono illuminati, si volsero a lui. 31

Ma gli ilici gli erano estranei, non vedevano la sua immagine e non lo avevano riconosciuto; poiché era venuto in una forma di carne, non c'era ostacolo sul suo cammino essendogli propria sia l'incorruttibilità sia l'essere irresistibile.

Annunziò cose nuove, parlò di quanto è nel cuore 10 del Padre, proferì il Logos perfetto. La luce parlò per sua bocca, la sua voce generò la vita. Diede loro il pensiero, la ragione, la misericordia, la salvezza, lo spirito di forza che deriva dall'infinità del Padre e dalla dol- 20 cezza.

Pose termine ai castighi e ai supplizi, giacché erano questi che distoglievano dal suo volto quanti, invece, avevano bisogno della sua misericordia, (trovandosi)

nell'errore e tra i lacci: li distrusse con forza, e li con-
fuse per mezzo della gnosi.

30   Egli divenne via per quanti si smarrivano, gnosi per
quanti erano ignoranti, scoperta per quanti cercavano,
stabilità per quanti barcollavano, biancore per quanti
erano macchiati.

32   Egli è il pastore che ha lasciato le novantanove pecore che non si erano smarrite, ed è andato alla ricerca di
quella smarrita; trovatala, se ne rallegrò. Novantanove,
infatti, è un numero che si trova sulla mano sinistra,
che ne è padrona. Ma allorché è trovato l'uno, tutto
il numero passa alla (mano) destra.

10   Così accade a colui che manca dell'uno; e cioè tutta
la mano destra attrae ciò di cui è manchevole, lo prende dalla mano sinistra, lo fa passare alla destra, e così
diventa il numero cento. Questo è il segno di quanto è
nella loro voce, cioè del Padre. Per la pecora ritrovata,
20   caduta in un pozzo, egli lavorò anche di sabato, e le
diede vita.

Trasse questa pecora dal pozzo affinché i vostri cuori sappiano qual è il sabato nel quale bisogna che la
salvezza non resti inoperante; affinché voi parliate del
30   giorno che viene dall'alto ed è senza notte, e della luce
che non tramonta, perché è perfetta.

Dite, dunque, di cuore che questo giorno perfetto
siete voi, che in voi abita la luce inestinguibile. Parlate
della verità con coloro che la cercano, della gnosi con
coloro che – nel loro errore – hanno peccato. Voi siete
i figli della gnosi e del cuore!

33   Rinforzate il piede di coloro che vacillano, tendete
la mano agli infermi. Nutrite quanti hanno fame, con-
solate coloro che soffrono, innalzate quanti lo desiderano, innalzate e svegliate coloro che dormono. Voi,
10   infatti, siete la coscienza che attrae. Se la forza agisce
così essa diventa ancora più forte.

Curatevi di voi stessi, non curatevi delle cose estranee che avete respinto, che avete abbandonato.

Non rivolgetevi a quanto avete vomitato, per nutrirvene. Non diventate tarme, non diventate vermi: sono cose che avete definitivamente respinto.

Non diventate un luogo del diavolo, poiché l'avete 20 definitivamente distrutto.

Non rafforzate quei vostri ostacoli vacillanti: sarebbe una restaurazione.

Colui che è senza legge è nulla: danneggia più se stesso che la legge. Compie, infatti, le sue azioni come un senza legge.

Ma colui che è giusto compie le sue opere per gli altri. Voi, dunque, fate la volontà del Padre, poiché 30 derivate da lui.

Il Padre, infatti, è dolce, e nella sua volontà vi sono cose buone. Egli ha preso conoscenza di ciò che è vostro, affinché in esso voi troviate riposo.

È dai frutti che si riconosce ciò che è vostro, giacché 34 i figli del Padre sono il suo profumo, poiché provengono dalla grazia del suo volto. Il Padre ama il proprio profumo e lo manifesta in ogni luogo; se esso si mescola con la materia, egli comunica il suo profumo alla luce e, nel suo silenzio, egli permette che assuma ogni forma e ogni suono.

Non sono le orecchie che aspirano il profumo, ma 10 è lo Spirito che ha il senso dell'olfatto e l'attira a sé e l'immerge nel profumo del Padre; lo prende e lo riconduce al luogo dal quale era venuto, (lo riconduce) nel profumo originale (il profumo comunicato) che era diventato freddo in una creatura psichica come 20 l'acqua fredda, che (cade) in una terra instabile, e coloro che la vedono, pensano: « È terra, e presto nuovamente si dissolverà ». Ma se spira un soffio, essa si riscalda.

I profumi freddi derivano dalla separazione. Venne
30 perciò *la fede* a distruggere la separazione e a condurre
il caldo Pleroma dell'amore, affinché il freddo non ritorni più, e regni l'unità del pensiero perfetto.

Questo è il Logos del Vangelo, della scoperta del Ple-
35 roma, per coloro che attendono la salvezza che viene
dall'alto. Desta è la loro speranza e verso di essa sono
tesi coloro la cui immagine è luce, in cui non vi è ombra alcuna se in quel momento giunge il Pleroma.

10 La deficienza della materia non proviene dall'infinità del Padre, che giunge nel momento della deficienza, sebbene nessuno fosse in grado di affermare che
l'incorruttibile sarebbe venuto in questo modo. È piuttosto la profondità del Padre che si moltiplica; e in lui
non vi era il pensiero dell'errore.

È un mistero di caduta, è un mistero che cessa di er-
20 gersi, grazie alla scoperta di chi è venuto da colui che
vuole fare ritornare. Questo ritorno è detto conversione.

Per tale motivo l'incorruttibilità ha soffiato: ha inseguito colui che aveva peccato affinché trovasse il
riposo.

Il perdono è l'eccedenza della luce nella deficienza,
30 è il Logos del Pleroma. Il medico si affretta verso il
luogo ove si trova il malato, perché tale è la sua volontà. Colui che ha una deficienza non la nasconde, poiché
(il medico) ha ciò di cui egli (il malato) ha bisogno.
Così la deficienza è colmata dal Pleroma — nel quale
36 non vi è alcun bisogno —, che (il Padre) ha mandato per
riempire la deficienza, affinché ora riceva la grazia:
quando, infatti, era nella deficienza, non aveva la grazia.

Ove non c'era la grazia, vi era la deficienza. Allorché ricevette ciò di cui era mancante, egli (il Padre)
10 manifestò che ciò di cui abbisognava era il Pleroma,

cioè la scoperta della luce della verità, che lo ha illuminato perché essa è immutabile.

Questo è il motivo per cui essi parlano di Cristo in
mezzo a loro, affinché quanti sono angosciati si con-
vertano ed egli li unga con l'unzione. L'unzione è la
misericordia del Padre, ed egli sarà misericordioso verso di loro. Quelli che egli ha unto sono diventati per- 20
fetti.

Sono i vasi pieni, quelli che si ha cura di sigillare.
Ma allorché la sigillatura svanisce, (il vaso) si vuota;
e il motivo per cui è difettoso consiste nel luogo dal
quale fuoriesce l'unzione. Poiché in quel momento è
attratto da un soffio in forza di colui che è con lui.
Ma in chi non ha deficienza non avviene alcuna dissi- 30
gillatura né alcun svuotamento, bensì il Padre perfetto
lo riempie di ciò di cui ha bisogno. Egli è buono.

Egli conosce le sue sementi avendole seminate egli
stesso nel suo paradiso. Il suo paradiso è il luogo del
suo riposo, è la perfezione grazie al pensiero del Padre; 37
e queste sono le parole della sua meditazione. Ognuna
delle sue parole è opera della sua singola volontà nella
manifestazione del suo Logos.

Mentre si trovavano nella profondità del suo pensiero, il Logos – che procedette per primo – le ha mani- 10
festate, con l'intelligenza che parla del Logos, nella
grazia silenziosa. Egli fu detto « pensiero » perché esse
erano in lui prima di venire manifestate.

Avvenne che egli (il Logos) procedesse per primo
nel momento in cui piacque alla volontà di colui che
ha voluto.

Nella volontà il Padre si riposa, e si compiace. Nulla 20
avviene senza di lui, nulla accade senza la volontà del
Padre. Ma la sua volontà è imperscrutabile. La sua orma è la sua volontà, ma nessuno la può conoscere, né è
possibile scrutarla per comprenderla. Ma quando egli 30
vuole, avviene quanto egli vuole; anche se la vista di

ciò non piace loro affatto; davanti a Dio questa è la
volontà del Padre.

Egli conosce l'inizio e la fine di tutti. Quando verrà
la loro fine, egli domanderà loro ciò che avranno fatto.
38 Ora la fine consiste nel conoscere colui che è nascosto.
E questi è il Padre dal quale proviene il principio e
verso il quale ritorneranno tutti coloro che da lui provengono.

Essi, d'altronde, furono manifestati per la gloria e
per la gioia del suo nome.

Ma il nome del Padre è il Figlio: fu lui che nel
principio diede il nome a quegli che promanò da lui:
10 era se stesso; egli lo generò come Figlio. Gli diede il
nome che gli apparteneva; egli è colui al quale appartengono tutte le cose che lo circondano, il Padre.

Suo è il nome; suo è il Figlio. È possibile vederlo,
20 ma il nome è invisibile, poiché esso soltanto è il mistero dell'invisibile destinato a giungere alle orecchie che
sono totalmente piene di lui. Infatti, il nome del Padre non è pronunciato, ma è manifestato per mezzo
del Figlio.

Così il nome è grande. Chi sarà capace di esprimere
un nome per lui, questo grande nome, se non egli soltanto al quale questo nome appartiene, e i figli del
30 nome, sui quali riposa il nome del Padre, e che a loro
volta riposano sul suo nome?

Dato che il Padre non è generato, egli solo che ha
generato un nome per se stesso prima di produrre gli
eoni, affinché sul loro capo vi fosse il nome del Padre,
39 come Signore, cioè il nome vero, stabile nel suo coman-
do, nella sua perfetta potenza. Poiché questo nome
non fa parte di (semplici) parole, né il suo nome consiste in appellazioni, ma è invisibile.

Egli ha dato il nome a se stesso, poiché è il solo che
10 vede se stesso; egli soltanto ha il potere di darsi un nome. Poiché colui che non esiste non ha nome. Che no-

me si può dare a colui che non esiste? Colui, invece, che esiste, esiste con l'altro suo nome, e conosce se stesso. Darsi un nome è (prerogativa) del Padre.

Il Figlio è il suo nome. Egli, dunque, non l'ha celato nel segreto, bensì era il Figlio; e solo a lui egli ha dato il nome. Il nome è, perciò, quello del Padre, come il nome del Padre è il Figlio. Dove, infatti, può trovare un nome la misericordia all'infuori del Padre?

Ma certamente qualcuno dirà al suo vicino: « Chi mai darà un nome a chi esisteva prima di lui? quasi che ora i fanciulli non ricevano il nome da coloro che li hanno generati ».

Anzitutto è importante che noi riflettiamo su questo: che cos'è il nome? Questo, infatti, è il vero nome; è il nome che viene dal Padre, il suo nome proprio.

Egli, dunque, non ha ricevuto un nome a prestito, come gli altri, secondo il modo particolare in cui lo riceve ognuno di loro. Al contrario, questo è il nome proprio. Egli non l'ha dato ad alcun altro. Ma è ineffabile, indicibile, fino al momento in cui egli, colui che è perfetto, lo ha pronunciato da solo. Egli ha il potere di pronunciare il suo nome e di vederlo.

Perciò quando a lui piacque che il suo nome diventasse il Figlio suo prediletto, diede il nome a colui che promanò dalla profondità; ed egli parlò dei suoi segreti sapendo che il Padre è assolutamente buono.

Per questo egli l'ha inviato, affinché parlasse del luogo e del suo riposo, dal quale è giunto, e desse gloria al Pleroma, alla grandezza del suo nome e alla dolcezza del Padre. Egli parlerà del luogo da cui ciascuno è venuto e della regione nella quale ha ricevuto il suo essere essenziale; si affretterà a farlo ritornare nuovamente colà, a ritirarlo da questo luogo, luogo nel quale egli si è trovato, provando piacere per l'altro luogo, nutrendosene e crescendo in esso. Il luogo del suo riposo è il suo Pleroma.

Perciò tutte le emanazioni del Padre sono Pleromi,
tutte le sue emanazioni hanno la loro radice in colui
20 che le ha fatte tutte crescere da se stesso e ha assegnato
loro i loro destini. Ognuna fu poi manifestata affinché
per opera del loro pensiero *fossero perfette*.

Infatti il luogo al quale rivolgono il pensiero, quel
luogo è la loro radice, che le innalza in tutte le altezze
fino al Padre; esse raggiungono (allora) il suo capo —
30 che è il loro riposo —, e si trattengono accanto a lui,
sì da poter affermare di avere partecipato al suo volto
baciandolo.

42   Ma esse (le emanazioni) non appaiono così, quasi
che si siano innalzate da sole, né sono prive della gloria
del Padre, né lo concepiscono come piccolo, severo, o
irascibile, bensì come assolutamente buono, imperturb-
babile, dolce, conoscitore di tutti i luoghi prima che
10 pervengano all'esistenza, e senza alcun bisogno di venire istruito.

Questo è il modo di essere di coloro che hanno ricevuto (qualcosa) dall'alto, dalla sconfinata grandezza:
sono protesi verso l'unico, il perfetto, che è là per loro;
non discendono nell'Amenti; sono esenti da gelosia e
20 da sospiri, da morte, si riposano in colui che è in riposo; non hanno tormenti, né sono impegnati nella ricerca della verità; essi stessi sono la verità; il Padre è in
loro, ed essi sono nel Padre, poiché sono perfetti e indi-
30 visibili da questo (essere) veramente buono: non soffrono alcuna privazione, ma si riposano, rinfrescati
nello Spirito.

Presteranno attenzione alla loro radice. Volgeranno
il loro interesse alle (cose) nelle quali egli (il Padre)
troverà la propria radice, e la sua anima non soffrirà
danno alcuno.

Questo è il luogo dei beati, questo è il loro luogo.

Quanto agli altri, sappiano, nel loro luogo, che io
43 non sono in grado — dopo essere giunto nel luogo del

riposo – di dire altro. Dimorerò là, e in ogni momento mi dedicherò al Padre del tutto e ai veri fratelli, su cui è stato effuso l'amore del Padre e in mezzo ai quali egli non lascia mancare nulla di sé.

Costoro invero si manifestano in questa vita vera ed 10 eterna, parlano della luce perfetta, e sono ricolmi della semenza del Padre che è nel suo cuore e nel Pleroma. Mentre il suo Spirito gioisce e dà gloria a colui nel quale era, poiché è buono. I suoi figli sono perfetti, 20 sono degni del suo nome, poiché egli è il Padre: questi sono i figli che egli ama.

VANGELO DI FILIPPO

CODICE II, 51, 29 - 86, 19

Da un ebreo viene un ebreo, ed è detto proselito, ma da un proselito non viene un proselito. *Certuni* esistono e da essi vengono altri uguali a se stessi, mentre *altri* hanno solo l'esistenza. Lo schiavo aspira soltanto a essere libero, non cerca i beni del suo padrone. Il figlio non è soltanto un figlio, ma aspira all'eredità del padre.

Quelli che ereditano dai morti sono essi stessi morti ed ereditano ciò che è morto. Quelli che ereditano da colui che è vivo sono essi stessi vivi e sono eredi di ciò che è vivo e di ciò che è morto. Quelli che sono morti non ereditano nulla: come può ereditare un morto? Se colui che è morto eredita ciò che è vivo non morirà; colui che è morto vivrà ancora più a lungo.

Un pagano non muore: colui che non ha mai vissuto non può morire. Colui che ha creduto alla verità ha trovato la vita: costui corre il pericolo di morire, poiché egli vive.

Dopo che è venuto il Cristo, il mondo è creato, le città sono ornate, il morto allontanato.

Quando eravamo ebrei eravamo orfani; avevamo soltanto la madre; ma allorché siamo divenuti cristiani
abbiamo avuto padre e madre.

Quelli che seminano d'inverno raccolgono d'estate:
l'inverno è il mondo, l'estate è l'altro eone. Seminiamo
in questo mondo per potere raccogliere nell'estate.
Perciò conviene che non preghiamo durante l'inver-
30   no: dopo l'inverno vi è l'estate.
Colui che raccoglierà d'inverno in realtà non raccoglierà, ma soltanto strapperà: *in* questo genere di cose
non vi è *altro modo* di ottenere il raccolto.

Non soltanto *adesso* non porterà alcun frutto, non
soltanto non uscirà, ma anche nel sabato *il suo campo*
sarà infruttuoso.

53   Il Cristo è venuto per liberare alcuni, per riscattare
altri, per salvare gli altri. Ha liberato coloro che erano
stranieri, e li ha fatti propri. Ha separato i suoi e li ha
costituiti come pegno nella sua volontà.

Non soltanto allorché si manifestò egli depose –
quando volle – la sua anima, ma depose la sua anima
10 · fin da quando il mondo esiste. Quando volle, venne
anzitutto a liberarla poiché era trattenuta in ostaggio.
Si trovava in mano ai briganti, era tenuta prigioniera,
ma egli la riscattò e, nel mondo, ha redento i buoni e
i cattivi.

Luce e tenebre, vita e morte, destra e sinistra, sono
tra loro fratelli. Non è possibile separarli. Perciò né i
buoni sono buoni, né i cattivi sono cattivi, né la vita è
20   vita, né la morte è morte. Per questo ognuno si dissolverà nel suo stato originale. Ma coloro che sono al di
sopra del mondo sono indissolvibili ed eterni.

I nomi dati alle cose terrestri racchiudono una grande illusione: infatti distolgono il cuore da ciò che è
consistente per volgerlo a ciò che non è consistente.
Così, chi ode « Dio » non afferra ciò che è consistente,
30   ma afferra ciò che non è consistente. Allo stesso modo

è con « il Padre », « il Figlio », e « lo Spirito Santo », con « la vita » e « la luce », e « la risurrezione », con « la Chiesa » e con tutte le altre cose, non si afferra ciò che è consistente ma ciò che non è consistente, a meno che si sia arrivati a conoscere ciò che è consistente.

I nomi che si odono sono nel mondo *per indurre in* 54 *inganno*; *se fossero* nell'eone non sarebbero mai stati usati come nomi nel mondo, né sarebbero stati posti tra le cose terrestri. Essi hanno fine nell'eone.

Solo uno è il nome non pronunciato nel mondo: il nome dato dal Padre al Figlio, il nome al di sopra di ogni cosa, il nome del Padre. Infatti, il Figlio non sarebbe diventato Padre se non si fosse rivestito del nome 10 del Padre. Quelli che hanno questo nome lo conoscono, ma non lo pronunciano. Quelli, invece, che non lo hanno non lo conoscono.

Ma la verità addusse nel mondo dei nomi, poiché è impossibile insegnarla senza nomi. La verità è una unità, ma è anche molteplicità per noi, affinché impariamo tale unità attraverso la molteplicità.

Gli arconti vollero ingannare l'uomo, a motivo della sua parentela con quelli che sono veramente buoni. 20 Presero il nome di coloro che sono buoni e lo attribuirono a coloro che non sono buoni, per poterlo ingannare mediante i nomi e poterlo vincolare a quanti non sono buoni. In seguito, se essi fanno loro un favore, (gli arconti) li allontanano da quelli che non sono buoni e li collocano tra i buoni, che essi conoscono. Essi, infat- 30 ti, vogliono eliminare chi è libero e farne un loro schiavo per sempre.

Vi sono forze che *lottano contro* l'uomo perché non vogliono che egli *sia salvato*, sì che esse possano...; poiché se l'uomo *è salvato non avranno più luogo* i sacrifici... e non saranno più offerti animali alle forze. *Coloro che...* animali sono coloro che li offrono a quelle. 55 Essi, invero, li offrivano viventi, ma dopo averli offerti morivano. L'uomo, invece, fu offerto morto a Dio, ma egli visse.

Prima della venuta di Cristo, nel mondo non c'era pane. Come nel paradiso – il luogo dove era Adamo – vi erano molte piante per il cibo degli animali, ma
10 non vi era il frumento per il cibo dell'uomo; l'uomo si cibava come gli animali. Ma quando venne Cristo, l'uomo perfetto, portò il pane dal cielo, affinché l'uomo si cibasse con il cibo dell'uomo.

Gli arconti pensavano che quanto facevano fosse dovuto alla loro potenza e alla loro volontà; ma era lo Spirito che, per mezzo loro, operava segretamente ogni cosa secondo il suo desiderio.

20 La verità esiste fin dall'inizio, ed è seminata ovunque: molti vedono che è seminata, ma pochi sono coloro che la vedono raccolta.

C'è chi dice: « Maria ha concepito per opera dello Spirito Santo ». Sbagliano. Non sanno quello che affermano. Quando mai una donna ha concepito per opera di una donna? Maria è la vergine che non fu mai
30 contaminata da alcuna forza. Essa è una grande maledizione per gli ebrei, cioè per gli apostoli e per gli apostolici. Questa vergine non contaminata da alcuna forza... le forze hanno contaminato se stesse. E il Signore non avrebbe detto: « Il *Padre* mio *che è nei* cieli » se non avesse avuto un altro padre. Egli avrebbe detto semplicemente: « *Mio Padre* ».

56 Il Signore disse ai discepoli: « *Portate fuori* da ogni casa. Portate dentro la casa del Padre. Ma non rubate, non prendete *nulla* nella casa del Padre ».

« Gesù » è un nome nascosto. « Cristo » è un nome manifesto. Per questo « Gesù » non si trova in nessuna lingua, ma il suo nome è Gesù, come viene pronunciato. Il suo nome è anche « Cristo »: in siriaco è Messia,
10 in greco, invece, è Cristo. Ovunque, tutti gli altri l'hanno secondo la loro lingua. « Il Nazareno » è colui che rivela ciò che è nascosto.

Il Cristo ha in se stesso ogni cosa: sia l'uomo, sia l'angelo, sia il mistero, e il Padre.

Coloro che affermano: «Il Signore è morto e (poi) è risuscitato», sbagliano. Egli, infatti, prima risorse e (poi) morì. Chi non ottiene prima la risurrezione, costui morirà. Poiché Dio vive, costui sarà (già) morto. 20

Nessuno nasconde in un vaso grande un oggetto grande e prezioso, ma spesso valori incalcolabili sono posti in un vaso di poco conto. Così è dell'anima: è una cosa preziosa posta in un corpo spregevole.

Alcuni temono di risuscitare nudi, perciò desiderano risuscitare nella carne. Costoro non sanno che proprio quanti portano la *carne* sono nudi; mentre quelli che 30 *si apprestano* a spogliarsi non sono nudi. «La carne e il sangue non possono ereditare il Regno di Dio». Qual è quella che non può ereditare? Quella di cui ci 57 siamo rivestiti. E qual è quella che erediterà? È quella del Cristo e il suo sangue. Perciò egli disse: «Colui che non mangia la mia carne e beve il mio sangue non avrà in sé la vita». Che cosa significa? La sua carne è il Logos, e il suo sangue *è* lo Spirito Santo. Colui che ha ricevuto questo ha cibo, bevanda, e vestito.

Io biasimo gli altri che dicono: «Non risusciterà!». 10 Allora sbagliano ambedue. Tu dici: «La carne non risusciterà!». Ma, dimmi, che cosa risusciterà, affinché possiamo onorarti? Tu dici: «Lo Spirito è nella carne, e anche questa luce è nella carne». Anche il Logos è nella carne, poiché qualunque cosa tu menzioni, non menzioni nulla fuori della carne. Bisogna risorgere in questa carne, giacché tutto esiste in essa.

In questo mondo coloro che indossano vestiti sono 20 migliori dei (loro) vestiti. Nel Regno dei cieli i vestiti sono migliori di coloro che li indossano. Acqua e fuoco purificano ogni luogo.

Il visibile per mezzo del visibile, il nascosto per mezzo del nascosto: vi sono cose nascoste da ciò che è visibile. C'è acqua nell'acqua, c'è fuoco nell'unzione.

Gesù dissimulò segretamente ogni cosa. Egli, infatti,
30 non si manifestò qual era (realmente), ma si manifestò come lo si poteva vedere. Così si manifestò a tutti. *Si*
58 *manifestò* grande ai grandi. *Si manifestò* piccolo ai piccoli. *Si manifestò* agli angeli come un angelo, e agli uomini come un uomo. Perciò il suo Logos si è nascosto a tutti. Alcuni lo videro, credendo di vedere se stessi. Ma quando, sul monte, egli apparve nella gloria ai suoi discepoli non era piccolo; era grande, ma rese grandi i suoi discepoli affinché lo potessero vedere
10 nella sua grandezza.

In quel giorno, rendendo grazie, disse: « Tu che hai congiunto la luce perfetta con lo Spirito Santo, congiungi con noi gli angeli, (con noi che siamo loro) "immagini" ».

Non disprezzate l'agnello, poiché senza di esso non è possibile vedere il re. Nessuno – se è nudo – può avanzare verso il re.

I figli dell'uomo celeste sono più numerosi di quelli dell'uomo terrestre. Se sono numerosi i figli di Adamo,
20 quantunque muoiano, tanto più i figli dell'uomo perfetto che non muoiono, ma sono continuamente rigenerati.

Il padre fa un figlio, ma il figlio non può fare un figlio: poiché colui che fu generato non ha il potere di generare; un figlio può acquisire dei fratelli, non dei figli.

Tutti coloro che sono generati nel mondo sono generati in modo naturale; ma gli altri *dallo Spirito*.
30 *Coloro che* sono generati da lui *gridano* di quaggiù verso l'uomo (perfetto), *poiché sono nutriti* dalla promessa del *luogo celeste*.

... dalla bocca, *poiché se* il Logos viene da quel luo-
59 go, egli nutre dalla sua bocca e sarà perfetto. Il perfet-

to, infatti, concepisce e genera per mezzo di un bacio. È per questo che noi ci baciamo l'un l'altro. Noi siamo fecondi dalla grazia che è in ognuno di noi.

Tre persone camminavano sempre con il Signore: Maria, sua madre, la sorella di lei, e la Maddalena, detta la sua compagna. Maria infatti (si chiamava) sua 10 sorella, sua madre, e sua compagna.

« Padre » e « Figlio » sono nomi semplici. « Spirito Santo » è un nome doppio. Essi, infatti, sono ovunque: sono in alto e sono in basso, sono nell'invisibile e sono nel manifesto. Lo Spirito Santo è nel manifesto, è quaggiù; è nell'invisibile, è in alto.

I santi sono serviti da forze malvagie: queste, infat- 20 ti, sono accecate dallo Spirito Santo affinché credano di servire uomini, mentre sono all'opera per i santi. Per questo, allorché un discepolo pose un giorno una domanda al Signore riguardo a questo mondo, egli rispose: « Domanda a tua madre e lei ti darà qualcosa che appartiene a un altro ».

Gli apostoli dissero ai discepoli: « Ogni nostro sacrificio possa meritare il suo sale! ». Essi chiamavano 30 « sale » *Sofia*: senza di essa nessun sacrificio *è* gradito.

Ma Sofia è una donna sterile, *senza* figlio; e per questo motivo è chiamata « traccia di sale ». *Ma* ovunque essi saranno *sarà* (anche) lo Spirito Santo, e i figli di lei 60 sono molti.

Quanto appartiene al padre appartiene anche al figlio; però, fintanto che il figlio è giovane, (il padre) non gli affida quanto è suo. Ma quando è diventato uomo, il padre gli dà tutto ciò che gli appartiene.

Quelli che sbagliano sono generati dallo spirito; e seguitano a sbagliare anche a causa dello spirito. Per questo, per mezzo dello stesso spirito si accende e si spegne il fuoco.

Una cosa è Achamot e altra cosa è Echmot. Achamot 10

è semplicemente la Sofia; mentre Echmot è la Sofia di morte; (ed è) questa Sofia di morte che conosce la morte, ed è chiamata la piccola Sofia.

Vi sono animali che sottostanno all'uomo, come il bue, l'asino e altri di questo genere; vi sono pure animali che non sottostanno all'uomo, e vivono solitari
20 nei deserti. L'uomo lavora i campi con gli animali che gli sono sottomessi; e con questo egli nutre se stesso e gli animali, sia con quelli che gli sono sottomessi sia con quelli che non gli sono sottomessi.

Allo stesso modo, l'uomo perfetto lavora con le forze che gli sono sottomesse, e sostiene tutto a mantenersi efficiente. È in questo modo, infatti, che si consolida tutto il luogo, sia i buoni sia i cattivi, quelli della destra e quelli della sinistra. Lo Spirito Santo li fa pasco-
30 lare e governa *tutte* le forze, quelle che gli sono sottomesse, quelle che non gli sono sottomesse, e le solitarie. Poiché egli le unisce e le consolida affinché non...

Colui che è stato creato è bello e tu troveresti che i
61 suoi figli sono una creatura nobile; se non fosse stato creato, ma generato, tu troveresti che la sua discendenza è nobile. Ma ecco che (non solo) fu creato (ma anche) generato. Quanta nobiltà è questa!

Prima venne l'adultero e poi l'omicida; fu generato nell'adulterio: era, infatti, figlio del serpente. Perciò
10 divenne omicida come suo padre, e uccise suo fratello. Ogni unione che si origina da cose dissimili è adultera.

Dio è un tintore. Come i colori buoni, quelli che diciamo autentici, muoiono con le materie da essi tinte, così è pure della materia tinta da Dio. Ma poiché i suoi colori sono immortali, essi (i colorati) diventano
20 immortali grazie ai suoi colori. Ora Dio immerge coloro che immerge nell'acqua.

È impossibile che uno veda qualcosa delle realtà essenziali, se non è diventato come quelle. L'uomo, davanti alla verità, non si trova come di fronte al mondo:

vede il sole pur non essendo sole, vede il cielo, la terra
e ogni altra cosa pur non essendo nulla di tutto questo.
Ma (se) tu hai visto qualcosa di quel luogo, tu sei
diventato quello (che hai visto). Tu hai visto lo Spi- 30
rito, e tu sei diventato Spirito; tu hai visto il Cristo,
e tu sei diventato Cristo; tu hai visto *il Padre*, e tu diventerai Padre.

Così *in questo luogo* vedi ogni cosa, ma *non vedi* te
stesso; ma *in quel luogo* tu vedrai te stesso e *diventerai*
quello che tu vedi.

La fede riceve, l'amore dà. *Nessuno può ricevere* sen- 62
za la fede. Nessuno può dare senza l'amore. Per questo,
appunto, crediamo, per ricevere veramente; è così che
possiamo amare e dare, giacché se uno non dà per amore, non trae profitto da ciò che dà.

Colui che non ha ancora ricevuto il Signore è tuttora un ebreo.

Prima di noi, agli inizi, gli apostoli (lo) chiamavano
così: « Gesù, il Nazoreo, Messia » e cioè « Gesù, il Nazoreo, il Cristo ». L'ultimo nome è « Cristo »; il primo 10
è « Gesù »; quello di mezzo è « Nazareno ». « Messia »
ha due significati: « Cristo » e « il limitato ». In ebraico, « Gesù » significa « redenzione »; « Nazara » la
« verità »: il Nazareno, dunque, è (quello della) « la
verità ». Il Cristo è stato limitato: « il Nazareno » e
« Gesù » lo hanno limitato.

Una perla gettata nel fango non perde valore, né co-
sparsa di balsamo è più preziosa: per il proprietario ha 20
sempre lo stesso valore. Così è pure dei figli di Dio:
ovunque si trovano, mantengono sempre il loro valore
presso il Padre.

Se dici: « Sono ebreo », nessuno si commuove; se dici: « Sono romano », nessuno trema; se dici: « Sono
greco, barbaro, schiavo, libero », nessuno si agita. Se
dici: « Sono cristiano », trema *il mondo. Riceva* io que-

sto segno che gli arconti non possono sopportare, *allor-ché odono* il suo nome.

63   Dio è un mangiatore di uomini; per questo l'uomo gli è *immolato*. Prima che gli si immolasse l'uomo, gli si immolavano animali, giacché coloro ai quali si sacrificava non erano dèi.

Vasi di vetro e vasi d'argilla sono fabbricati col fuoco. Ma se si spezzano, i vasi di vetro sono rimodellati, perché furono prodotti mediante un soffio; se invece si
10   spezzano i vasi d'argilla, vanno distrutti, perché furono fabbricati senza il soffio.

Girando attorno a una mola un asino fece cento miglia; quando fu sciolto, si trovò ancora allo stesso posto. Certi uomini camminano molto, ma non arrivano mai da nessuna parte; quando per loro giunge la sera non vedono né città né villaggio né creazione né natu-
20   ra né forza né angelo. Miserabili, hanno sofferto invano.

L'eucarestia è Gesù, poiché in siriaco egli è detto Pharisata, cioè «colui che è disteso»: Gesù, infatti, venne per crocifiggere il mondo.

Il Signore entrò nella tintoria di Levi, prese settantadue colori, li gettò nel calderone e li ritrasse tutti
30   bianchi e disse: «Il Figlio dell'uomo è giunto invero come un tintore».

La Sofia, chiamata «sterile», è la madre *degli* angeli; la compagna del *Figlio* è Maria Maddalena. Il *Signore amava Maria* più di *tutti* i discepoli, *e spesso* la
64   baciava *sulla* bocca. Gli altri *discepoli, vedendolo con Maria*, gli domandarono: «*Perché l'ami* più di noi tutti?». Il Salvatore rispose e disse loro: «Com'è ch'io non vi amo quanto lei?».

Se si trovano in mezzo alle tenebre un cieco e uno che vede, non si distinguono l'uno dall'altro. Ma quando viene la luce, colui che vede vedrà la luce, mentre colui che è cieco rimarrà nelle tenebre.

Il Signore ha detto: « Beato colui che è prima di di- 10
venire. Poiché colui che è, è stato e sarà ».

La superiorità dell'uomo non appare agli occhi, ma
è nascosta alla vista. Per questo egli è signore degli animali, che sono più forti e grandi di lui sia per ciò che
appare sia per ciò che è nascosto, e provvede al loro
sostentamento; ma se l'uomo se ne separa, essi si ucci-
dono e si mordono l'un l'altro: si divorano l'uno con
l'altro perché non trovano cibo. Adesso, però, hanno 20
trovato cibo perché l'uomo ha lavorato la terra.

Se uno scende nell'acqua, e ne risale senza avere ricevuto nulla, e dice: « Io sono cristiano »: costui si
prende a prestito il Nome. Ma se riceve lo Spirito Santo, costui ha il Nome come un dono. A colui che ha ricevuto un dono non lo si domanda indietro; ma a colui
che l'ha preso a prestito lo si chiede indietro. Così 30
accade a colui che sperimenta un mistero.

Grande è il mistero del matrimonio! Senza di esso
non ci sarebbe il mondo, giacché gli uomini sono con-
solidamento del *mondo*, e il matrimonio è il consoli-
damento *degli uomini*. Comprendete la comunione
immacolata, poiché è dotata di una grande forza. La
sua immagine è nella contaminazione del *corpo*.   65

Vi sono *spiriti* impuri maschili e (spiriti impuri)
femminili: i maschili si associano alle anime che hanno preso domicilio in corpi di femmine, e i femminili
sono associati a quelle dei corpi degli uomini, a motivo
di colui che disobbedì; e non sfugge loro alcuno – poiché essi lo trattengono –, a meno che uno riceva una
forza maschile e una forza femminile e cioè quella del 10
fidanzato e della fidanzata. Questo, poi, si riceve, in
immagine, nella camera nuziale.

Quando donne sciocche vedono un uomo che se ne
sta tutto solo, lo assalgono, folleggiano e lo contamina-
no. Allo stesso modo, quando uomini sciocchi vedono
una bella donna tutta sola, la persuadono e le usano
violenza perché vogliono contaminarla. Ma se vedono 20

un uomo e una donna insieme, le donne non possono
avvicinarsi all'uomo, e gli uomini non possono avvicinarsi alla donna. La stessa cosa avviene quando l'immagine e l'angelo si uniscono: nessuno osa andare verso
l'uomo o verso la donna.

Colui che esce dal mondo non può più essere trattenuto, poiché è stato nel mondo. È chiaro che egli è al
30   di sopra del desiderio... e della paura; è padrone della
natura; è al di sopra della gelosia. *Ma se* viene il *mali-
gno*, lo afferra e lo soffoca, *come potrà* fuggire *le grandi forze che stringono?* Come potrà *nascondersi a esse?*

Spesso certuni vengono a dire: « Siamo fedeli! » *per
66   sfuggire agli spiriti impuri* e ai demoni. Se, infatti,
avessero lo Spirito Santo, nessuno spirito impuro si ac-
costerebbe loro.

Non avere paura della carne, e non amarla. Se tu
ne hai paura, essa ti dominerà. Se tu l'ami, essa ti divorerà e ti inghiottirà.

E ciò avverrà in questo mondo o nella risurrezione o
nei luoghi di mezzo. Non capiti ch'io sia trovato in essi!

10   In questo mondo c'è del buono e del cattivo: il suo
buono non è buono, e il suo cattivo non è cattivo. Ma,
dopo questo mondo, c'è qualcosa di veramente cattivo,
ed è il luogo di mezzo. Esso è la morte.

Fin che siamo in questo mondo conviene che acqui-
stiamo la risurrezione affinché, quando ci spogliamo
20   della carne, ci troviamo nel riposo, non abbiamo da
andare nel luogo di mezzo: sono molti, infatti, coloro
che sbagliano lungo il cammino.

Conviene risalire da questo mondo prima che l'uomo pecchi.

Alcuni né vogliono né possono (peccare). Altri, invece, anche se lo vogliono (peccare) non sono migliori
perché non lo fanno, poiché *questa* volontà fa di loro
dei peccatori. Ma anche se qualcuno non vuole (pec-

care) la giustizia si nasconderà a tutti e due, al non volere e al non fare.

Un apostolico vide in una visione alcuni chiusi in 30 una casa in fiamme e avvinti a *catene*, che giacevano in preda al fuoco. C'era però dell'acqua *in mezzo a loro*, ma inutilmente. Egli disse loro: « Perché non possono essere salvati? ». Egli rispose: « Non lo vogliono. Ricevettero *questo luogo* come punizione, (luogo) che è denominato "tenebra esteriore, stridore di denti" ».   67

L'anima e lo spirito sono nati dall'acqua, dal fuoco. Dall'acqua, dal fuoco e dalla luce nacque il figlio della camera nuziale. Il fuoco è l'unzione, la luce è il fuoco. Parlo non di questo fuoco che non ha forma, ma di quell'altro che ha la forma bianca della bella luce e dà la bellezza.

La verità non è venuta nuda in questo mondo, ma 10 in simboli e immagini. Non la si può afferrare in altro modo.

Vi è una rigenerazione, e un'immagine di (questa) rigenerazione. Bisogna veramente rinascere per mezzo dell'immagine. Che cos'è la risurrezione? L'immagine deve risorgere per mezzo dell'immagine. Lo sposo e l'immagine penetrano nella verità per mezzo dell'immagine. Questa è l'apocatastasi.

Non solo è bene che quanti non hanno il nome del 20 Padre e del Figlio e dello Spirito Santo lo ottengano, ma che l'ottengano per se stessi. Se qualcuno non li ha ottenuti per se stesso, sarà privato anche del nome. Ma egli li riceve con l'unzione aromatica della forza della croce; (forza) che gli apostoli chiamano « la destra » e « la sinistra ». Costui, infatti, non è più un cristiano, ma un Cristo.

Il Signore ha operato tutto in un mistero: battesimo, unzione, eucarestia, redenzione, camera nuziale.   30

Il Signore ha detto: « Sono venuto per rendere *le cose di quaggiù* simili alle cose di *lassù, e le cose* esterne simili alle cose *interne*. *Sono venuto per unirle* in quel luogo ».

Egli si è manifestato in questo luogo per mezzo di *simboli e di immagini*.

Coloro che affermano: « *C'è un uomo celeste* e uno al di sopra di *lui* », sbagliano. *Poiché* colui che si è 68 manifestato *in cielo è l'uomo celeste*, ed è chiamato: « Colui che è quaggiù ». Colui al quale appartengono le cose nascoste è al di sopra di lui. È dunque bene dire così: « L'interno e l'esterno, e l'esterno dell'esterno ». Perciò il Signore chiamò la corruzione « tenebre esteriori », sebbene non abbia alcun esterno.

Egli ha detto: « Il Padre mio che è nel segreto ». 10 Ha detto: « Entra nella tua camera, chiudi la porta dietro di te e prega tuo Padre che è nel segreto », che si trova cioè all'interno di tutti loro. Ma ciò che è all'interno di tutti loro è il Pleroma. Oltre quello, non c'è alcuno che sia all'interno di lui. Ed egli è colui del quale fu detto che è al di sopra di loro.

Prima del Cristo erano usciti molti; donde erano 20 usciti non potevano più ritornare, e donde erano entrati non potevano più uscire. Poi venne il Cristo: fece uscire quelli che erano entrati, e fece rientrare quelli che erano usciti.

Nei giorni in cui Eva si trovava in *Adamo*, la morte non c'era; la morte sopravvenne allorché Eva fu separata da lui. Se rientra in lui, e se egli la prende in sé, la morte non ci sarà più.

« Mio Dio, mio Dio, perché, Signore, mi hai abbandonato? ». Sulla croce egli disse queste parole, perché 30 là egli fu diviso. *Chiunque* fu generato da colui che *distrugge non proviene* da Dio.

Il *Signore risorse* dai morti. *Egli divenne com'è*. Ma il *suo corpo era* perfetto. *Aveva sì* la carne, ma *questa carne è una vera carne. La nostra carne*, invece, non è vera; *noi abbiamo* solo un'immagine della vera.

Il letto nuziale non è per gli animali, né per gli 69
schiavi, né per le donne impure, ma per gli uomini
liberi e per le vergini.

Certo, siamo stati generati nuovamente dallo Spirito
Santo, tuttavia siamo generati anche dal Cristo. Ambedue le volte siamo stati unti nello Spirito; e allorché
fummo generati siamo stati riuniti.

Senza luce, nessuno può vedersi nell'acqua oppure in 10
uno specchio, ma neppure senza acqua e senza specchio
potrai nuovamente vederti nella luce. Per questo motivo è necessario battezzare nella luce e nell'acqua, in
tutte e due. Ora la luce è l'unzione.

A Gerusalemme tre erano le case che fungevano da
luogo di sacrificio: una, aperta dal lato occidentale,
era detta « il santo »; l'altra, aperta dal lato meridio-
nale, era detta « il santo del santo »; la terza, aperta 20
dal lato orientale, era detta « il santo dei santi »; in
questo luogo penetrava soltanto il sommo sacerdote.

Il battesimo è la casa « santa »; *l'unzione* è « il santo
del santo »; la camera nuziale è « il santo dei santi ».
Il battesimo comprende la risurrezione e la redenzione.
La redenzione ha luogo nella camera nuziale. Ma la
camera nuziale è superiore *ad essa*, poiché tu non troverai nulla come essa. *Quanti le sono familiari sono* 30
coloro che pregano nel santo, in Gerusalemme. In Gerusalemme *vi sono alcuni* che pregano *aspettando il
Regno dei cieli*. Costoro sono detti « il santo dei santi », *poiché prima* che il velo fosse strappato, *noi non
avevamo* altra camera nuziale, ma solo un'immagine
della camera nuziale che è lassù. È per questo che il ve- 70
lo fu strappato dall'alto al basso, perché era opportuno
che qualcuno andasse dal basso in alto.

Coloro che si sono vestiti della luce perfetta non sono visti e, quindi, non possono essere trattenuti dalle
forze: ci si riveste di questa luce nel mistero, nel-
l'unione.

10   Se la donna non si fosse separata dall'uomo, non sarebbe morta con l'uomo: all'origine della morte ci fu
la sua separazione. Perciò il Cristo è venuto a porre
riparo alla separazione che ebbe inizio fin dal principio, e a unire nuovamente i due, a vivificare coloro che
erano morti a motivo della separazione.

Ma la donna si unisce con suo marito sul letto nu-
20   ziale: e coloro che sono uniti sul letto nuziale, non si
possono più separare. Eva si separò da Adamo perché
non si era mai unita con lui sul letto nuziale.

L'anima di Adamo proviene da un soffio; quello è
il suo compagno. Lo spirito che gli è stato dato è sua
madre; la sua anima fu sostituita dallo *spirito*, che gli
era stato dato in sua vece. Allorché si unì a lui *pronunciò* parole incomprensibili alle forze. Queste allora lo
30   invidiarono, *perché non possedevano* l'unione pneumatica... Tale *divisione* offrì loro l'occasione *di for-
marsi un simbolico* letto nuziale affinché gli *uomini si
contaminassero* (in esso).

Sulle rive del Giordano Gesù *manifestò se stesso: vi
era la pienezza del Regno dei cieli.* Colui che *fu gene-*
71   *rato* prima di tutto fu nuovamente generato. Colui che
all'inizio *fu unto* come Figlio, fu nuovamente unto.
Colui che fu redento, a sua volta ha redento (gli altri).

Se è lecito parlare di un mistero, il Padre del tutto
si unì con la vergine, che era discesa dall'alto, e in quel
giorno brillò per lei un fuoco. Egli apparve nel grande letto nuziale. Perciò il suo corpo fu prodotto in
10   quel giorno: lasciò il letto nuziale, come uno che viene
dallo sposo e dalla sposa. Così Gesù raddrizzò il tutto,
per mezzo loro, in esso. È necessario che ognuno dei
discepoli entri nel suo riposo.

Adamo fu prodotto da due vergini: dallo spirito e
dalla terra vergine. Il Cristo, perciò, nacque da una
20   vergine, per correggere il passo falso verificatosi all'inizio.

In mezzo al paradiso crescono *due* alberi: uno genera *animali*, l'altro genera uomini. Adamo *mangiò* dell'albero che genera animali: divenne animale e generò *animali*. Per questo i figli di Adamo venerano *animali*. L'albero di cui Adamo mangiò il frutto è l'albero della 30 conoscenza. Questo è il motivo per cui aumentarono i *peccati*. *Se egli* avesse mangiato del *frutto* dell'altro albero, *cioè del* frutto dell'albero *della vita, quello che* genera uomini, *allora gli dèi* venererebbero gli uomini. *Poiché all'inizio* Dio creò l'uomo. *Ma ora* gli uomini creano Dio. 72

Nel mondo le cose vanno così: gli uomini si fabbricano degli dèi e venerano le loro creazioni. Sarebbe invece opportuno che gli dèi venerassero gli uomini.

In verità, le opere dell'uomo provengono dalla sua forza; perciò sono dette forze. Le opere sono i suoi figli e provengono dal suo riposo; per questo la sua forza è 10 presente nelle sue opere, ma il suo riposo si manifesta nei suoi figli. Troverai che tutto ciò si applica direttamente all'immagine, e questo è l'uomo conforme all'immagine. Compie le sue azioni grazie alla sua forza, ma genera i suoi figli grazie al suo riposo.

In questo mondo gli schiavi sono sottoposti agli uomini liberi. Nel Regno dei cieli i liberi sono al servizio 20 degli schiavi; i figli della camera nuziale sono al servizio dei figli del matrimonio. I figli della camera nuziale hanno *lo stesso unico* nome. Sugli uni e sugli altri *regna* il riposo. Non hanno più bisogno di *vedere perché godono della* contemplazione, dotati della (facoltà) *di comprendere per mezzo del sentimento.* Sono molti *perché non pongono il loro tesoro* nelle cose di *quaggiù, che sono vili, ma* nelle glorie di *lassù,* sebbene (ancora) non le *conoscano.*

Coloro *che vogliono essere battezzati* discendono nel- 30 l'acqua. *Ma il Cristo* uscendo (dall'acqua) la consacrò *affinché* coloro che *ricevono il battesimo* nel suo nome

siano perfetti. Egli, infatti, ha detto: « Dobbiamo
73 adempiere ogni giustizia ».

Quanti affermano che prima si deve morire e poi
risuscitare, si ingannano. Se da vivi non ottengono la
risurrezione, quando moriranno non otterranno nulla.
Allo stesso modo essi parlano del battesimo: affermano
che il battesimo è una grande cosa, poiché chi lo riceve
vivrà.

L'apostolo Filippo disse: « Il falegname Giuseppe,
10 avendo bisogno di legna per il suo mestiere, piantò un
giardino; con gli alberi che aveva piantato fece la croce, e il suo discendente fu sospeso a quello che egli
aveva piantato: il suo discendente è Gesù, l'albero è
la croce ».

Ma l'albero della vita è in mezzo al giardino. Tuttavia è dall'ulivo che si estrae il crisma, per mezzo del
quale si ha la risurrezione.

20   Questo mondo è un divoratore di cadaveri: tutto ciò
che vi si mangia muore di nuovo.

La verità è una divoratrice di vita: quanti si nutro-
no di essa non moriranno. Gesù venne da quel luogo,
donde portò del cibo. A chi lo desidera ha dato *la vita*,
affinché egli non muoia.

Dio piantò un giardino. L'uomo *fu posto* nel giardi-
30 no. Là erano *molti alberi per lui e l'uomo viveva in
questo luogo con la benedizione e nell'immagine di
Dio*. Di ciò che vi è in esso *io mangio come voglio*.
Questo paradiso è il luogo nel quale mi si dirà: « *Uomo, mangia* questo! » oppure: « *Mangia quello, come
74 vuoi* ». Questo è il luogo nel quale io mangerò di tutto, poiché vi è l'albero della gnosi. Quello ha ucciso
Adamo, mentre in questo luogo l'albero della gnosi
fece vivere l'uomo. La legge era l'albero. Esso ha il
potere di dare la conoscenza del bene e del male: non
10 l'esentò dal male né lo stabilizzò nel bene, ma predi-
spose la morte per quanti ne mangiarono. Poiché quan-

do egli disse: « Mangia di questo, non mangiare di quello », fu l'inizio della morte.

L'unzione è superiore al battesimo. È dall'unzione, infatti, che noi siamo stati chiamati « cristiani », e non dal battesimo. Anche il Cristo fu chiamato (così) a motivo dell'unzione: il Padre unse il Figlio, il Figlio unse gli apostoli, e gli apostoli unsero noi. Colui che è stato unto possiede il tutto: possiede la risurrezione, la luce, 20 la croce, lo Spirito Santo. Il Padre gli ha dato questo nella camera nuziale, egli (lo) ha accettato.

Il Padre era nel Figlio, e il Figlio nel Padre. Questo è il Regno dei cieli.

Bene disse il Signore: « Alcuni entrarono nel Regno dei cieli ridendo, e uscirono ». *Essi non vi rimasero* perché l'uno non era un cristiano, l'altro perché in seguito rimpianse (la sua decisione). Non appena il Cristo discese nell'acqua, ne uscì *ridendo* di tutto, non 30 perché fosse per lui un gioco, *ma per* l'assoluto disprezzo che ne aveva. Colui che *vuole entrare* nel Regno dei cieli, vi giungerà. Se disprezza il tutto (di questo mondo) e lo considera un gioco, *ne uscirà* ridendo.

È così anche del pane, del calice, dell'olio, anche se 75 vi è qualcosa di più elevato di questi.

Il mondo ebbe origine da una trasgressione. Colui, infatti, che lo ha creato voleva farlo incorruttibile e immortale; ma fallì, e non realizzò quanto sperava. Poiché l'incorruzione del mondo non esisteva, non esisteva l'incorruzione di colui che creò il mondo. Non vi sono, infatti, cose incorrotte, ma (solo) figli; e nes- 10 suna cosa può ricevere l'incorruzione a meno che, prima, divenga fanciullo. Ma colui che è incapace di ricevere, a maggior ragione è incapace di dare.

Il calice della preghiera contiene vino e acqua, essendo simbolo del sangue sul quale si rendono grazie. Esso è ripieno dello Spirito Santo, e appartiene all'uomo to-

20 talmente perfetto. Quando ne beviamo, riceviamo l'uomo perfetto.

L'acqua viva è un corpo; è necessario che ci rivestia-
mo dell'uomo vivo. Perciò quando è in procinto di discendere nell'acqua, si sveste per rivestirsi di quello.

Un cavallo genera un cavallo, un uomo genera un
uomo, un dio genera un dio. Così è dello sposo e della
sposa: i loro figli furono concepiti nella camera nuzia-
30 le. *Fintanto che* la legge era in vigore, non c'è stato un
ebreo (che sia nato da un greco). Noi *stessi in quanto*
stirpe cristiana *non discendiamo* dagli ebrei. *C'era
un'altra stirpe, e i suoi discepoli* sono chiamati « stirpe
76 eletta *del Dio vivente* » e « l'uomo vero » e « il Figlio
dell'uomo » e « la discendenza del Figlio dell'uomo ».
Questa, nel mondo, è chiamata la vera stirpe. Ovunque
si trovano, là è il luogo dei figli della camera nuziale.

Mentre, in questo mondo, l'unione (sessuale) è di un
maschio e di una femmina, come di forza e di debolezza; nell'eone l'immagine dell'unione (spirituale) è di-
10 versa. Tuttavia noi lo chiamiamo con gli stessi nomi.
Ma vi sono altri nomi al di sopra di ogni nome con i
quali è menzionato, e più forti del forte. Poiché là ove
si trova la violenza vi sono coloro che eccellono nella
forza. Queste non sono cose diverse, ma ambedue sono
una stessa cosa. Questa è una cosa che il cuore della
carne non riuscirà mai a vincere.

A quanti hanno tutto non è forse necessario che tutti
conoscano se stessi? Alcuni, se non conoscono se stessi,
20 non gioiscono di quello che possiedono. Ma quelli che
sono pervenuti alla conoscenza di se stessi ne gioiranno.

Non soltanto non riusciranno ad afferrare l'uomo
perfetto, ma non riusciranno a vederlo, poiché se lo
vedessero lo afferrerebbero. Nessuno riuscirà a ottenere questa grazia in alcun altro modo, se non rivesten-
dosi della luce perfetta *e divenendo egli stesso* luce perfetta. Colui che si *rivestirà* di questa, entrerà nel Re-

gno. Questa è la *luce* perfetta, ed è *necessario* che — 30
con ogni mezzo — diventiamo *uomini perfetti* prima di
uscire *dal mondo*.

Colui che ha ricevuto tutto *ma non ha il dominio* di
questi luoghi, non riuscirà *a dominare* questo luogo,
ma *andrà nel luogo di mezzo* come imperfetto. Soltanto Gesù conosce la fine di costui.   77

L'uomo santo è perfettamente santo anche nel suo
corpo. Infatti, se ha ricevuto il pane lo santificherà, o
il calice o qualsiasi altra cosa riceva, egli la purifica.
E come non santificherà anche il corpo?

Come Gesù ha reso perfetta l'acqua del battesimo,
così ha svuotato la morte. Perciò noi discendiamo sì   10
nell'acqua, ma non discendiamo nella morte per non
venire gettati fuori nello spirito di questo mondo.
Quando soffia lo spirito del mondo, fa venire l'inverno.
Quando soffia lo Spirito Santo fa venire l'estate.

Colui che ha la conoscenza della verità è libero. Ma
colui che è libero non pecca, poiché chi pecca è schiavo
del peccato. La verità è la madre, ma la conoscenza è il 20
padre. Coloro ai quali è permesso di peccare, il mondo
li chiama liberi. A coloro ai quali non è permesso di
peccare, la conoscenza della verità innalza il cuore, e
cioè li rende liberi e li innalza al di sopra di ogni luogo.

Ma l'amore edifica. E colui che è divenuto libero per
mezzo della conoscenza, per mezzo dell'amore, è schiavo per quanti non hanno ancora potuto innalzarsi verso la libertà per mezzo della conoscenza. La conoscenza 30
li rende capaci di diventare liberi. L'amore non avoca
a sé nulla. Anche di ciò che è suo non dice: « Quello
è mio » oppure: « Questo è mio ». Ma dice: « Tutto
questo è tuo! ».

L'amore *spirituale* è vino e balsamo. Ne gioiscono 78
coloro che ne sono unti. Ne gioiscono anche coloro
che si mantengono separati, fintanto che gli unti sono
presso di loro. Se gli unti con il balsamo cessano (di

stare) vicini e si allontanano da loro, costoro, che non sono unti e si mantengono soltanto separati da quelli, rimangono nuovamente nel loro cattivo odore.

Al ferito il samaritano diede soltanto vino e olio:
10 non è altro che l'unzione. E guarì le ferite; l'amore, infatti, copre una moltitudine di peccati.

Quelli che la donna genera rassomigliano a colui che ella ama: se è suo marito, rassomigliano al marito; se è un adultero, rassomigliano all'amante. Spesso, quando una donna dorme col marito per necessità, mentre il suo cuore si trova con l'amante con cui è in comu-
20 nione, colui che ella genera è generato somigliante a questi.

Ma voi, che siete con il Figlio di Dio, non amate il mondo, amate il Signore, affinché coloro che generate non rassomiglino al mondo, ma rassomiglino al Signore.

L'uomo si associa con l'uomo, il cavallo si associa con il cavallo, l'asino si associa con l'asino: le specie si associano con quelli della loro specie. Allo stesso modo,
30 lo Spirito si associa con lo Spirito, il Logos è in comunione col Logos, e la luce è in comunione con la luce. Se tu diventi uomo, l'uomo ti amerà. Se tu diventi Spirito, lo Spirito si porrà in comunione con te. Se tu di-
79 venti Logos, il Logos sarà in comunione con te. Se tu diventi luce, la luce sarà in comunione con te. Se tu diventi ciò che è in alto, ciò che è in alto si riposerà su di te. Se tu diventi un cavallo, o un asino, o un vitello, o un cane, o un montone, o un qualsiasi altro animale che si trovano al di fuori e al di sotto, tu non potrai
10 essere amato né dall'uomo né dallo Spirito né dal Logos né dalla luce né da ciò che è in alto né da ciò che è all'interno. Questi non potranno riposarsi in te, e tu non avrai parte in essi.

Colui che è schiavo contro la sua volontà potrà diventare libero. Colui che era libero in grazia del suo signore, e si è venduto in schiavitù, non potrà più diventare libero.

L'agricoltura del mondo abbisogna di quattro elementi: si accumula nel granaio quanto proviene dall'acqua, dalla terra, dal vento e dalla luce. Anche l'agricoltura di Dio abbisogna di quattro elementi: la fede, la speranza, l'amore e la gnosi. La nostra terra è la fede nella quale affondiamo la radice; l'acqua è la speranza della quale ci nutriamo; il vento è l'amore per mezzo del quale diventiamo grandi; e la luce è la gnosi per mezzo della quale *maturiamo*.

Anche la grazia *abbisogna di quattro elementi*: essa è terrestre, è *celeste, essa proviene* dall'alto dei cieli, e *risiede nella verità*.

Beato colui che non ha rattristato un'anima. Costui è Gesù Cristo. Egli è venuto in ogni luogo e non ha oppresso alcuno. Perciò, beato chi è come lui, perché è un uomo perfetto. Egli, infatti, è il Logos.

Poneteci domande su di lui, poiché è difficile presentarlo. Come potremmo portare a compimento questo grande compito? Come darà egli riposo a ognuno?

Innanzi tutto non è giusto affliggere alcuno – sia grande sia piccolo sia infedele sia fedele – e in seguito offrire conforto soltanto a coloro che provano soddisfazione nel compiere il bene. Alcuni traggono profitto nell'offrire conforto a chi sta bene. Chi compie il bene non può offrire conforto a costoro, poiché è contro la sua volontà. Ma egli non può affliggere, a meno che operi affinché opprimano se stessi. Colui, invece, che sta bene talvolta li affligge: non che egli lo voglia espressamente, è piuttosto la loro malignità che li affligge. Colui che ha la natura (buona) gioisce del bene; ma a causa di ciò alcuni si affliggono malamente.

Un capofamiglia acquista ogni cosa: figli, servi, animali, cani, maiali, grano, orzo, paglia, erba, ossi, carne e ghiande. È un uomo saggio, e conosce il nutrimento

30 adatto a ognuno: mette pane, olio d'oliva e carne davanti ai figli; pone olio di ricino e grano davanti ai servi; getta agli animali orzo, paglia ed erba; getta ossa ai
81 cani; ai maiali getta ghiande e avanzi di pane.

Si comporta così anche il discepolo di Dio. Se è saggio, comprende le qualità di un discepolo; le forme
corporee non l'inducono in errore; valuta piuttosto la
disposizione d'animo di ognuno e parla con lui. Nel
mondo vi sono molti animali che hanno forma umana;
10 allorché egli li riconosce, getta ghiande ai maiali, getta
orzo, paglia ed erba agli animali, getta ossi ai cani. Ai
servi dà gli inizi (delle lezioni), ai fanciulli dà (l'insegnamento) perfetto.

C'è il Figlio dell'uomo, e c'è il figlio del Figlio del-
l'uomo. Il Figlio dell'uomo è il Signore; il figlio del
Figlio dell'uomo è colui che è stato creato dal Figlio
dell'uomo. Il Figlio dell'uomo ricevette da Dio il potere di creare. Egli può anche generare.

Colui che ha ricevuto (il potere) di creare è una
creatura. Colui che ha ricevuto il potere di generare è
un generato. Chi crea non può generare. Chi genera
può creare.

20 Ma si dice: « Chi crea, genera ». *Tuttavia* la sua generazione è una creatura: poiché i suoi generati non
sono i suoi figli, ma sue *creazioni*. Chi crea, lavora in
modo visibile, ed è egli stesso visibile. Chi genera, *ge-*
30 *nera* in segreto ed è egli stesso nascosto, *stando con la*
sua immagine. Chi crea, *crea* apertamente, ma colui
che genera, *genera* figli in segreto.

Nessuno è capace di conoscere il giorno in cui *l'uo-*
82 *mo* e la donna si uniscono, eccetto loro due. Infatti,
nel mondo, il matrimonio è un mistero per coloro che
hanno preso moglie.

Se il matrimonio della contaminazione è nascosto, a
maggior ragione il matrimonio immacolato è un vero
mistero. Non è carnale, ma puro. Non appartiene alla

passione, ma alla volontà. Non appartiene alle tenebre
o alla notte, ma appartiene al giorno e alla luce.   10

Quando un matrimonio è senza veli, diventa prosti-
tuzione; e la sposa si prostituisce non soltanto quando
accoglie il seme di un altro uomo, ma anche quando
lascia la camera da letto ed è vista. Ella può manifestar-
si soltanto a suo padre, a sua madre, all'amico dello
sposo e ai figli dello sposo: a costoro è permesso di
entrare tutti i giorni nella camera nuziale. Ma gli altri
non possono che desiderare di udire la sua voce, di   20
gioire del suo profumo, e nutrirsi delle briciole di pane
che cadono dalla tavola, come i cani. Gli sposi e le spose
appartengono alla camera nuziale; nessuno potrà vedere lo sposo e la sposa, a meno che lo diventi.

Quando Abramo *gioì* perché avrebbe visto quanto
stava per vedere, *circoncise* la carne del suo prepuzio,
insegnandoci così che è necessario distruggere la carne.

Molte cose, in questo mondo, stanno ritte e vivono   30
fino a tanto che le loro *parti interiori* sono nascoste;
ma quando vengono allo scoperto muoiono, come è
provato dall'uomo visibile. *E, infatti, fintanto che* le
viscere dell'uomo sono nascoste, l'uomo è vivo; ma se   83
le sue viscere sono esposte ed escono da lui, l'uomo morirà. Così è pure dell'albero: fintanto che la radice è
nascosta, fiorisce e cresce; ma se la radice è esposta,
l'albero secca. Così è di ogni prodotto del mondo, sia
per ciò che è esposto sia per ciò che è nascosto. Poiché
fintanto che la radice del male è nascosta, è forte; ma
quando è scoperta si dissolve. Se si manifesta, viene   10
distrutta.

Perciò il Logos dice: « L'ascia è già posta alla radice
degli alberi ». Non taglierà – ciò che viene tagliato
spunta di nuovo –; l'ascia, invece, taglierà in profondità fino a estirpare la radice. Gesù ha reciso la radice
di tutto il luogo, ma gli altri (soltanto) parzialmente.
Quanto a noi, ognuno scavi fino alla radice del male   20
che è in lui, *lo* sradichi dal suo cuore fino alla radice.

Ma esso sarà sradicato, se noi lo riconosceremo. Se, invece, lo ignoriamo si radicherà in noi e produrrà i suoi frutti nel nostro cuore. Esso impera su di noi. Siamo suoi schiavi, ci rende prigionieri, sicché facciamo ciò che *non* vogliamo e *non* facciamo ciò che vogliamo. Esercita un grande potere perché non l'abbiamo sco-

30 perto. Fintanto che esiste, è operante. L'ignoranza è la madre di *ogni male*. L'ignoranza si risolverà in *morte*, perché quanti provengono dall'ignoranza non erano, non sono, non saranno.

84 *Ma quelli che sono nella verità* saranno perfetti, quando sarà rivelata tutta la verità. La verità, infatti, è come l'ignoranza: nascosta, rimane in se stessa; manifesta e riconosciuta, è glorificata, essendo tanto più forte dell'ignoranza e dell'errore. Essa dà la libertà. Il Logos ha detto: « Se voi conoscerete la verità, la verità

10 vi farà liberi ». L'ignoranza è schiava. La gnosi è libertà. Se conosciamo la verità, troveremo in noi stessi i frutti della verità. Se ci uniamo a essa, porterà il nostro Pleroma.

Adesso abbiamo (le parti) visibili della creazione. Siamo soliti dire: « Le cose potenti sono rispettabili, mentre le cose nascoste sono deboli e spregevoli ». Il contrario è delle cose rivelate dalla verità: sono deboli

20 e spregevoli, mentre le cose nascoste sono potenti e rispettabili. I misteri della verità sono rivelati per mezzo di tipi e di immagini. Ma la camera nuziale resta nascosta: è il santo del santo.

All'inizio, infatti, il velo nascondeva, in certo modo, il controllo del creato da parte di Dio. Ma allorché il velo si squarciò, e l'interno sarà manifesto, questa casa sarà lasciata deserta, meglio, sarà *distrutta*. Ma non

30 tutta la divinità fuggirà *da* questi luoghi nel santo *dei santi*, giacché non potrà unirsi alla *luce* pura e alla pienezza *senza deficienza*, bensì sarà sotto le ali della croce *e sotto le sue* braccia. Quest'arca sarà *la sua* salvezza,

85 allorché su di quelle si alzeranno le acque del diluvio.

Coloro che fanno parte della tribù sacerdotale, potranno penetrare al di là del velo, insieme col sommo sacerdote. Per questo il velo non si è squarciato soltanto in alto, poiché si sarebbe aperto unicamente per quelli dall'alto; né si squarciò soltanto in basso, perché si sarebbe manifestato unicamente per quelli dal basso. Ma si è squarciato dall'alto in basso. Quelli dall'alto hanno 10 aperto per noi che siamo dal basso, affinché possiamo entrare nel segreto della verità.

Ciò è veramente degno di rispetto, poiché è potente! Ma noi vi penetreremo per mezzo di tipi spregevoli e di forme deboli. Spregevoli rispetto alla gloria perfetta. C'è una gloria che oltrepassa la gloria. C'è una potenza che supera la potenza. Perciò ci è stato aperto quanto è perfetto, e il segreto della verità; il santo dei santi si è manifestato, e la camera nuziale ci ha invitato. 20

Fintanto che ciò è nascosto, la malignità è impotente; non è stata sottratta al seme dello Spirito Santo: sono i servi della cattiveria. Ma quando sarà rivelato, si manifesterà; e allora la luce perfetta si diffonderà su ognuno, e tutti coloro che saranno in essa *riceveranno l'unzione*. Gli schiavi, allora, saranno liberi, e i prigionieri saranno riscattati.

« *Ogni* pianta non piantata dal Padre mio che *è* nei 30 cieli, sarà sradicata ». Coloro che sono separati saranno uniti e ricolmi. Tutti coloro che *entreranno* nella camera nuziale accenderanno la *luce*; non come si *accende* nei matrimoni (di quaggiù) *che avvengono* di notte. Il fuoco *brucia soltanto* nella notte; poi si spegne. Ma 86 i misteri di questo matrimonio si compiono di giorno e di notte. Quel giorno e quella luce non tramontano.

Se qualcuno diventa figlio della camera nuziale riceverà la luce. Se qualcuno non la riceve, mentre si trova in questi luoghi, non la potrà ricevere nell'altro luogo. Chi riceverà quella luce non sarà visto, né potrà essere preso; costui non potrà venire molestato, anche se vive 10 nel mondo. E, ancora, quando abbandona il mondo

egli ha già ricevuto la verità per mezzo di immagini.
Il mondo è diventato un eone, perché l'eone è, per lui,
pienezza. È in questo modo: è rivelato soltanto a lui;
non è nascosto nelle tenebre e nella notte, ma è nascosto in un giorno perfetto e in una luce santa.

Il Vangelo secondo Filippo

COMMENTO E NOTE

SIGLE E ABBREVIAZIONI

AdvHaer.	Ireneo, *Adversus Haereses*
AdvValent.	Tertulliano, *Adversus Valentinianos*
ApocGiac.	*Apocalisse di Giacomo* (I e II). Due scritti gnostici, in NHC, V, pp. 24 sgg.
ApocrGv.	*Apocrifo di Giovanni.* Scritto gnostico, in NHC, II, pp. 1 sgg.
A.T.	Antico Testamento
Bibl	« Biblica »
BJRL	« Bulletin of the John Rylands Library »
EranosJb	« Eranos-Jahrbuch »
ExcerTh.	Clemente Alessandrino, *Excerpta ex Theodoto*
HarvThR	« Harvard Theological Review »
HistEccles.	Eusebio, *Historia Ecclesiastica*
InsegnSilv.	*Insegnamenti di Silvano.* Scritto gnostico, in NHC, VII, pp. 85 sgg.
JbAC	« Jahrbuch für Antike und Christentum »
JBL	« Journal of Biblical Literature »
JThSt	« Journal of Theological Studies »
NatArc.	*Natura degli arconti.* Scritto gnostico, in NHC, II, pp. 86 sgg.
NHC	Nag Hammadi Codex
NHSt	Nag Hammadi Studies

Nouvelle RTh	« Nouvelle Revue Théologique »
N.T.	Nuovo Testamento
NTSt	« New Testament Studies »
OrLitZ	« Orientalische Literaturzeitung »
OrM.	*Origine del Mondo*. Scritto gnostico, in NHC, II, pp. 97 sgg.
OsPap.	Papiro di Ossirinco
Panar.	Epifanio, *Panarion*
PG	Patrologia Graeca del Migne
PL	Patrologia Latina del Migne
PS	*Pistis Sophia*. Scritto gnostico del III-IV sec., pubblicato per la prima volta nel 1851-53.
RAC	*Reallexicon für Antike und Christentum*
RevScR	« Revue des Sciences Religieuses »
RGG	« Die Religion in Geschichte und Gegenwart »
RivBibl	« Rivista Biblica Italiana »
RThPh	« Revue de Théologie et de Philosophie »
SC	Sources Chrétiennes
SMR	« Studia Montis Regii »
SophJesChr.	*Sophia Jesu Christi*. Scritto gnostico, in NHC, III, pp. 90 sgg.
Strom.	Clemente Alessandrino, *Stromata*
ThLZ	« Theologische Literaturzeitung »
ThRd	« Theologische Rundschau »
ThSt	« Theological Studies »
TrattTrip.	*Trattato Tripartito*. Scritto gnostico, in NHC, I, pp. 51 sgg.
TU	Texte und Untersuchungen
VangEb.	*Vangelo degli ebrei*
VangEg.	*Vangelo degli egiziani*
VangFil.	*Vangelo di Filippo*
VangMar.	*Vangelo di Maria*
VangTom.	*Vangelo di Tomaso*
VangVer.	*Vangelo di verità*
VigChr	« Vigiliae Christianae »
ZNW	« Zeitschrift für die neutestamentliche Wissenschaft »

IL « VANGELO DI TOMASO »

INTRODUZIONE

« Parole segrete che il Salvatore ha detto a Giuda Tomaso e che io stesso, Matteo, ho scritto. Mentre passeggia-
vo li ho uditi discorrere insieme. Il Salvatore disse: "Fratello Tomaso, fintanto che sei nel mondo, ascoltami, e ti
rivelerò le cose sulle quali hai riflettuto in cuor tuo. Giacché fu detto che tu sei il mio fratello gemello e il mio vero
amico, esamina te stesso, comprendi chi sei, come eri e come sarai. Siccome ti chiamano mio fratello, non ti conviene ignorare quello che sei. So che hai ottenuto la conoscenza poiché hai già conosciuto me che sono la conoscenza
della verità; sicché tu cammini con me anche se non lo sai.
Tu hai già conosciuto e sarai chiamato 'colui che conosce
se stesso'. Infatti, chi non conosce se stesso non conosce nulla, mentre colui che conosce se stesso è già a conoscenza
della profondità del tutto. Perciò tu, mio fratello Tomaso,
hai visto quanto è nascosto agli uomini, cioè quello di cui
si scandalizzano, perché non lo conoscono".

« Tomaso disse al Salvatore: "Per questo ti prego di dir-
mi quello su cui ti interrogai prima della tua ascensione.
Quando odo da te le cose nascoste, allora posso parlarne e
mi si palesa quanto sia difficile tra gli uomini compiere la
verità" ».[1]

1. *Libro dell'atleta Tomaso*, in NHC, II, 138, 1 sgg.

Questo lungo testo di Nag Hammadi illumina a fondo tutta l'antica tradizione cristiana riguardante l'apostolo Tomaso. Ma è lungi dall'essere isolato. In *PS* Tomaso è, con Filippo e Matteo, uno dei tre apostoli incaricati di scrivere le parole di Gesù. « A te, (Filippo), a Tomaso e a Matteo, il primo mistero ha assegnato il compito di scrivere tutti i discorsi che pronuncerò e farò, e tutte le cose che voi vedrete ».[2] « A te (Filippo), a Tomaso e a Matteo, a voi tre, il primo mistero ha assegnato il compito di scrivere tutti i discorsi del Regno della luce per renderne testimonianza ».[3]

Negli *Atti* Tomaso è presentato come riluttante a percorrere la regione che gli era toccata in sorte per predicare il Vangelo; cede però di fronte a un fatto apparentemente strano ma molto significativo: gli appare Gesù risorto, gli ricorda la fratellanza – Didimo vuole appunto dire gemello – e per trenta denari lo vende come esperto architetto a un uomo d'affari indiano in cerca di qualcuno che potesse progettare e dirigere i lavori dei palazzi del suo re. Diventa così l'apostolo dell'India. Secondo un'antica tradizione risalente almeno al II secolo, il cristianesimo nella Siria, in particolare a Edessa, ebbe origine dalla oscura corrispondenza tra il re Abgar e Gesù, e fu diffuso da Addeo-Taddeo (uno dei 70 discepoli), inviato nella regione dall'apostolo Giuda Tomaso.[4]

La primitiva tradizione cristiana ci dice di più su quest'apostolo che fu così restio a credere nella risurrezione del suo Maestro: « Se non vedo [...] non credo ».[5]

Proprio nel presente Vangelo leggiamo: « Gesù disse ai suoi discepoli: "Fatemi un paragone, ditemi a chi rassomiglio". Simon Pietro gli rispose: "Sei simile a un angelo giusto". Matteo gli rispose: "Maestro, sei simile a un saggio filosofo". Tomaso gli rispose: "Maestro, la mia bocca è assolutamente incapace di dire a chi sei simile". Gesù gli disse: "Io non sono il tuo maestro giacché hai bevuto e ti sei inebriato alla fonte gorgogliante che io ho misurato". E lo prese in disparte e gli disse tre parole. Allorché To-

2. *PS*, 42, 3.
3. *Ibidem*, 43, 3.
4. Eusebio, *HistEccles.*, I, XIII, 1-11; L. Moraldi, *Apocrifi del Nuovo Testamento*, Torino, 1977[2], vol. II, pp. 1225 sgg. e cap. I, pp. 1243 sgg.
5. Gv., 20, 25.

maso ritornò dai suoi compagni, questi gli domandarono:
"Che cosa ti ha detto Gesù?". Tomaso rispose: "Se vi dicessi una delle parole che egli mi ha detto, voi dareste mano alle pietre per lapidarmi, e dalle pietre uscirebbe fuoco
e vi brucerebbe" ».[6]

Tomaso era dunque depositario di segreti e rivelazioni
particolari riguardanti Gesù, come è detto ripetutamente
anche nei suoi *Atti* e come appare da tutta la letteratura
apocrifa a lui attribuita.

Tomaso prega: « Tu (Signore) sveli i segreti nascosti,
riveli le parole misteriose ».[7] E oltre: « Gesù, mistero nascosto che mi è stato rivelato, a me cui tu hai rivelato i
tuoi misteri più che a tutti i miei compagni, a me hai detto parole delle quali io brucio, ma che non posso ester-
nare ».[8]

Il *Vangelo dell'infanzia* di Tomaso, che a prima vista si
presenta come una sequenza di raccontini adatti all'infanzia, letto nella prospettiva della più ampia letteratura che
oggi conosciamo, ci indirizza alla conoscenza delle narrazioni, apparentemente infantili, che presentano un Gesù
capriccioso, vendicativo, non socievole coi fanciulli della
sua età; in particolare questa letteratura ci dà modo di
comprendere le insistenze del *Vangelo dell'infanzia* su vari
episodi riguardanti la scuola e i maestri di Gesù, generalmente fatti oggetto di scherno.

Forse lo stesso nome « Didimo », Didimo Giuda Tomaso, come porta il nostro Vangelo nella titolatura, vuole
sottolineare la conoscenza più vasta e profonda dei misteri
del Cristo e la motivazione di questo suo straordinario sapere. In un passo degli *Atti di Tomaso* Gesù è presentato
addirittura con le sembianze di Tomaso, mentre tiene a
due sposi un discorso encratita.[9]

In un frammento evangelico copto incontriamo un
elenco di benedizioni pronunciate dal Padre sugli apostoli. A Tomaso è detto: « Tomaso, mio eletto, il tuo volto
sarà aquila luminosa che volerà in tutti i paesi affinché
credano, per mezzo tuo, nel nome del Figlio mio. Amen ».[10]

6. Loghion 13.
7. *Atti*, 10.
8. *Atti*, 47.
9. *Atti*, 11-12.
10. L. Moraldi, *op. cit.*, vol. I, p. 402.

Alcuni scrittori cristiani parlarono nell'antichità di un Vangelo di Tomaso, ma dai loro cenni è chiaro che non si trattava del *Vangelo dell'infanzia*. Vi è, anzi, chi lo attribuiva a un discepolo di Mani, fondatore del manicheismo.[11]

Fu la scoperta dei codici di Nag Hammadi, nell'inverno 1945-46, che sciolse per noi l'enigma di questo Vangelo. Nel secondo codice, infatti, subito all'inizio, dopo l'*Apocrifo di Giovanni*, si legge il *Vangelo di Tomaso* che qui presentiamo. Come si vedrà, nello stesso codice fanno seguito, nell'ordine, i seguenti scritti: il *Vangelo di Filippo*, la *Natura degli arconti*, l'*Origine del mondo*, l'*Esegesi sull'anima*, il *Libro dell'atleta Tomaso*. Il codice è datato nel IV secolo, ma il nostro scritto nel suo testo originale è fatto risalire intorno agli anni 90-120.

Non si tratta di un Vangelo in senso proprio, non corrispondendo né al genere letterario dei Vangeli canonici, né a quello degli apocrifi. È un complesso di 114 detti introdotti tutti, generalmente, allo stesso modo (« Gesù disse »), che si susseguono piuttosto artificiosamente dopo la breve introduzione che presenta l'autore e illumina il carattere generale dell'opera. Si rivela subito come uno scritto esoterico contenente parole di Gesù che non devono essere svelate ai profani, perché non sono alla portata di tutti e perché la loro comprensione è apportatrice di vita. Ogni detto o parola (in greco λόγιον pl. λόγια) di Gesù forma un'unità indipendente e solo raramente si può osservare un piccolo gruppo di detti (λόγια) collegati da un tema, da parole chiave o da reciproco riferimento; onde non si può parlare di un piano. I detti sono per lo più assai brevi e hanno forma di prescrizioni, sentenze, aforismi, ecc. Solo raramente incontriamo brevi conversazioni con i discepoli, con Maria o altre persone anonime.

Da più di un secolo gli studiosi dei Vangeli sinottici (Matteo, Marco, Luca) per spiegare le convergenze e le divergenze che vi riscontriamo a proposito delle parole di Gesù hanno fatto ricorso a una ipotetica fonte comune che chiamarono, con termine tedesco, *Quelle*, « fonte », la quale, sempre secondo l'ipotesi, conteneva solo parole di Gesù; da essa avrebbero attinto i nostri tre Vangeli sinottici. È un'ipotesi piuttosto laboriosa che tuttavia, ancora oggi, tiene campo negli scritti di critica evangelica. Una delle

11. Ad esempio Cirillo di Gerusalemme, *Catech.*, IV, 36; VI, 31.

difficoltà che si adducevano a confutarla era il fatto che
non avevamo nessuno scritto del genere, ma solo una im-
precisa frase di Papia il quale, dopo avere parlato delle
circostanze e del modo in cui Marco scrisse il suo Vangelo,
prosegue: « Matteo raccolse le parole (τὰ λόγια) [di Gesù]
in lingua ebraica, e ognuno le interpretò (ἡρμήνευσεν) secondo la sua capacità ».[12]

Ora la scoperta del nostro Vangelo pone la questione in
termini nuovi. È chiaro che scritti contenenti solo parole
di Gesù circolavano nel cristianesimo primitivo, come ci è
suggerito anche da alcuni papiri di Ossirinco ai quali oggi
si aggiunge il *VangTom.* che conferma l'ipotesi degli studiosi. Non è detto tuttavia che questa sia la fonte alla quale attinsero Matteo, Marco e Luca. Tra l'altro i punti di
convergenza sono straordinariamente pochi e in tutti le
prospettive divergono. Il lettore, che ha familiarità con il
testo dei Vangeli canonici, incontrando nel *VangTom.* frasi simili, si accorgerà molto presto che il piano di lettura è
diverso.

L'interesse suscitato dal *VangTom.* fu naturalmente
grande anche perché si riteneva di avere finalmente in
mano uno scritto che poteva essere all'origine dei nostri
Vangeli, ma i numerosi studi che ne derivarono non ap-
prodarono ad alcuna delle conclusioni che si attendevano
inizialmente. Il rapporto con i Vangeli canonici dipende
dall'appartenenza a uno stesso ambiente generale, non da
uno scritto ormai fissato. Il testo del nostro *VangTom.* è
da valutare nella stessa linea dei papiri di Ossirinco, tenendo tuttavia presente che in tutti i detti, riferiti a Gesù,
l'autore ha una sua personale prospettiva gnostica. Anche
se il suo gnosticismo è contenuto, presente più in profondità che in superficie, l'autore avvia il lettore a una comprensione gnostica degli insegnamenti di Gesù, prospettiva che egli non impone ma piuttosto propone. Anche per
questo nelle varie sentenze che leggiamo il senso degli insegnamenti è spesso sfuggente e ci lascia incerti quanto al-
l'interpretazione; e anche sotto questo aspetto esso si distingue dagli altri Vangeli gnostici.

La relazione tra il nostro Vangelo e i sinottici è stata
oggetto di molti studi particolari. Non vi sono ragioni per
ritenere che i sinottici abbiano attinto qualcosa dal *Vang*

12. Eusebio, *HistEccles.*, III, xxxix, 16.

Tom. oppure che questo abbia come fonte i nostri Vangeli canonici. Intimamente connesso con questo problema è
quello della lingua: il testo che abbiamo è in copto, ma
non pare verosimile che sia l'originale, anche perché tutti
gli scritti scoperti a Nag Hammadi sono traduzioni. Vi sono buoni motivi per considerare il siriaco lingua originale: a questa conclusione inducono esempi linguistici, ideali proposti, convergenze con testi di antica letteratura siriaca e la stessa presentazione dell'apostolo Tomaso nel-
l'antichità cristiana. Allo stato attuale è impossibile dare
una risposta sicura. In favore del greco vi sono alcune convergenze interessanti con papiri greci di Ossirinco, come
osserverò nelle note. Tuttavia è difficile sottovalutare sia
i semitismi (che favoriscono il siriaco) sia certi ideali insi-
stentemente sottolineati e notoriamente distintivi, soprattutto, del cristianesimo siriaco, ad esempio l'encratismo.[13]
Lasciando un necessario margine alle congetture ritengo
che la lingua originale sia la siriaca.

Pur con tutte le riserve e le incertezze, spesso trascurate
nell'entusiasmo delle prime pubblicazioni del testo, è difficile sopravvalutare l'importanza e l'interesse di questo
scritto per il cristianesimo primitivo, per la questione sinottica e in generale per la tradizione e composizione dei
Vangeli canonici. Il nostro scritto ha carattere antologico,
i suoi componenti hanno fonti diverse e anche età diverse:
una parte fu composta o elaborata dall'autore e riflette il
suo ambiente, un'altra proviene da un antico fondo tradizionale comune anche ai sinottici. Il tutto subì abbrevia-
zioni e aggiunte precedenti al nostro testo di Nag Hammadi, nel quale esso ebbe la redazione definitiva intorno
agli anni 120-140. Occorre però tenere presente che siamo
qui in un campo di ipotesi.

Che dal testo si possano trarre indizi di almeno due re-
dazioni, una diffusa tra i cristiani ortodossi, l'altra negli
ambienti gnostici e manichei, non pare si possa provare.
Nonostante l'autore manifesti, come è naturale, le sue
simpatie dottrinali, queste non gli impedirono di accogliere e tramandare integralmente testi di indiscussa e venera-
bile antichità che probabilmente possedeva già in fonti
scritte. Molti indizi inducono a ritenere che la sua fonte

13. Ad esempio, *Liber graduum.*

generale sia parallela a quella dei Vangeli canonici e ci permetta, così, di raggiungere non di rado una forma della tradizione evangelica anteriore a quella testimoniata dalla stesura dei Vangeli canonici e più vicina all'originale. Grande è l'interesse che il *VangTom.* ha per la ricostruzione delle parole (o loghia) di Gesù, contenendo certamente materiale prezioso anche per i testi canonici. Tuttavia nei passi ove troviamo più chiaramente riscontro tra i due sarebbe azzardato dare una risposta definitiva in merito alla genuinità o meno dell'una o dell'altra forma. Come si è accennato precedentemente la gnosi del nostro scritto è molto attenuata, l'autore si astiene dall'esporre i grandi temi dello gnosticismo, e si limita a cenni qua e là, tanto che accostarlo agli altri Vangeli gnostici appare una forzatura, seppure ciò rispetta la sequenza del Codice II di Nag Hammadi.

A proposito di « parole segrete dette da Gesù a Tomaso » si può vedere NHC, II, pp. 138-45, testo gnostico dal titolo *Libro di Tomaso* (ThAthl), pubblicato da Raymond Kuntzmann, *Le livre de Thomas*, Québec, 1986, con testo copto, versione francese e commento critico.

NOTE

32: *Questi sono i detti*] Nel papiro frammentario di Ossirinco (*OsPap.*), 654, si legge: « Queste sono le parole pronunciate da Gesù il Vivente... e a Tomaso. Disse loro: "Chiunque ascolterà queste parole, la morte non gusterà" ». Il termine « segreto » è evidentemente da intendere non riferito alle singole parole o frasi, dato che in esse non c'è nulla di segreto, ma all'interpretazione esoterica che va data loro.

Colui che cerca] I cinque verbi « cercare », « trovare », « stupirsi », « turbarsi », « dominare », sono cinque articolazioni del pensiero gnostico. Li troviamo in Clemente Alessandrino, in *OsPap.*, 654, e nel *VangEb.* « Come sta scritto nel Vangelo secondo gli ebrei: Chi si stupisce regnerà. E chi regnerà, si riposerà » (*Strom.*, 2, 9). « Chi cerca non smetta di cercare fintanto che abbia trovato. Quando avrà trovato si stupirà, ed essendosi stupito, regnerà; ed avendo raggiunto il Regno si riposerà » (*Strom.*, 5, 14). « Gesù dice: "Colui che cerca, non desista [...] fino a quando avrà trovato; e quando avrà trovato si stupirà e, stupito, regnerà e (avendo raggiunto il Regno) si riposerà » (*OsPap.*, 654). Accade agli gnostici quanto l'autore del *TrattTrip.* afferma degli eoni: « L'insieme degli eoni [...] ha amore e tensione verso la perfetta scoperta del Padre [...]. Il Padre eterno, volendo che essi lo conoscano, si rivela, dandosi in modo che lo comprendano cercandolo; ma tiene per sé il suo essere primo, come qualcosa di imperscrutabile » (71, 9-18).

32, 20: *Se coloro*] Il loghion sottolinea fortemente l'interiorità, l'attualità e spiritualità del Regno. Notare l'insistenza sulla conoscenza di sé che è uno dei temi centrali del Vangelo. Scintille del Padre, soltanto prendendo coscienza del proprio « io », vivono col Padre che vive; in caso contrario sono povertà. In un contesto identico di *OsPap.*, 654, « chiunque conosce se stesso lo (il Regno) troverà [...]. Conoscerete voi stessi e vedrete che siete figli del Padre ». Un maestro gnostico non aveva dubbi al riguardo e avvertiva i discepoli: « Lascia la ricerca di Dio, la creazione e altre questioni consimili. Cercalo partendo da te stesso [...]. Conosci le fonti del dolore, della gioia, dell'amore, dell'odio [...]. Se esamini attentamente tali questioni lo (Dio) troverai in te stesso » (Ippolito, *Refut.*, VIII, 15, 1-2).

33: *bimbo*] I « bambini » sono gli gnostici e il « bimbo » può essere Gesù come nel Salterio manicheo (pp. 233 sgg.), vale a dire, secondo la visione gnostica, l'insieme delle scintille di luce che sono appunto gli gnostici. Il vecchio che non esita a interrogare il fanciullo è quindi l'uomo di fronte alla vita, che egli rischia di non raggiungere se non diverrà *uno solo* con essa ritrovando così l'universale unità primordiale (vedi loghion 49).

33, 10: *Conosci ciò che ti sta davanti*] Clemente Alessandrino insegnava che il primo grado della conoscenza è ammirare le cose che abbiamo davanti (*Strom.*, 2, 45) e nelle Kephalaia manichee leggiamo: « Il Salvatore ha detto ai suoi discepoli: "Conoscete quanto si trova davanti alla vostra faccia e vi sarà rivelato ciò che vi è nascosto" » (p. 163, 28 sgg.). Anche *OsPap.*, 654, riprende il testo nei seguenti termini: « Gesù dice: "Tutto ciò che non è davanti ai tuoi occhi e quanto ti è occulto ti sarà rivelato. Non c'è,

infatti, cosa celata che non divenga manifesta, né cosa se-
polta che non venga risuscitata" ».

L'interrogarono] L'autore non pare convinto dell'utilità
dell'ascesi fisica ed esteriore e lo ripete nei loghia 14 e 104
sottovalutando il digiuno, la preghiera e l'elemosina. Anche qui abbiamo un riscontro con *OsPap.*, 654: « I suoi
discepoli lo interrogarono e dissero: "Come dobbiamo di-
giunare e come pregare? E come fare l'elemosina e come
osservare cose di questo genere?". Gesù dice: "Fate atten
zione a non mentire, non fate ciò che odiate! Non dite altro all'infuori della verità" ».

33, 20: *Beato il leone*] Probabilmente il detto pone di
fronte l'uomo e le sue passioni (vedi *VangFil.* 66, 4-6; 73,
19-21).

34, 10: *Ho gettato fuoco*] Un solo testo canonico si riallaccia a questo detto: « Fuoco sono venuto a gettare sulla terra, e come anelo che divampi! » (Lc., 12, 49) e ha forse un
significato il termine « mondo » in luogo di « terra » (vedi
anche loghion 56 e *VangFil.* 73, 19).

Passerà questo cielo] Ippolito Romano riporta la seguente
espressione dei naaseni: « Voi che avete mangiato cose
morte e ne avete fatto cose viventi, cosa farete quando
mangerete le cose viventi? » (*Refutatio*, V, 8, 32). Nella
prima parte l'autore ha di fronte il mondo, cioè « ciò che
è morto », che lo gnostico deve eliminare per non esserne
divorato (vedi anche *VangFil.* 66, 4-6; 73, 19-21; 78, 12 e
sgg.). Nella seconda parte l'autore ha presente l'unità primordiale e perfetta alla quale è succeduta la divisione dopo la colpa. I perfetti, cioè gli gnostici – contrariamente a
quanti si sono lasciati mangiare dal mondo assimilandosi
a esso – hanno mangiato le cose morte facendone cose viventi, traendo vantaggio dal mondo, liberando le particelle luminose in esso contenute. Si veda *VangVer.*, 25, 2-19;
un esempio di queste parole si ha nel « Canto della Perla »: L. Moraldi, *Apocrifi*, cit., II, pp. 131 sgg.

34, 20: *andrete da Giacomo*] È da sottolineare il rilievo
straordinario dato alla persona di Giacomo, uno dei « fratelli del Signore »; ed è verosimile che questa elevata posizione assegnata a Giacomo riveli l'ambiente ebraico-cri-

stiano dell'autore. Si può anche notare il rovesciamento di una certa opinione ebraica di allora secondo la quale il mondo è stato creato per la *Torah*, per *Mosè*, per *Abramo* o per il *Messia* (L. Ginzberg, *The Legends of the Jews*, V, p. 67).

35, 10: *Se digiunerete*] Loghion costituito da tre parti. Come già si è visto nel loghion 6, l'autore non tiene in gran conto l'ascesi corporale, seguendo le linee della spiritualità siriaca che verosimilmente riappaiono nella seconda parte del loghion. La terza parte ha corrispondenze in Mt., 15, 11 e Mc., 7, 15 (vedi anche loghion 104).

35, 20: *Quando vedrete colui*] Il testo si riferisce al Figlio, che in verità non fu generato da donna (vedi loghion 79). Dal *VangEb*. Origene riporta la seguente frase: « Giacché lo stesso Salvatore afferma: "Poco fa mia madre, lo Spirito Santo, mi prese per uno dei miei capelli e mi trasportò sul grande monte Tabor" » (Origene, *In Johan.*, 2, 6; *In Jerem.*, 15, 4 e anche Gerolamo, *In Ephes.*, 5, 4). Come si vedrà anche altrove il problema della nascita di Gesù era molto dibattuto. Ancora dal *VangEb.*, E.A.W. Budge riferisce da testi copti: « Nel *Vangelo degli ebrei* sta scritto che quando Cristo volle venire sulla terra dagli uomini, Dio Padre chiamò nei cieli una validissima forza di nome Michele e affidò Cristo alla sua cura. La forza discese nel mondo e fu chiamata Maria e per sette mesi Cristo restò nel suo seno. Dopo la nascita [...] » (*Miscellaneous Coptic Texts*, London, 1915, pp. 60, 637). Vedi l'interessante testo del *VangFil.*, 55, 23 sgg.

35, 30: *Forse gli uomini pensano*] Anche qui vi è un ritorno a un aspetto molto sentito della spiritualità siriaca, cioè la solitudine del cristiano. Lo gnostico deve staccarsi da ogni vincolo terreno ed essere solo (vedi loghia 49 e 75). Aspetto, questo, molto approfondito da Quispel in diversi studi: vedi ad esempio *L'Évangile selon Thomas et les origines de l'ascèse chrétienne*, in *Gnostic Studies*, vol. II, pp. 98-112; e *The Syrian Thomas and the Syrian Macarius*, *op. cit.*, pp. 113-121. Il termine greco *monacós* – che qui come altrove traduco « solitario » – può anche essere tradotto « celibe », « solo », « continente ».

36: *Vi darò ciò che occhio*] L'espressione, in forme diverse, ricorre in alcuni testi della letteratura cristiana antica
e da Resch è proposta come *agrapha*, cioè come un detto
di Gesù non scritto nei Vangeli. Nel N.T. ricorre in *1 Cor.*,
2, 9: « Quello che occhio non vide né orecchio udì, e in
mente d'uomo non venne, Dio lo preparò per coloro che
lo amano ». Che facesse parte di un'antica tradizione lo
dimostra A. Resch, *Agrapha aussercanonische Schriftfrag-
mente*, Leipzig, 1906, pp. 25-29.

36, 10: *Manifestaci*] La domanda che inquieta i discepoli
è quale sarà la loro fine escatologica. Il Maestro risponde
che per trovare la fine occorre scoprire l'inizio perché, secondo un principio fondamentale dello gnosticismo, la conoscenza dell'inizio si identifica con quella della fine: colui che possiede la gnosi sa donde viene e dove va. « Chi
eravamo? Che cosa siamo diventati? Dove eravamo? Dove
siamo stati gettati? Qual è il fine verso il quale corriamo? »
(*ExcerTh.*, 78, 2). Espressione ripresa elegantemente dal
VangVer., 22, 13-19.

36, 20: *In paradiso, infatti*] I cinque alberi dei quali deve
nutrirsi lo gnostico (vedi loghion seguente) non sono i cinque sacramenti menzionati dal *VangFil.* (67, 27-30); forse
hanno un parallelo in *PS*, ma soprattutto nel Salterio manicheo (p. 161, 17 sgg.), secondo il quale sono il pensiero,
il sentimento, la riflessione, l'intelletto e il ragionamento.
Simbologia che non si incontra in altri testi gnostici. Il
TrattTrip., 106, 29 parla di tre alberi (albero della vita,
albero della conoscenza, albero della morte); il *VangFil.*
si accontenta di due, uno che genera animali e l'altro che
genera uomini (71, 22 sgg.). Il trattato *PS* ritorna ripetutamente su « cinque alberi »: « del tesoro della luce » (*PS*,
2, 4; 10, 5; 86, 15.22.24, ecc.). Il grande testo sull'origine
del mondo canta con accenti particolari sia « l'albero della
vita degli immortali » che rende immortali le anime dei
santi, sia l'albero della conoscenza: « Tu sei l'albero della
gnosi, quello che è nel paradiso » (*OrM.*, 110-11. Vedi L.
Moraldi, *Testi gnostici*, Torino, 1982, p. 397 e nota; pp.
229 sgg.).

Manifestaci a che cosa assomiglia] Letto nella prospettiva
gnostica, che verosimilmente è quella dell'autore, il lo-

ghion dissimula una polemica contro coloro che ritenevano sufficiente il grano di senape senza prendere in considerazione, per la sua crescita, la terra, che, infatti, deve essere lavorata (« terreno coltivato ») per portare il frutto. Fuor di metafora, non è sufficiente la scintilla divina a garantire la salvezza, essa, al contrario, è un obbligo. Lo gnostico non può aspettarsi nulla dalla sola semente: bisogna che si dia da fare e lavori se vuole che cresca. Il *VangFil.* (52, 25 sgg.; 76, 31 sgg.) insegna che lo gnostico deve seminare, se vuole raccogliere. Un trattato cerca di spiegare come gli eoni e gli gnostici, pur essendo già perfetti fin dall'inizio, devono poco alla volta conquistare personalmente la perfezione: « Essi hanno bisogno di conoscere, di crescere, e di assenza di difetti. Colui che li ha pensati fin dall'inizio per un momento trattenne tutto ciò [...]. Il Padre, infatti, produsse il tutto: come nasce un bambino, come sgorga una goccia dalla sorgente, come spunta un bocciolo dalla vite, come un fiore e un germoglio » (*Tratt Trip.*, 62, 8 sgg.). Non basta la perfezione « in nuce », occorre svilupparla con la propria azione.

36, 30: *Maria domandò*] Verosimilmente l'interrogante è Maria Maddalena; i bambini, nudi, davanti al mondo (il campo) e ai suoi padroni, cioè gli arconti, sono gli gnostici che devono essere vigili di fronte al mondo, consci che a loro non appartiene. « Il primo arconte fece bere all'umanità l'acqua dell'oblio [...] affinché ignorassero donde sono venuti », è scritto in un testo (*ApocrGv.*, 25, 7 sgg.). Mentre il Metropator, o Salvatore, dice della sua venuta: « Mi mossi ancora, una terza volta, [...] per andare in mezzo alla tenebra [...]. Riempii il mio volto di luce [...] e andai in mezzo alla prigione, cioè il corpo, e dissi: "Colui che ode, si desti dal suo profondo sonno [...]. Alzati e ricorda, poiché tu sei colui che ha udito, e segui la tua radice" » (*ibidem*, 30, 28 - 31, 15).

37, 20: *Gesù vide dei bimbi*] Ritorna il pensiero dell'unità primordiale e lo stesso pensiero leggiamo in una frase del *VangEg.* citata da Clemente Alessandrino (cfr. A. Resch, *op. cit.*, pp. 93-96). Negli *Atti di Pietro* è scritto: « il Signore dice in un mistero: "Se della destra non fate sinistra e della sinistra destra, inferiore ciò che è superiore, e anteriore ciò che è posteriore, non comprenderete il Regno" » (38, 2). Il testo prosegue con le parole di Pietro che, croci-

fisso a testa in giù, dice: « E la figura che voi vedete con-
templandomi sospeso è l'immagine dell'uomo che nacque
per primo » (loc. cit.). E negli *Atti di Tomaso* (c. 147)
l'apostolo afferma: « Ho fatto esterno l'interno; possa la
tua volontà adempiersi in tutte le mie membra ». Il loghion contiene elementi comuni al cristianesimo primitivo. Secondo il *VangEg.* il Signore rispose a una domanda
di Salome: « Quando calpesterete l'abito della vergogna,
quando i due saranno uno, e il maschio e la femmina non
saranno né maschio né femmina » (*Strom.*, 3, 13). E ancora nella *II Lettera di Clemente*: « Una volta gli chiesero
quando sarebbe giunto il Regno, e lo stesso Signore rispose: "Quando i due saranno uno, e l'esterno come l'interno,
e il maschio e la femmina non saranno né maschio né femmina" » (*II Clem.*, 12, 1-2). « Lo stesso Signore, avendogli
qualcuno chiesto quando sarebbe venuto il Regno, rispose: "Quando i due saranno uno, quando l'esterno sarà come l'interno, il maschio come la femmina, quando non ci
sarà né maschio né femmina [...]. Quando farete ciò, disse,
verrà il Regno del Padre mio" » (*Strom.*, 3, 13.92).

38, 10: *Se non digiunate*] Il loghion fornisce la chiave per
l'interpretazione dei loghia 14, 76, 104: il digiuno deve
essere spiritualizzato. « Osservare il sabato, come un sabato » è un'espressione che si legge anche nell'A.T. (*Lev.*, 23,
32; *2 Cron.*, 36, 21). Potrebbe essere l'eco di una corrente
ebreo-cristiana. Ma una più attenta osservazione anche di
altri testi induce a modificare questa prima impressione.
Giustino scrive: « La nuova legge universale vuole che fe-
steggiate il sabato » (*Dial. cum Tryph.*, 12); Tertulliano:
« Dobbiamo festeggiare il sabato sempre astenendoci da
ogni opera servile non solo nel settimo giorno, ma in ogni
tempo » (*Adv. Jud.*, 4). Negli scrittori cristiani antichi
« osservare il sabato » o « sabatizzare » è da intendere in
senso metaforico o spirituale; per sé potrebbe anche essere
inteso come un invito alla consuetudine ebraica e così
qualcuno l'ha inteso dato che Ignazio scrive: « Quelli che
vivevano secondo l'antico ordine delle cose sono venuti
alla nuova speranza e non osservano più il sabato (μηκέτι
σαββατίζοντες), ma il giorno del Signore (κυριακήν) » (*Ad
Magnes.*, IX, 1). E l'autore della *Lettera di Barnaba* scrive
chiaramente: « non sono i sabati attuali che mi sono graditi, ma quello che ho fatto io [...] e nel quale porrò l'ini-

zio di un ottavo giorno », interpretando così questo giorno
col significato escatologico, e prosegue: « Ecco perché noi
celebriamo come festa gioiosa l'ottavo giorno nel quale
Gesù risuscitò dai morti » (15, 8-9). Il nostro testo, quello
di scrittori cristiani e di *OsPap.*, 1, 8 sgg. (« se non festeg-
gerete il sabato, non vedrete il Padre ») attestano che si
trattava di un'espressione corrente caduta poi in disuso
nell'ambiente cristiano, preceduta, come nel papiro citato,
dalla frase: « se non vi asterrete dal mondo, non troverete
il Regno di Dio ».

38, 20: *Mi sono trovato*] Si tenga presente il testo di *Os
Pap.* col quale concorda quasi alla lettera: « Gesù dice:
"Fui in mezzo al mondo, apparvi loro nella carne: li tro-
vai tutti ubriachi, tra loro non trovai alcuno che avesse se-
te. E l'anima mia soffre a causa dei figli degli uomini" »
(*OsPap.*, 1, 11-19).

38, 30: *Se la carne*] Lo spirito e la materia sono irriconci-
liabili: la seconda non può essere stata fatta per il primo
e tantomeno questo per la seconda. Eppure una scintilla
divina è presente nella materia: ma si tratta di una caduta, non di una unione. Di fronte a questa realtà l'autore è
stupito, e lascia intendere il motivo per cui è necessario
che lo « spirito » ritorni alla sua patria.

39: *Un profeta*] Il loghion intende sottolineare la natura
di « straniero » dello gnostico rispetto al mondo. Il detto
ha riscontro in *OsPap.*, 1, 31-35, col quale il nostro Vangelo concorda anche nella sequenza dei loghia 32 e 33.

Una città] Considerata nel contesto delle righe seguenti la
città è sintesi dello gnostico; il suo ordine e le sue fonda-
menta sono garanzia di fermezza e stabilità, invito a illuminare. Gli gnostici possiedono questa luce per insegnare
la verità a quelli che la cercano (*VangVer.*, 32, 26 sgg.).

39, 20: *In che giorno ti manifesterai*] Il testo espone una
dottrina ascetica dei primi secoli cristiani: Adamo ed Eva
prima del peccato erano come fanciulli, erano nudi e non
provavano vergogna; perciò lo gnostico deve ritornare in
questa condizione. Leggiamo in Clemente Alessandrino:
« Quando Salome chiese tra quanto tempo sarebbero state
rese note le cose su cui lo aveva interrogato, il Signore rispose: "Quando calpesterete l'abito della vergogna, quan-

do le due cose saranno una e il maschio e la femmina non saranno né maschio né femmina" » (*Strom.*, 3, 13). In un contesto nel quale Gesù parla del « vestito » dei fiori (cfr. Mt., 6, 25 sgg.; Lc., 12, 22 sgg.) leggiamo: « Egli (il Padre) darà a voi il vostro vestito. Gli dicono i suoi discepoli: "Quando ti manifesterai a noi e quando potremo vederti?". Gesù rispose: "Quando vi svestirete senza sentire vergogna" » (*OsPap.*, 655, 15-23). Vedi loghion 22.

40: *Molte volte*] Anche questa espressione doveva essere comune nel cristianesimo primitivo. In *OsPap.*, 655, un tratto molto frammentario si può ricostruire con un'identica espressione (vedi J. A. Fitzmyer, *The Oxyrhyncus Logoi of Jesus and the Coptic Gospel According to Thomas*, in ThSt, 20, 1959, pp. 505-60). Un testo simile si legge in Ireneo (*AdvHaer.*, I, 20, 2). Interessante un tratto degli *Atti di Giovanni*: « Dopo avere così parlato mi mostrò una croce di luce e attorno alla croce c'era una grande folla di aspetto diverso, ma dentro aveva lo stesso e identico aspetto. Sulla croce vidi lo stesso Signore, che non aveva alcuna forma, ma solo una voce. E non la voce che ci era familiare, bensì una voce dolce, soave e veramente divina che mi disse: "Giovanni, è necessario che uno ascolti da me queste cose, giacché ho bisogno di uno che ascolti" » (*Atti*, 98, 1).

I farisei e gli scribi] Si noti che i passi evangelici (Lc., 10, 23-24; Mt., 10, 16) usano l'espressione « chiavi *del Regno* », che il nostro Vangelo sostituisce con « gnosi », conoscenza; anche *OsPap.*, 655, ha la lezione dei Vangeli. Gnosi è conoscenza di se stesso e il « Regno » è da ricercare nell'intimo di ogni persona, che è sostanzialmente di origine divina. È una gnosi intimamente associata all'identificazione del conoscente col conosciuto (vedi *VangFil.*, 76, 17 sgg.; *Vang Ver.*, 22, 2 sgg.), cioè con Dio.

40, 10: *Sarà dato*] Sembra un ritocco dei testi sinottici (Mc., 4, 25 e luoghi paralleli). Ma per il nostro passo « Colui che già ha » è lo gnostico pervenuto alla conoscenza di sé. Quelli che non hanno, alla loro morte sono votati alla transmigrazione: cfr. PS, cc. 127-8; *ApocrGv.*, 26, 32 - 27, 10.

Siate transeunti] Per Tomaso il perfetto è il solitario; pare che qui abbia presente la condizione sociale del predicato-

re itinerante. La solitudine consiste soprattutto nella separazione dalla famiglia e nell'assenza di vincoli terreni, poiché l'uomo appartiene originariamente al cielo. Sperimen-
tando ora la prigionia del corpo, la sua anima deve cercare il dialogo col cielo. In ultima analisi il nostro scritto è
il Vangelo per i « solitari » che hanno scelto di vivere in
una comunità spirituale di eletti. Vedi loghion 16.

40, 20: *A colui che bestemmia*] Il peccato contro lo Spirito
(cfr. Mt., 12, 32) è il più grave perché egli è colui che rivela
il Padre (*VangVer.*, 24, 9 sgg.; 26, 33 - 27, 6).

41: *Da Adamo*] Testo piuttosto ambiguo: Ménard, Puech
e altri traducono: « Perciò i suoi occhi non saranno distrutti » con significato discutibile. La mia versione segue
Th. O. Lambdin: il Battista fu così grande che non ha da
abbassare gli occhi davanti ad alcuno. Le corrispondenti
espressioni evangeliche sono: « In verità vi dico: tra i figli
di donna non ne è apparso uno più grande di Giovanni
Battista; e tuttavia il più piccolo nel Regno dei cieli è più
grande di lui » (Mt., 11, 11; cfr. Lc., 7, 28).

41, 10: *Non è possibile*] La prima parte del loghion concorda con Mt., 6, 24 e Lc., 16, 13. La seconda richiama:
« Né si mette vino nuovo in otri vecchi » (Mt., 9, 17; cfr.
Mc., 2, 22), ove il Vangelo ha presente il « Vecchio » e il
« Nuovo » Testamento. Tomaso invece sottolinea il danno
dovuto alla scissione dall'origine, alla dispersione e alla
caduta nella molteplicità, cioè nella categoria degli psichici, vera minaccia per lo gnostico: sugli psichici vedi *Tratt
Trip.*, 130, 3 sgg. e nota ivi.

41, 20: *Se, in questa stessa casa*] L'ispirazione è come in
Mt., 17, 20, ma i testi non sono paralleli. I « monti » sono
le passioni che creano le ineguaglianze tra i fratelli (così
Strom., 11, 48, 4-49) ed Eracleone addita nel « monte » il
diavolo, oppure tutto il mondo del male (*Framm.*, 20).

Beati i solitari] Ritornano gli accenti molto chiari relativi
alla tensione verso la solitudine, necessaria per giungere
al Regno e compiere il ritorno. Vedi note ai loghia 16 e 42.

41, 30: *Se vi domandano*] La formula rispecchia sintetica-
mente l'immagine che lo gnostico ha di sé. Potrebbe anche

riflettere gli interrogativi che le potenze celesti, gli arconti,
sottopongono all'anima nella sua ascesa (*VangVer.*, 42, 25
sgg.). Ireneo narra che secondo una corrente gnostica, dopo la morte, l'iniziato rivolgeva alle potenze queste parole: « Io sono un figlio venuto dal Padre, dal Padre preesistente, un figlio nel Preesistente. Sono venuto per vedere
tutto ciò che mi appartiene e ciò che mi è estraneo [...] e
ritorno verso la patria donde sono venuto » (*AdvHaer.*, I,
20, 5). L'angelo Eleleth assicura Nerea: « Tu e i tuoi figli
provenite dal Padre che è fin dal principio; le vostre anime vengono dall'alto, dalla luce immortale » (*NatAr.*, 96,
20 sgg.).

42: *In che giorno verrà*] Nella seconda parte « l'aspetta-
to » può essere sia Gesù Cristo sia il riposo. Per chi riceve
la sua testimonianza egli è il riposo dei morti, i quali già
su questa terra (prima della morte fisica) sono ritornati
alla loro origine celeste.

42, 10: *In Israele*] Ventiquattro è il numero dei libri del-
l'A.T. ebraico (vedi IV, Esdra, 14, 44 sgg.). Di questi scritti
e dei loro autori leggiamo un'ampia ed equilibrata presentazione nel *TrattTrip.*, che facilita anche la comprensione
della risposta di Gesù: « Altri uomini, dunque, della stirpe ebraica [...] cioè i giusti e i profeti, nulla hanno pensa-
to, nulla hanno detto, nulla hanno compiuto per fantasia
e per analogia o con pensiero velato; ognuno invece pensò
in conformità con la forza che agiva in lui, attento a ciò
che aveva visto e udito, e ne parlò fedelmente ». Ma per
grande che fosse la loro contemplazione, era pur sempre
molto parziale e confusa: « Questi giusti e profeti [...]
conservando la confessione e la testimonianza dei loro padri verso Colui che è grande, erano in attesa della speranza e dell'audizione [...]. A volte ne parlano quasi fosse in
procinto di realizzarsi, a volte quasi che il Salvatore parlasse per bocca loro [...]. Nessuno di loro, infatti, seppe
donde verrà e da chi sarebbe stato generato. Soltanto di lui
era giusto che si parlasse, di lui che stava per nascere e che
avrebbe sofferto. Tuttavia ciò che egli era prima, ciò che
egli è dall'eternità, l'ingenerato, il Logos impassibile che
venne nella carne, questo non passò nella loro mente »
(111, 8 - 114, 3).

42, 20: *Colui che non odierà*] Combinazione dei testi di Mt., 10, 37-38; Lc., 14, 26-27. L'usuale tema del rifiuto della materia e dell'anelito verso la solitudine (vedi loghia 16, 99, 101, 105).

42, 30: *Colui che ha conosciuto*] « Cadavere » e « corpo » (vedi loghion 80) corrispondono alla stessa parola in ebraico e siriaco. Il mondo è rappresentato dal corpo, che è un cadavere destinato a essere consumato dal mondo della materia e dalle passioni. Chi lo conosce ha già compiuto i primi passi verso il distacco.

43, 20: *Due riposeranno*] Lo gnostico è conscio del duplice « io » della sua persona e sa che uno dei due deve morire perché l'altro, quello che non proviene dalla divisione, ma dall'Uno, possa vivere e ritornare alla sua origine dopo aver preso coscienza di sé. Solo così sarà uguale all'indiviso, cioè al Padre, principio di tutto, e ritornerà all'unità. Tutto è nel Padre ed è necessario che a lui tutto faccia ritorno (*VangVer.*, 21, 19 sgg.).

Salome gli domandò] Frase non facile. J.-E. Ménard e Ch.-H. Puech traducono: « Salomé dit: Qui es tu, homme, en tant que (ὡς) (fils) de qui? Tu es monté sur mon lit et tu as mangé à ma table (τράπεζα). Jésus lui dit: Je suis celui qui provient de Celui qui est égal; il m'a été donné des choses de mon Père ». E Th. O. Lambdin: « Salome said, Who are You, man, that You, as though from the One, (or: as whose son, that You) have come up on my couch and eaten from my table? Jesus said to her: I am He who exists from the Undivided. I was given some of the things of My father ».

44: *C'era un uomo ricco*] Cfr. *VangFil.*, 79, 18 sgg.

44, 10: *Un uomo aveva degli ospiti*] Si veda la parabola evangelica (Mt., 22, 1-10; Lc., 14, 16-24). Ogni scusa è un rifiuto opposto all'invito di lasciare il mondo, e l'avveramento dell'opera degli arconti: « Essi precipitarono gli uomini nei grandi turbamenti e nelle sofferenze dell'esistenza affinché i loro uomini non fossero preoccupati d'altro che delle faccende della vita, e non avessero il tempo di dedicarsi allo Spirito Santo » (*NatArc.*, 91, 7 sgg.).

45, 10: *Indicami*] Libera citazione del Sal. 118, 22 (Mc., 12, 10; Lc., 20, 17).

45, 20: *Colui che conosce*] Alquanto singolare la versione di Th. O. Lambdin: « Whoever believes that the All itself is deficient is (himself) completely deficient ».

giacché il ventre di colui che lo vuole] Una versione diversa del testo copto potrebbe essere: « giacché riempiranno il ventre di quello che vorranno ».

45, 30: *Se lo esprimete*] Lo gnostico porta in se stesso la salvezza perché il suo « io », cioè il suo intelletto (Nous) gli permette di identificarsi col divino. Si tratta della conoscenza di se stesso: conoscenza (o gnosi) salvatrice, perché fa sì che chi l'ha prenda ciò che è suo, sappia donde viene e dove va, conosca la sua radice divina e gioisca di quanto possiede (cfr. *VangVer.*, 21, 10 sgg.; 22, 13-15; 41, 28 sgg.). Un approfondimento gnostico di questo indirizzo di pensiero si ha nello scritto *Le tre Stele di Seth* (NHC, VII, 118 sgg.). « Io sono tuo figlio e tu, padre mio, sei il mio intelletto » (*ibidem*, 118, 30-119).

46: *La messe*] Alla lettera testo di Mt., 9, 37-38. Con i due seguenti, il presente loghion prosegue il discorso del piccolo numero dei « perfetti », cioè degli gnostici che qui sono chiamati operai nei quali sono scintille divine cadute nella materia, e che *OrM.* chiama « spiriti innocenti – piccoli beati ». Da alcuni testi (loghia 2, 6, 14, 92) parrebbe che l'autore facesse poco conto della preghiera, ma il presente testo contraddice tale impressione.

46, 10: *molti sono*] Espressione tramandata alla lettera anche da Celso al quale attinge Origene nel *Contra Celsum* (VIII, 15-16) che commenta: « di queste cose nulla noi affermiamo che è vero ». Il fatto è che il pozzo, nella Bibbia e tra gli esseni, era simbolo riconosciuto di saggezza e di abbondanza guadagnata con l'operosità.

solitari... camera nuziale] Sui primi vedi i loghia 16, 42, 49 e le note; sulla « camera » vedi il *VangFil.*, pp. 160 sg.

46, 20: *tutti loro*] O « tutte le cose »: chiara illustrazione dell'impegno che deve caratterizzare lo gnostico nella ricerca delle scintille divine disperse nella materia. Il tono panteista dell'espressione ha probabilmente un fondamento nelle primitive comunità cristiane, convinte che il Cristo fosse sempre presente in mezzo a loro. Qui però si parla dell'immanenza del Cristo in tutte le parti del mondo che a lui devono ritornare. In *OsPap.* (1, 23 sgg.) si legge quasi alla lettera, in un contesto leggermente diverso: « Là ove sono due, non sono senza Dio e là ove c'è (un uomo) solo io sono con lui. Alza la pietra e là mi troverai, spacca il legno e io sono là ».

Perché siete usciti] Il testo ripete più o meno alla lettera Mt., 11, 7-8; Lc., 7, 24-25, a proposito di Giovanni Battista.

47: *Beato... Beati... Beato...*] La sequenza dei tre macarismi può ben basarsi su di una tradizione autentica. I primi due corrispondono al passo di Lc., 11, 27-28 con significative varianti. Il terzo corrisponde a Lc., 23, 29: « ecco, verranno giorni nei quali si dirà: "Beate le sterili, i grembi che non hanno generato, le mammelle che non hanno nutrito" »; a proposito di questa svalutazione della maternità, Clemente Alessandrino riferisce che nel *VangEg.* (opera non pervenutaci) alla domanda di Salome, « Fino a quando moriranno gli uomini? » Gesù rispose: « Fino a quando partoriranno le donne »; al che lei replicò: « Dunque ho fatto bene a non partorire »; in precedenza Gesù avrebbe detto: « Sono venuto per distruggere le opere femminee » (vedi L. Moraldi, *Apocrifi*, cit., I, pp. 383-84).

47, 10: *Chi ha conosciuto*] Vedi loghion 56.

Colui che si è fatto ricco] La vera ricchezza consiste nel dominare il mondo.

Colui che è vicino] Loghion molto presente nella prima letteratura cristiana. Giustamente si ritiene che abbia il timbro e la forma delle autentiche parole di Gesù. (Cfr. A. Resch, *op. cit.*, p. 185; Origene, *In Jerem. homil.*, 20, 3).

47, 20: *allorché vedete*] « Simile » e « immagine » corrispondono anche nel copto a due termini diversi. Verosimilmente il testo vuole dire: quando vedete ritratta la vostra immagine ne siete lieti; che cosa sarà quando incontrerete la vostra prima immagine, cioè l'angelo che è secondo gli gnostici l'*alter ego* di ognuno, e col quale ognuno alla fine si ricongiunge pervenendo così all'unità? Cfr. « Noi siamo parti degli angeli, è per questo che si fanno battezzare per noi » (*ExcerTh.*, 22, 1 sgg.).

47, 30: *Adamo*] Le rappresentazioni sull'origine di Adamo sono molteplici (come nel giudaismo del tempo). Tra le più chiare per il nostro testo si può pensare alla luce bella e splendente scaturita dall'ogdoade, e al suo triplice stato decrescente: Adamo-luce, Adamo psichico, Adamo terrestre (*OrM.*, 108, 2 - 114, 5), nonché l'apparizione dell'uomo secondo *SophJesChr.*, 93, 16 - 94, 1 sgg. Il *VangFil.* presenta in modo originale Adamo davanti ai due alberi del paradiso (73, 27 - 74, 14).

48, 10: *Venite a me*] È il testo di Mt., 11, 28-30. Interessante notare che qui, come nel Vangelo di Matteo, « dolce » è detto con parola greca χρηστός che in genere, nei testi gnostici, ricorre quale attributo del Padre, ma anche per definire l'insegnamento del Cristo (*InsegnSilv.*, 88, 23). In *PS* (95, 3-4) abbiamo un'ottima spiegazione del loghion.

48, 20: *Gli dissero*] Vedi loghion 52 e Lc., 12, 56 e Mt., 16, 3.

49: *Il Regno*] Vedi Mt., 13, 33; Lc., 13, 20-21; il nostro testo non paragona il Regno al lievito, bensì alla donna che lo lavora e ne fa dei pani.

una donna che recava] Cfr. *VangVer.*, 36, 19 sgg. Si può avvicinare questo loghion alla vicenda del principe presentata dal « Canto della Perla » : anch'egli perde le sue qualità senza avvedersene.

49, 20: *Fuori ci sono*] Cfr. Mt., 12, 46-50; Mc., 3, 31-35 e Lc., 8, 19-21.

Mostrarono a Gesù] Cfr. Mt., 22, 17-21; Lc., 20, 22-25. « Date a Dio [...] date a me » : un testo di *SophJesChr.* illustra bene questo passo: « Tutti coloro che vengono nel mondo, come una goccia da quella luce, sono mandati da lui (il Padre) nel mondo [...]. Io però venni dai luoghi alti

per volere della grande luce: Sciolsi quella creatura, spez-
zai l'opera del sepolcro rapinatore. Lo svegliai affinché,
per mezzo mio, quella goccia [...] fruttificasse abbondantemente, affinché divenisse perfetta e non fosse più indigen-
te, bensì, per mezzo mio, diventasse feconda, io sono il
grande salvatore » (103, 10 - 105, 2).
    Curiosa l'interpretazione che di queste parole si legge in
PS: « Gesù osservò la moneta, vide che era composta di
argento e di rame, immagine della forza luminosa che è
nell'anima, cioè miscela di argento e rame, il primo per
Dio ("date a me ciò che è mio"), il secondo per "lo spirito
di opposizione", cioè per il padrone di questo mondo »
(113, 2).

49, 30: *Colui che non odia*] Cfr. Mt., 10, 37; Lc., 14, 26.
La contraddizione apparente deriva dalla successiva considerazione dei genitori carnali e dei genitori spirituali:
« Dovete abbandonare i vostri genitori, gli arconti, affinché io vi renda figli del primo mistero per sempre » (*PS*,
131, 35 e vedi c. 132).

mi diede menzogna] Espressione ipotetica (il papiro ha
qui un buco), fondata però sul pensiero gnostico secondo
il quale la vera madre di Gesù è lo Spirito Santo. Anche il
VangEb. mette in bocca a Gesù la frase: « Poco fa mia
madre, lo Spirito Santo » (L. Moraldi, *Apocrifi*, cit., I, pp.
374 e 376). La presentazione dello Spirito come madre è
dovuta – almeno in parte – al fatto che in ebraico « spirito » è femminile. Vedi *VangFil.*, 55, 23 sgg.

50, 10: *Vieni, oggi preghiamo*] Solo se esce dalla sfera spirituale, cioè dalla stanza nuziale, gli incombono i doveri
della preghiera e del digiuno. (Cfr. Mt., 9, 14-15; Mc., 2,
18-20).

Che peccato ho] Espressione che troviamo anche nell'apocrifo *VangEb.* in bocca a Gesù allorché i suoi « fratelli »
lo invitarono a farsi battezzare da Giovanni Battista (in
remissione dei peccati): « che peccato ho commesso io, per
andarmi a battezzare da lui? » (L. Moraldi, *Apocrifi*, cit.,
I, p. 378).

Colui che conosce] Espressione piuttosto forte: a motivo
del distacco che incombe su ogni bene terreno, chi conosce
i suoi genitori è figlio di prostituta. Non è verosimile

che la frase sia una risposta alla calunnia rivolta a Gesù da certi ebrei: figlio di prostituta non era lui, ma loro. (Cfr. « Egli (Celso) aggiunge "che la madre fu scacciata dal marito [...] essendo stata accusata di adulterio" », Origene, *Contra Cels.*, I, 28).

Quando di due] Chi opera l'unità si identifica col Figlio dell'uomo, cioè con lo stesso Gesù. (Cfr. *SophJesChr.*, 98, 10 - 102, 3). Il loghion è un condensato di dottrina gnostica come il 109.

50, 20: *Colui che beve*] Cfr. loghion 13.

51, 10: *In quale giorno*] Il senso del loghion si ha rileggendo i loghia 21, 51, 59-60. Il Regno è da ricercare all'interno dell'uomo.

Simon Pietro] Secondo il pensiero degli gnostici valentiniani l'uomo fu creato bisessuato; nella caduta si divise in due: una parte maschile e una femminile. Quest'ultima rappresenta la metà più debole e imperfetta, come Sofia; sicché il termine « uomo » rimase a significare l'umanità primitiva nella sua perfezione e unità, non nella sua accezione sessuale. Quando Pietro fa questa domanda intende significare la necessità che gli elementi femminili di Maria si uniscano con i maschili affinché ella sia uno gnostico perfetto. Vedi *PS*, 113, 1; Pietro è solito a interventi del genere (*PS*, 36, 1-2 e 146, 1; *VangMar.*, 17, 16 - 18, 8). Si tratta, in fondo, di un pensiero che troviamo parzialmente anche in Platone: « Ciascuno di noi è quindi un complemento di uomo in quanto è stato tagliato [...] da uno in due: ciascuno, dunque, cerca sempre il proprio complemento » (*Simposio*, a cura di Giorgio Colli, Milano, 1979, p. 46, 191 d.).

IL « VANGELO DI MARIA »

INTRODUZIONE

Il codice papiraceo di Berlino, designato *Pap. 8502*, fu acquistato nel 1896 e la sua pubblicazione ebbe vita molto travagliata. Il papiro contiene quattro scritti gnostici: il presente *Vangelo di Maria*, l'*Apocrifo di Giovanni*, la *Sofia di Gesù Cristo*, gli *Atti di Pietro*. Il primo scritto è il più breve e il più danneggiato. Occupava le prime 18 pagine e termina col titolo *Il Vangelo di Maria* alla p. 19, 5. Qualche notizia più precisa e la versione di alcuni tratti apparvero nel 1925 a opera di C. Schmidt (*Pistis Sophia*, traduzione tedesca, Leipzig, 1925, pp. LXXXVIII sg.), ma una buona presentazione si ebbe soltanto nel 1946, mentre il testo copto con versione tedesca fu pubblicato nel 1955 da Till e, in nuova edizione, da Schenke, con qualche nuova lettura, nel 1972 (*Die gnostischen Schriften des koptischen Papyrus Berolinensis 8502*, 2ª ed. ampliata, Berlin, 1972).

Purtroppo il testo è incompleto: mancano le prime sei pagine e ancora, integralmente, le pagine 11-14: in tutto, dunque, mancano 10 pagine di testo. Al testo copto, nel 1917, si aggiunse un papiro greco di Ossirinco, che coincide con il testo copto corrispondente a 17, 5-21 e a 18, 5 - 19, 5 (C.H. Roberts, *Catalogue of the Greek Papyri*, Manchester, 1938). Pur nella sua brevità, il papiro greco ha permesso di accertare che il suo testo non è alla base del no-

stro testo copto: ambedue hanno un buon numero di varianti, il greco è inoltre più lungo del copto; cronologica-
mente, poi, a giudizio di due esegeti (Till e Roberts), il
testo copto è più giovane di 200 anni rispetto al greco che
risale all'inizio del III secolo. La versione copta è dunque
relativamente recente, mentre l'originale greco era già antico e affermato.

Il luogo di provenienza del papiro è ignoto, tuttavia ci
si mantiene entro un margine di sicurezza ipotizzando che
provenga dalla regione di Nag Hammadi, come altri codici copti venuti alla luce prima del 1945 e dei quali si ignorava la provenienza. Approfonditi studi e recentissime
esplorazioni archeologiche confortano quella che prima
era una semplice supposizione (cfr. L. Moraldi, *Testi gnostici*, cit., pp. 67-70).

Sebbene di questo breve scritto abbiamo meno della metà, emergono alcune osservazioni. Fino a 10, 1 è delineato
un quadro piuttosto tradizionale negli scritti gnostici: il
Cristo risorto appare agli apostoli, si intrattiene con loro,
affida la missione di predicare il Vangelo, si allontana da
loro lasciandoli nella tristezza. Da 10, 1 fino alla fine cambiano il contesto, l'argomento e i protagonisti: gli apostoli sono soli, protagonista è Maria, argomento sono il viaggio dell'anima e ancora la figura di Maria.

Till ha avanzato l'ipotesi che questo Vangelo riunisca
due testi in origine indipendenti; a ispirare l'abbinamen-
to sarebbero stati la brevità dei due scritti e la figura di
Maria che nel primo aveva una parte piuttosto scialba.
Penso che il testo così com'è non consenta questa conclusione, non sufficientemente comprovata. Che la figura di
Maria sia piuttosto scialba nella prima parte, cioè nella
parte finale di p. 9, non pare. Attorno a lei sono radunati
gli apostoli tra i quali ella agisce da mediatrice e da maestra, anche se in misura minore che nella seconda parte.

Inizialmente ci fu chi lesse l'espressione finale (19, 1 sg.)
« annunziare e predicare il Vangelo di Maria »: lettura
certamente erronea. « Vangelo di Maria » è il titolo dello
scritto posto alla fine, secondo la consuetudine letteraria
copta.

Ma chi è questa Maria? « Tre persone camminavano
sempre con il Signore: Maria, sua madre, e la sorella di
lei, e la Maddalena, detta la sua compagna. Maria infatti
(si chiamava) sua sorella, sua madre, e sua compagna »

(*VangFil.*, 59, 8-11). E ancora: « La compagna del Figlio
è Maria Maddalena. Il Signore amava Maria più di tutti
i discepoli, e spesso la baciava sulla bocca. Gli altri discepoli, vedendolo con Maria, gli domandarono: "Perché
l'ami più di noi tutti?"» (*VangFil.*, 63, 33 - 64, 2). Non vi
è dubbio che il nostro sia il « Vangelo di Maria Maddalena ». Come in tutti gli scritti gnostici cristiani la Maddalena è l'esempio del perfetto gnostico e la maestra della
dottrina gnostica. L'opera gnostica più sorprendente è, sotto questo aspetto, *PS*.

Le donne che in quest'opera intervengono come interlo-
cutrici di Gesù risorto sono: Maria, sua madre, Marta,
Salome e Maria Maddalena, e la parte di gran lunga pre-
ponderante non solo tra le menzionate discepole, ma anche tra gli apostoli è di Maria Maddalena che – in maniera sempre importante – interviene per ben sessantasette
volte. Di lei Gesù tesse le più ampie lodi, ed ella intercede
persino per gli apostoli, specie quando non riescono a seguire le parole del Maestro e a esporre i motivi delle loro
domande (cfr. *PS*, 83, 1-3). Il fatto ha certamente un significato che, forse, va cercato in due direzioni: la prima è la
presentazione di Maria nei Vangeli canonici.

A quanto sembra, per il nostro scritto, Maria Maddalena è la donna dalla quale Gesù scacciò sette demoni (Lc.,
8, 2), è la sorella di Marta, è la peccatrice anonima (cfr.
Lc., 10, 39-42; Gv., 11, 19 sgg.; 12, 2-3) ed è menzionata più
volte nei quattro Vangeli che trattano della passione e risurrezione (cfr. Mt., 27, 56.61; 28, 1; Gv., 19, 25; 20, 1-18;
ecc.); di lei è detto che le sono stati perdonati molti peccati, e che perciò ha amato molto (Lc., 8, 47).

Una seconda linea direttrice va individuata nella concezione dei due sessi che – si è osservato (vedi *VangTom.*,
loghion 114) – è innaturale, è segno di imperfezione, e
quindi cesserà quando non ci saranno « né donna né uomo »: in qualche modo tale processo si era già compiuto
nella Maddalena « il cui cuore è rivolto al Regno dei cieli
più di tutti i tuoi fratelli » (*PS*, 17, 2), e che ha già ricevuto una somiglianza con la vergine luce (*ibidem*, 59, 10),
come le dice Gesù; il suo « uomo luce » è sempre desto, la
sua mente sempre pronta e ricolma di « spirito luminoso »
(*ibidem*, 72, 7).

In lei si era già realizzato il ciclo del ritorno, poiché con
la sua precedente vita di peccato, dopo l'incontro con Ge-

sù, divenne luminoso esempio di vita in questo « mondo
che ebbe origine da una trasgressione », e quindi prototipo del vero gnostico e maestra di gnosi.

In presenza di ciò è difficile non pensare a una tacita o
aperta contrapposizione delle comunità gnostiche nei confronti della Chiesa ufficiale circa la posizione della donna
nell'ambito della comunità e del culto cristiano. È significativo come sia sempre Pietro – nel *VangTom.*, in *PS*, e
nel *VangMar.* – ad assumere un atteggiamento ostile alle
donne, che immancabilmente il Cristo rimprovera. Leggiamo, ad esempio, che Maria Maddalena ha la mente sempre pronta ma « teme le minacce di Pietro, il quale ha in
odio il nostro genere femminile » (*PS*, 72, 6), e ancora:
« le donne finiscano di domandare, affinché possiamo domandare anche noi! » (146, 1).

Gli aspetti fin qui sottolineati illuminano la personalità
e l'azione di Maria nel nostro Vangelo, dove, a ben guar-
dare, dopo un primo stupore (che sia annessa tanta importanza a una persona sulla quale spesso sorvoliamo) ci
si accorge che la scelta della Maddalena da parte degli
gnostici è altamente significativa: esempio vivente della
malignità e nullità del mondo (« il mondo ebbe origine da
una trasgressione » *VangFil.*, 75, 2) e dell'esilio dell'anima
che, riconosciuta la sua radice, è ben determinata a farvi
ritorno.

Da quanto è giunto fino a noi possiamo così sintetizza-
re il *VangMar.*: Gesù risorto si intrattiene con gli apostoli,
risponde alle loro domande e affida loro la missione di
predicare il Vangelo. Mancano, sfortunatamente, sei pagine all'inizio; dal testo che abbiamo, le due domande degli
apostoli e le risposte di Gesù vertono sulla sorte finale della natura, cioè della materia, e sul « peccato del mondo ».
La materia non ha importanza alcuna per il mondo spirituale, viene dal nulla e si dissolverà nel nulla: ciò che non
è mai esistito non avrà esistenza, ha avuto esistenza per
essere nuovamente distrutto e sarà distrutto (cfr. anche
VangVer., 28, 16-23; *TrattTrip.*, 136, 10 sgg.).

Alla seconda domanda sul peccato del mondo, Gesù risponde che non esiste propriamente peccato del mondo, a
eccezione di quello che commettono gli uomini con la riproduzione, presentata come unico peccato; e prosegue
affermando che il Bene (ἀγαθόν), che qui designa lo stesso

Salvatore, è venuto a separare nell'uomo il materiale dallo spirituale restituendo ogni natura (φύσις) alla sua radice, con la comunicazione della retta conoscenza, cioè della gnosi che permette la separazione del corpo materiale dalla luce e il ritorno dell'anima alla sua vera patria. Per questo, dopo la nascita è necessaria la morte (7, 21 sgg.). Dalla materia (ὕλη), infatti, si originò una passione che sconvolse tutto il corpo, ed è contro la natura (παράφυσις). Quanti vennero in questo mondo sono gocce di luce, sono scintille che dal mondo di luce furono fatte scendere da Sofia nel mondo del Pantocrator, del caos, ove sono avvinte dalle catene dell'oblio: il Salvatore scese per liberare queste gocce, queste scintille, destarle dal sonno, additare la via della luce per risalire al Padre (cfr. SophJesChr., 103, 10 sgg.).

Il Cristo incoraggia gli apostoli, dà loro la pace, li mette in guardia contro gli inganni: « il Figlio dell'uomo » – cioè lo stesso Cristo – « è dentro di noi », devono cercarlo e seguirlo. Devono andare a predicare il Vangelo del Regno: non sono araldi di un legislatore, non hanno leggi; tutti possono riconoscere chi sono, donde vengono e dove sono diretti. Dopo che Gesù si è allontanato, entra in azione Maria tra gli apostoli scoraggiati.

La seconda parte inizia con l'intervento di Pietro presso Maria affinché ricordi agli apostoli le parole a lei dette dal Salvatore e ignorate dagli altri. Il Cristo le era apparso in visione e aveva risposto alle sue domande: purtroppo, si è conservata solo una di queste. L'uomo vede la visione attraverso l'anima (ψυχή) o attraverso lo spirito (πνεῦμα)? Abbiamo l'inizio della risposta: il Salvatore inizia asserendo che la visione non è percepita né attraverso l'anima né attraverso lo spirito, bensì con la mente (νοῦς).

Mancano le pagine 11, 12, 13, 14, e dopo questo sostanzioso vuoto incontriamo l'anima che conversa con una potenza (ἐξουσία). Da quanto segue deduciamo che l'anima si intrattiene successivamente con quattro potenze: il nostro testo inizia con la seconda. Pur nella condizione mutila nella quale ci è pervenuto, il testo è di particolare interesse in quanto descrive l'ascensione dell'anima purificata di ogni elemento materiale, l'anima nel suo viaggio di ritorno al Padre, alla sua origine. Da molti testi gnostici sappiamo che per salire al Regno della luce era necessario

superare il cosiddetto « luogo di mezzo » infestato da un
gran numero di esseri malvagi. In un tratto singolarmente
interessante per il nostro caso, *PS* riporta un'interrogazio-
ne di Andrea al Cristo risorto a proposito di questo viaggio: « Mio Signore, sono molto stupito e meravigliato per
il modo in cui gli uomini che sono nel mondo e nel corpo
di questa materia, allorché escono dal mondo, possano attraversare questi firmamenti, tutti questi arconti, tutti i
signori, tutti gli dèi, tutti questi grandi invisibili, tutti
quelli del luogo di mezzo [...] introdursi tra tutti costoro
ed ereditare il Regno della luce [...] » (100, 2). Per attraversare interamente questo « luogo di mezzo » occorre avere rinunziato a tutto il mondo, a tutta la materia: « Voi
avete patito grandi sofferenze e grandi tormenti [...] e dopo tutte queste sofferenze, avete rivaleggiato e combattuto
rinunciando a tutto il mondo e alla materia che è in esso
[...] e siete divenuti luce genuina » (100, 5). Il Salvatore
racconta che, quando discese *in incognito* per liberare le
gocce di luce, attraversò così il luogo di mezzo: « mi trovai
nei cieli, con gli arcangeli e gli angeli, passai attraverso la
loro figura quasi fossi uno di loro, tra le dominazioni e
le potestà [...]. Io sono diventato angelo tra gli angeli, io
sono diventato tutto in ogni cosa » (*Lettera degli apostoli*,
13, 1-3). Ma quando usciranno dal corpo e saliranno in
alto, quando arriveranno nel luogo degli arconti non potranno essere trattenuti. « Quando perviene agli arconti di
mezzo, questi arconti − spaventosi, fuoco violento, facce
perverse, in una parola spaventosi aldilà di ogni misura −
vanno incontro all'anima » (112, 9), ma le rinunzie, le sofferenze, le trasformazioni subite quaggiù rendono l'anima
pura, sicché essa darà a ognuna delle potenze che incontra
nel luogo di mezzo l'opportuna risposta, e dai « ricevitori
della luce » sarà accompagnata in alto nel Regno della
luce (cfr. *PS*, 111-115).

Il viaggio dell'anima nell'aldilà era una tematica piuttosto diffusa tra gli gnostici. Ireneo, trattando del mistero
(o sacramento) della redenzione (ἀπολύτρωσις) praticato da
certe correnti gnostiche (vedi *VangFil.*, pp. 166 sgg.), scrive:
« Altri praticano il rito della redenzione sui morenti
quando è giunto il loro ultimo momento. Versano loro in
capo olio e acqua, o il summenzionato unguento mescolato con acqua, e pronunciano su di loro dette invocazioni
affinché divengano inafferrabili e invisibili agli arconti e

alle potenze, e il loro uomo interiore salga al di sopra degli spazi invisibili abbandonando il corpo all'universo creato e lasciando l'anima presso il demiurgo.

« Dopo la morte, arrivando le potenze, l'iniziato deve pronunciare queste parole: "Io sono un figlio del Padre, del Padre preesistente, un figlio del preesistente. Sono venuto per vedere tutto quello che mi appartiene e quello che mi è estraneo (τὰ ἴδια καὶ τὰ ἀλλότρια), non interamente estraneo, è vero, ma di Achamot: essa è la femmina, ha fatto questo da sola, ma è comunque della stirpe del preesistente; e io ritorno alla mia dimora (εἰς τα ἴδια), donde sono venuto". Dicendo queste parole sfuggirà alle potenze. Giungerà, in seguito, agli angeli che attorniano il demiurgo, e dirà loro: "Io sono un vaso prezioso (σκεῦός εἰμι ἔντιμον), più prezioso della femmina che vi ha fatti. Sì, vostra madre ignora la sua radice (τὴν αὐτῆς ῥίζαν), io conosco me stesso e conosco donde sono. Invoco l'incorruttibile sapienza che è nel Padre, che è la madre di vostra madre, la quale non ha Padre, né maschio congiunto (οὔτε σύζυγον ἄρρενα); è una femmina proveniente da una femmina, che ignora perfino sua madre, e pensa di essere sola. Quanto a me, io invoco la madre di quella".

« All'udire queste parole, gli angeli che attorniano il demiurgo si turberanno profondamente e si adireranno contro la loro radice e contro la radice della loro madre. L'iniziato se ne andrà nella propria casa respingendo il suo vincolo, cioè la sua anima » (*AdverHaer.*, I, 21, 5).

Epifanio parla di un Vangelo di Filippo: « che trattava del viaggio dell'anima da quaggiù verso il Pleroma » (vedi *VangFil.*, pp. 178 sg.). La vasta popolarità di cui godeva la credenza nel mondo intermedio popolato da nemici e giudici dell'anima, e che questa doveva comunque attraversare, è ancora testimoniata dall'ampio spazio riservatole in *PS*, nei due *Libri di Jeu*,[1] nel frammento di un inno gnostico che descrive il transito dell'anima attraverso gli arconti, e ancora nell'*Apocalisse di Paolo* scoperta a Nag Hammadi (NHC, V, 17, 19-24, 9).

---

1. Vedi *Pistis Sophia - Die Beiden Bücher Jeu - Unbekanntes altgnostisches Werk*, a cura di C. Schmidt - W.C. Till - H.M. Schenke, Berlin, 1954-1970; *PS* e i *Libri di Jeu* sono editi pure – con testo copto e versione inglese – a cura di V. Macdermot, Leiden, 1978. Su questi testi, cfr. anche L. Moraldi, *Testi gnostici*, cit., pp. 55-61; e il testo di *PS*, *ibidem*, pp. 503-743.

Il nostro testo ci accompagna in questo viaggio e l'anima, nella sua ascesa verso il luogo di mezzo, si imbatte in una delle potenze maligne: è la seconda potenza, la « bramosia » (ἐπιθυμία); seguono la terza, l'« ignoranza » e la quarta, l'« ira » (ὀργή). Ritroviamo le quattro potenze – ci sfugge il nome della prima – con designazioni equivalenti nell'*ApocrGv.*, allorché è descritta la formazione del corpo umano a opera degli arconti: plasmarono Adamo « dalla terra, dall'acqua, dal fuoco e dal vento, cioè dalla materia (ὕλη), dall'ignoranza delle tenebre, dalla bramosia e dallo spirito di opposizione: questa è la grotta della nuova creazione del corpo, che i ladri diedero all'uomo, questa è la catena dell'oblio » (*ApocrGv.*, II, 21, 1-15).

Il nome della prima potenza, con ogni verosimiglianza, è la « materia », seguono l'ignoranza, la bramosia; allo « spirito di opposizione » corrisponde l'« ira » che, al pari di quello, spinge l'uomo al peccato.

L'anima, dunque, nel suo viaggio di ritorno incontra quali scrutatori i componenti del corpo umano (di quello che fu un giorno il suo corpo), e a ciascuno di loro si dimostra estranea. L'incontro e la dichiarazione di estraneità hanno un motivo preciso. Il corpo è la « grotta » dell'uomo, è la « catena dell'oblio », come dice espressamente il passo sopracitato dell'*ApocrGv.*; d'altra parte leggiamo a spiegazione e compimento di questo, in un sermone messo in bocca al Risorto e rivolto agli apostoli: « Dite al genere umano: rinunziate a tutto il mondo e a tutta la materia che è in esso [...] tutto questo mondo, tutto ciò che si trova in esso, tutti i suoi rapporti, sono resti materiali, e ognuno sarà interrogato riguardo alla propria purezza » (*PS*, 100, 9-10).

Il brano centrale del *VangMar.* ha dunque un singolare interesse perché tratta un soggetto né marginale né facilmente comunicabile, la cui comprensione presuppone altri articoli non comuni, ma propri dello gnosticismo: ed è significativo che l'autore attribuisca lo scritto alla Maddalena considerata il tipo del perfetto gnostico, come è ugualmente da osservare la reazione piuttosto negativa degli apostoli, non ancora maturi.

Concordanti con altri scritti gnostici sono le figure di Maria e quella di Pietro.

7: *sarà distrutta*] La parola copta è parzialmente corrotta; Till-Schenke, che proposero « salvata » e, in seguito, « distrutta », sono seguiti da tutti gli studiosi. Il destino della materia è la permanenza nel mondo materiale dal quale è originata e, infine, il ritorno là donde venne; viene da un'ombra fattasi arrogante e contrappostasi a Dio (*Nat Arc.*, 94, 9-19). « Il suo cielo cadrà e si spaccherà in due, il suo mondo cadrà sulla terra ed essa non potrà reggerli: cadranno giù e l'abisso ne rimarrà distrutto [...] diverranno come ciò che non è mai esistito » (*OrM.*, 126, 30 - 127, 2). La materia dunque resta nel mondo e con esso si dissolverà, non ha parte alcuna nel mondo spirituale; il suo compito è raffinare i pneumatici; quando il suo compito sarà esaurito, non le resterà che « l'annientamento » (*Tratt Trip.*, 137, 10 sgg.). Vedi *VangVer.*, 28, 16-23.

Chi ha orecchie] È la frequente frase evangelica (Mt., 11, 15; 13, 9.43; Mc., 4, 9; Lc., 8, 8; 14, 35) che leggiamo anche nel *VangTom.*, 37, 20, ecc.

7, 10: *che è detto il "peccato"*] Quanto al mondo è detto che propriamente non ha alcun peccato. « Siete voi, invece, che fate il peccato » compiendo azioni che sono della natura dell'adulterio, azioni immorali: designare con « adulterio » l'unione sessuale, equivale a indicarla come il vero peccato. Le righe seguenti, dove si afferma che la venuta quaggiù del « bene » si è realizzata allo scopo di ricondurre ciascuno alla propria radice, si riferiscono al Salvatore. La sua azione separa la parte materiale dell'uomo dalla parte spirituale, conducendo l'anima alla perfezione per opera della gnosi, e consentendole così di staccarsi dal corpo materiale e di elevarsi nel Regno della luce, sua vera patria. Di qui la necessità della morte.

I corsivi alla fine della p. 7 e all'inizio della p. 8 corrispondono a lacune nel testo e sono variamente riempiti. La variante più interessante è « nascete » in luogo di « vi ammalate ». La mia ricostruzione segue Till-Schenke.

8: *La materia*] L'espressione vuole indicare l'origine del dolore. Il corpo materiale è incatenato all'anima, eppure la loro sorte è diversa. Da questa duplice e contrastante tensione nasce il dolore. Vedi *ApocrGv.*, II, 27, 1 - 28, 33;

OrM., 123, 2 - 125, 23; *PS*, 111, 5 - 115, 3 e 128, 2 - 135, 8.

8, 10: *La pace*] Abituale saluto di Gesù prima di allontanarsi dagli apostoli dopo la risurrezione; perciò il possessi-
vo « mia » ha un significato pregnante (cfr. Gv., 20, 19.
21.26 e Gv., 14, 27, unico testo nel quale si legge τὴν ἐμὴν
(« la mia »); *SophJesChr.*, 79, 10-10. Nelle righe seguenti
vi sono, nell'ordine, riferimenti a Mt., 24, 4; Lc., 17, 21;
Mt., 24, 23.

8, 20: *Figlio dell'uomo*] È Gesù Cristo (*SophJesChr.*, 98,
10 - 102, 4).

Chi lo cerca] Mt., 7, 7; *VangTom.*, 32, 14-15; 48, 26-30;
Mt., 13, 41; 16, 28; *SophJesChr.*, 101, 6-9.

il Vangelo del Regno] Cfr. Mt., 4, 23; 9, 35, ecc.

9: *Non ho emanato*] Lettura di Till-Schenke; Wilson-Mac-
Rae preferiscono « non emanate ».

9, 10: *Regno del Figlio*] Cfr. *SophJesChr.*, 101, 6-9.

Se essi] Sofferenze degli apostoli accostate a quelle di
Cristo come, ad esempio, nel seguente passo: « Se nostro
Signore soffrì, quanto dovremo soffrire noi? ». Pietro rispose: « Egli soffrì a causa nostra, e anche per noi è necessario soffrire a causa della nostra piccolezza. Allora venne
loro una voce che diceva: "Molte volte vi ho detto: è necessario per voi soffrire. È necessario che vi conducano
nelle sinagoghe e dinanzi ai governatori". » (*Lettera di
Pietro a Filippo*, NHC, VIII, 138, 15 sgg.). L'accostamento
è valido anche se poco oltre la *Lettera* prosegue: « Fratelli,
Gesù è estraneo a questa sofferenza. Siamo noi coloro che
hanno sofferto per la trasgressione di nostra madre » (*loc.
cit.*, 21 sgg.). Vedi l'*ApocGiac.* I e II: NHC, V, 24, 10-63, 33.

9, 20: *fatti uomini*] nel senso espresso in *VangTom.*, 51,
18-26 e qui appresso 18, 7 sgg.

10: *Pietro*] L'intervento di Pietro presso Maria inizia la
seconda parte: egli le chiede di voler comunicare anche
agli apostoli quanto era stato rivelato solo a lei. Il Salvatore le era apparso in una visione e aveva risposto alle sue
domande. Ci è rimasta soltanto la prima domanda di Ma-

ria (se l'uomo percepisca una visione con la ψυχή « anima » – o con il πνεῦμα « spirito » –). Il Salvatore inizia a rispondere affermando che la visione non è percepita né dal *pneuma* né dalla *psyche*, ma dall'« intelletto » (νοῦς). Le quattro pagine mancanti non ci permettono di proseguire. Incontriamo, invece, l'anima che compie il suo cammino verso il Regno della luce, sua patria. Giunto il tempo della maturità, liberata dalle catene che la tenevano avvinta al corpo, nella sua ascesa l'anima incontra le quattro potenze ostili che le si parano innanzi, ma sono impotenti. Sono gli stessi elementi dei quali era composto il suo corpo e di cui si è liberata con la gnosi (vedi Introduzione). La seconda potenza intima all'anima di fermarsi, perché non l'ha vista discendere, cioè venire dal mondo della luce nel mondo materiale; quindi l'accusa di mentire: è una natura terrestre e deve restare con le sue simili nel mondo materiale: « Tu mi appartieni ». Ma c'è la spiegazione gnostica: l'anima umana venne nel mondo materiale entro l'involucro di un corpo, la potenza materiale non la riconobbe, e perciò non vide in lei la scintilla divina del Regno della luce. Invece di « Io ti facevo da vestito » è possibile la lettura: « tu mi hai servito » (cfr. Till-Schenke).

15, 10: *ma sei stata presa*] Il termine che ho tradotto con « presa » significa anche « afferrare », « legare », « dominare », qui sta a indicare che l'anima è legata alle forze terrene del mondo materiale, costretta e vincolata al loro spazio: fu « presa » dal suo mondo di luce e legata. Anche qui non è riconosciuta come una natura di luce, tuttavia l'anima ha imparato che il mondo materiale e tutto quanto esso contiene è destinato a dissolversi: « tutto è stato disciolto ».

16: *la quarta potenza*] L'apostrofe con la quale la quarta potenza accoglie l'anima che sale, e la risposta di questa, sono una sintesi della dottrina gnostica riguardo all'ascesa dell'anima nel Regno della luce. « Assassina » è detta qui l'anima, perché con la sua vita ha ucciso il corpo dal quale ormai sarà separata per sempre; « superatrice degli spazi » è detta verosimilmente perché ha ormai superato le sfere delle quattro potenze del mondo materiale e senza impedimento si dirige al « riposo »: ἀνάπαυσις.

17: *D'ora in poi*] Dalla metà della riga 5 della p. 17 inizia
il frammentario papiro Roberts III (cioè *P. Ryl.*, 463);
ecco la versione dal greco: « il resto del cammino, del tempo, del giusto momento, dell'eone, del riposo in silenzio.
Ciò detto, Maria tacque come se il Salvatore le avesse parlato fino a qui. Andrea dice: "Fratelli che ve ne pare delle
cose dette? Io non credo che il Salvatore abbia detto queste cose. Pare, infatti, che non corrispondano al suo pensiero". Pietro dice: "Interrogato su queste cose, il Salvatore ne va a parlare di nascosto con una donna, e non in
pubblico affinché tutti ascoltiamo lei? Voleva, forse, indicarla come più degna di noi?" [...] Levi dice a Pietro: "Al
tuo fianco c'è sempre la collera, Pietro! Ora ti vuoi mettere a discutere contrapponendoti a questa donna. Se il Salvatore l'ha reputata degna, tu chi sei per disprezzarla? Sicuramente, infatti, egli, appena la vide, l'amò, senza alcun
dubbio. Dobbiamo piuttosto vergognarci, rivestirci del-
l'uomo perfetto e compiere ciò che egli ci ha ordinato.
Annunziamo il Vangelo senza porre limiti né legiferare,
come disse il Salvatore". Ciò detto, Levi se ne andò e co-
minciò ad annunziare il Vangelo. Il Vangelo di Maria ».
Nella presente traduzione ho seguito la ricostituzione del
testo greco proposta da Till-Schenke e da G.W. MacRae.
Andrea espone subito le sue forti esitazioni a prestare fede
a quanto detto da Maria: si tratta di « insegnamenti diversi » da quelli esposti quaggiù dal Salvatore. Pietro interviene, a modo suo, contro Maria, come al termine del
VangTom. e in *PS.* A riportare armonia interviene Levi,
cioè Matteo. Sulla Maddalena e Gesù vedi *VangFil.*, 63, 30
e nota.

IL « VANGELO DI VERITÀ »

INTRODUZIONE

Il *Vangelo di verità* (= *VangVer.*) fa parte dei codici copti scoperti a Nag Hammadi, in Egitto. Il codice nel quale è inserito fu inizialmente denominato « Codex Jung », ed è l'unico pervenuto in Europa in quanto fu acquistato a Bruxelles (nel 1952) per conto dell'Istituto Jung di Zurigo: oggi si trova al Vecchio Cairo, nel Museo copto, sotto la designazione, ormai universale, di Codice I. In questo codice sono contenuti, nell'ordine: la *Lettera di Giacomo*, il *Vangelo di verità*, il *Trattato sulla risurrezione* (o *Lettera a Regino*), il lungo scritto *Trattato Tripartito* (denominato inizialmente *de Tribus Naturis*) e una *Preghiera di Paolo*. In occasione della fortunosa e prolungata sosta in Europa il testo del nostro Vangelo ebbe il privilegio di essere il primo scritto della biblioteca di Nag Hammadi ad avere una pubblicazione integrale nel 1956: pubblicazione sontuosa, nella quale il testo in lingua copta è accompagnato da tre versioni in lingue moderne (francese, tedesco, inglese) e da brevi note forzatamente molto imperfette, in quanto si era agli inizi degli studi di quei manoscritti. L'accuratezza con cui fu eseguita quest'edizione ne fece l'*editio princeps*; ma il testo copto, qui trascritto, è oggi da confrontare con la riproduzione fotostatica della *Facsimile Edition* (vedi Bibliografia). Le condizioni politiche e sociali del tempo non permisero

ai curatori di rintracciare al Vecchio Cairo due fogli mancanti dal manoscritto in loro possesso, cioè le pagine 33,
34, 35, 36, pagine che furono pubblicate nel 1961 con identica accuratezza e scrupolosa diligenza in un volume, *Supplementum*, dagli stessi curatori (M. Malinine, H.-Ch.
Puech, G. Quispel, W. Till). Ora, dunque, abbiamo il testo completo in ottimo stato di conservazione.

La descrizione del manoscritto è data brevemente dai
curatori alle pp. ix sg. e in modo più particolareggiato
da H. Ch. Puech e G. Quispel nell'articolo *Les écrits gnos-
tiques du Codex Jung*, in VigChr., VIII, 1954, pp. 1-51;
P. Nagel, *Die Herkunft des Evangelium Veritatis in sprachlicher Sicht*, in OrLitZ, 61, 1966, pp. 5-14.

Il titolo oggi usuale fu proposto dai curatori e corrisponde alle parole iniziali, ma non fu accolto da tutti.
Così J. Leipoldt (*Das Evangelium der Wahrheit*, in ThLZ,
82, 1957, pp. 825-34) si rifiutò di accettare questo titolo
adducendo a motivo che, non trattandosi di un'opera se-
mitica, l'*incipit* non poteva essere considerato alla stregua
di un titolo. Ma è una ragione speciosa: in realtà l'*incipit*
può essere titolo in scritti sia egizi, sia greci e latini. Anche
H.-M. Schenke (*Die Herkunft des sogenannten Evangelium Veritatis*, Göttingen, 1959, pp. 13-14) trova difficile
accettare le prime parole come titolo, ma le motivazioni
grammaticali addotte non sono convincenti (cfr. C. Story,
The Nature of Truth in the « Gospel of Truth », Leiden,
1970, p. xvi e p. 51). Apparentemente il nostro scritto non
ha titolo né all'inizio né alla fine e non sussistono validi
motivi per non accogliere la proposta dei curatori. Negli
scritti copti il titolo si può trovare all'inizio o alla fine, ma
anche all'inizio e alla fine.

Questo titolo copto, *p-euanghelion n-tmêe*, corrisponde
verosimilmente a un originale greco τὸ εὐαγγέλιον τῆς
ἀληθείας, « Vangelo della verità », « Vangelo che è la verità », « la verità che è il Vangelo ». Il titolo sembra pro-
mettere uno scritto che si presenta come il vero Vangelo,
la cui perfezione di contenuto, veracità e autenticità lo distinguono e, forse – in certo qual senso – lo contrappongo-
no a quello dei semplici credenti, degli psichici, ai quattro
Vangeli del canone cattolico, giudicati adulterati, imperfetti, insufficienti; un Vangelo destinato, quindi, a com-
pletarli o a sostituirli? Oppure il termine « Vangelo » va

inteso nel senso primitivo, originario, di « buona novella »
e lo scritto intende estrarre e spiegare il significato del
messaggio di gioia, di pace, di verità apportato da Gesù a
una parte degli uomini svelando loro Dio Padre, e se stesso
che è il Vangelo e può dire « per me » e « per il Vangelo »
indifferentemente (Mc., 8, 35; 10, 29): « chi perde la sua
vita a causa mia e a causa del Vangelo » (Mc., 8, 35 e 10,
29) = « chi perde la sua vita per me » (Lc., 9, 24 e Mt.,
16, 25)?

Quanto alla forma e al contenuto esso non assomiglia
ai Vangeli, siano apocrifi o canonici. Per chiarire queste
righe ed evitare ogni fraintendimento dovuto a un uso im-
preciso, presento qualche testo essenziale che specifica che
cos'è il « Vangelo » cristiano, cioè i termini di tempo e di
contenuto entro i quali è compreso. Scrive san Paolo: « Vi
trasmisi [...] quanto anch'io ho ricevuto, cioè che Cristo
morì per i nostri peccati, conformemente alle Scritture,
che risorse il terzo giorno, conformemente alle Scritture,
che apparve a Cefa e poi ai Dodici; in seguito apparve ad
altri cinquecento fratelli in una sola volta e, di questi, la
maggior parte è tuttora viva [...]; apparve quindi a Giacomo, poi a tutti gli apostoli. In ultimo, dopo tutti, apparve
anche a me » (*1 Cor.*, 15, 3-8). E Pietro, ponendo le condizioni che doveva avere l'eligendo successore di Giuda,
dice: « Si rende necessario che uno degli uomini che erano
nella nostra compagnia allorché il Signore Gesù viveva in
mezzo a noi, dal giorno del suo battesimo per mano di
Giovanni fino al giorno in cui ci fu tolto, venga costituito
insieme con noi testimone della sua risurrezione » (*Atti*,
1, 21-22).
Sono due testi essenziali che spiegano che cosa deve
contenere un libro che si intitola « Vangelo » per essere
veramente tale. Il *VangVer.* non ha nulla di narrativo,
non contiene racconti o atti della vita di Gesù (la sua
morte, la sua risurrezione, ecc.), non riporta parole di lui,
non è neppure un intrattenersi del Risorto con i discepoli, come ad esempio *SophJesChr.*, *PS* e l'*ApocrGv.* (cfr. L.
Moraldi, *Testi gnostici*, cit., pp. 456 sgg.; 503 sgg.). Nel suo
scritto l'autore dimostra di conoscere bene le opere del
N.T., in particolare i quattro Vangeli canonici, le lettere
di san Paolo e l'*Apocalisse*. Tanto che se avessimo indizi

più sicuri sulla sua datazione ci potrebbe servire per preci-
sare ulteriormente la storia del canone del N.T.

L'autore si rivolge spesso ai suoi uditori e lettori apo-
strofandoli alla seconda persona plurale (32, 22 sgg.);
qualche volta include anche se stesso e parla di « noi »
(25, 20 sg.; 40, 2) o si rivolge solo a se stesso (27, 34).
Non si stanca mai di illustrare da varie angolazioni la sua
dottrina (31, 9 sgg.). Spesso espone le ragioni del suo insegnamento e lo spiega con esempi. A volte interrompe le
sue esposizioni con interrogativi ai quali poi risponde. Ai
suoi uditori e lettori domanda certe attività, per le quali
promette ricompensa (32, 35 sgg.; 30, 14-15). Non ha dunque il genere letterario dei Vangeli canonici, e neppure ha
il genere letterario del *VangTom.* o del *VangMar.* Tra i
testi di Nag Hammadi il più vicino al nostro Vangelo, è
il *VangFil.*

Il *VangVer.* non è, dunque, redatto secondo il modello
letterario dei Vangeli canonici e per questo motivo, come
è stato detto, qualche studioso accoglie con riserva il titolo dato dai curatori. Ma il *VangFil.* non ha una forma dis-
simile dal nostro, eppure il suo titolo è fuori discussione.

A suggerire il titolo non furono soltanto le prime parole. Nell'opera *AdvHaer.* (III, 11, 9), Ireneo, vescovo di
Lione, scrive: « I valentiniani, senza alcun timore, ostent-
ano pubblicamente le loro composizioni e si gloriano di
possedere più Vangeli di quanti in realtà ci siano. La loro
sfrontatezza è giunta al punto di intitolare *Vangelo di verità (Veritatis Evangelium)* ciò che essi hanno composto
di recente e che non concorda per nulla con i Vangeli degli apostoli: anche il Vangelo non sfugge alla loro bestemmia. Se, infatti, quello che vantano come "Vangelo di verità", differisce da quelli che ci hanno trasmesso gli apostoli – come tutti si possono rendere conto confrontando
gli stessi testi –, quello trasmessoci dagli apostoli non è
affatto il Vangelo di verità ». Questo scriveva Ireneo tra
il 180 e il 185.

In un secondo testo di Ireneo (*AdvHaer.*, II, 24, 6) si ha
l'impressione che egli tenesse sotto gli occhi il nostro Vangelo: riferendo come era spiegata la parabola evangelica
del buon pastore nei circoli gnostici pare che segua il testo
del *VangVer.*, 32, 9-17.

Più tardi lo pseudo-Tertulliano scrive: « Al di sopra e

al di fuori di quelli che sono i nostri, egli (= Valentino)
ha il suo proprio Vangelo » (*Adversus omnes haer.*, 4).
Forse anche il canone muratoriano alludeva a questo Vangelo di Valentino allorché, terminando la lista dei libri ac-
colti o respinti dalla Chiesa, afferma: « Comunque di Ar-
sinoo, di Valentino e di Milziade non accogliamo assolutamente nulla ».

Concordemente il nostro scritto è giudicato valentiniano. I seguaci del grande maestro gnostico Valentino[1] si di-
visero in più correnti e la nostra opera si collocherebbe
assai bene agli inizi. Le vicende della sua vita sono per noi
tanto complesse quanto oscure. Nato in Egitto, tenne una
rinomata scuola a Roma negli anni 130-160. Nella permanenza romana Valentino godeva di tale fama e prestigio
intellettuale che, per testimonianza di Tertulliano, entrò
in ballottaggio per la successione a Pio (140-155) vescovo
della Chiesa di Roma; ma gli fu preferito Aniceto (155-
166) « per titolo preferenziale di martirio ». Tertulliano
scrive che Valentino, per l'alto ingegno e per eloquenza,
era ben degno di quel posto, onde, indignato da quella
mancanza di preferenze, si allontanò dalla Chiesa di genuina osservanza (*AdvValent.*, IV, 1).

Il *VangVer.* fu dunque scritto a Roma? Non c'è nulla di
sicuro. Potrebbe benissimo essere stato scritto da Valentino poco prima di separarsi dalla Chiesa di Roma o poco
dopo essersi separato: come pensava van Unnik giudican-
dolo verosimilmente scritto a Roma tra il 140 e il 160.[2] A
motivo delle parole di Ireneo ritengo che certamente fu
composto prima del 180, periodo aureo del valentinianesimo; l'originale greco può ben essere datato intorno al 150.

Un'epoca così remota e una personalità tanto complessa
spiegherebbero la natura ancora indecisa tra ortodossia

---

1. Sulla vita di Valentino ci sono giunte notizie molto scarne. Fu uno
dei più grandi maestri dello gnosticismo ed ebbe molti seguaci. Su di
lui, sulle idee fondamentali della sua grande scuola vedi L. Moraldi,
Testi gnostici, cit., pp. 36-50 e AA.VV., *The Rediscovery of Gnosticism*. Proceedings of the International Conference on Gnosticism at
Yale New Haven, Connecticut, March 28th-31st, 1978, vol. I: *The
School of Valentinus*, a cura di Bentley Layton, Leiden, 1980.
2. Cfr. W.C. van Unnik, *Evangelien aus dem Nilsand*, Frankfurt a.M.,
1959, pp. 72 sgg.; J. Quasten, *Patrologia*, vol. I, Casale, 1971, pp. 229-
31.

della grande Chiesa ed eterodossia, e l'impressione che si ha di un vocabolario fluttuante nei termini e negli elementi caratteristici del sistema di Valentino.

Ma il nostro scritto è proprio quello di Valentino? Come bene scrivono i curatori (se l'opera è di Valentino): « Non soltanto saremmo in possesso di un'opera completa [...] del capo della scuola valentiniana, ma ci sarebbe possibile anche cogliere i primi lineamenti della dottrina gnostica di Valentino, ancora imbrigliati nell'involucro cristiano più ortodosso entro cui egli mosse i primi passi ».[3] Che sia il libro al quale si riferisce Ireneo è incerto, ma non inverosimile; potrebbe trattarsi dell'opera di un suo discepolo diretto. È stata pure avanzata l'ipotesi che il nostro scritto sia un « commento » omiletico valentiniano sul *Veritatis Evangelium*.[4] Ma, invero, il nostro autore ha presente non il Vangelo di Valentino, bensì il Vangelo di Gesù, cioè i Vangeli canonici.

Ci troviamo davanti a un caso letterario molto simile a quello che riguarda il *TrattTrip.*, opera gnostica proveniente anch'essa da Nag Hammadi e facente parte dello stesso Codice I: è valentiniano, ha molte affinità col *Vang Ver.*, insegna uno gnosticismo caratterizzato da aspetti singolari e caratteristici, e in più punti assume una posizione intermedia tra la dottrina cristiana comune e la gnostica, spesso più aderente alla prima. Non solo, ma per vari motivi, si avanza l'ipotesi che anche il *TrattTrip.* sia stato scritto a Roma, nel periodo che precedette l'elezione di Aniceto.[5]

Contro l'attribuzione a Valentino del nostro scritto si fa osservare (M. Krause, *The Gospel of Truth*, in *Gnosis*, Oxford, 1974, p. 55) che qui mancano i 30 eoni, che non si parla della caduta di Sofia e della divisione degli uomini in tre classi (pneumatici, psichici, ilici); ma – volendo – nessuna di queste difficoltà è tale da intaccare l'eventuale autenticità di Valentino. Sono molto maggiori i temi tipici di convergenza. Ad esempio la grande parte attribuita all'errore, l'idea che la tenebra sia vuota, che la carne del Salvatore sia incorruttibile, che i pneumatici abbiano un

3. *Evangelium Veritatis* (vedi Bibliografia), p. XIV.
4. J.-E. Ménard, *L'Évangile de Vérité*, Paris, 1962, p. 35.
5. Cfr. per il *TrattTrip.*, L. Moraldi, *Testi gnostici*, cit., specie le pp. 335-40.

luogo di riposo; che gli eoni cerchino spontaneamente il
Padre; le espressioni « luogo di mezzo », e « semenza del
Padre »; l'Essere supremo chiamato « Padre »; l'insieme
degli eoni, detto « Pleroma ».

Abbiamo visto che i problemi interpretativi iniziano subito alle prime parole, che introducono nello scritto ma-
nifestandone il carattere fondamentale: ma se propriamente non è un Vangelo, che genere di scritto è? È una
meditazione sul Vangelo, sulla Buona Novella, di cui esalta
con entusiasmo la natura e penetra lo scopo e le modalità,
la purezza e la salvezza che apporta. Va da sé che l'autore
non ha di mira l'uno o l'altro dei nostri Vangeli canonici,
bensì il messaggio di Gesù che costituì l'oggetto della predicazione degli apostoli. La Buona Novella proclamata da
Gesù, è Gesù stesso, è la gnosi, la conoscenza di Dio in se
stesso e la conoscenza di se stesso in Dio; la scoperta del
vero essere di Dio rispetto all'uomo è la scoperta di se stesso per mezzo di sé. A colui che ha la grazia di partecipare
alla lieta novella (« Vangelo »), la gnosi svela la propria
identità, il proprio « io », rendendolo propriamente se
stesso e così salvandolo. Gli permette cioè di prendere coscienza della sua natura e della sua origine, gli spiega il
suo destino e gli offre la certezza della sua salvezza. Lo libera dalla « deficienza » e gli dà accesso al « Pleroma ».
    Il *VangVer*. si presenta come una omelia su Gesù, sulla
sua missione e sulla sua opera, quindi una omelia sulla conoscenza che guida l'iniziato alla visione del Padre. « Si
recarono da lui i sapienti, quanti si credevano tali [...] ma
egli li confondeva, dimostrando loro che erano vuoti [...].
Dopo tutti costoro si recarono da lui anche i fanciulli, ai
quali appartiene la conoscenza del Padre: poiché furono
irrobustiti, impararono (a conoscere) gli aspetti del volto
del Padre. Conobbero, e furono conosciuti » (19, 21 sgg.).
La conoscenza che il Padre ha del Figlio, e il Figlio del
Padre richiama al riguardo la dottrina di san Giovanni e
di san Paolo: « Se conoscete me, conoscerete anche il Padre, fin da ora lo conoscete e lo avete visto [...]. Io sono nel
Padre e il Padre è in me » (Gv., 14, 7-10). La conoscenza
esposta dal *VangVer*. è conoscenza di sé, conoscenza della
propria origine divina. « Essi conobbero che procedevano
da lui come i figli da un uomo perfetto [...]. Allora ricevono da lui una forma della sua conoscenza » (27, 11 sgg.).

« Il nome dell'Uno diventa il suo nome. Colui che conoscerà in questo modo sa donde venne e dove va; conosce
come uno che, ubriacatosi, si riscuote dall'ebbrezza: ritornato in sé, ha ristabilito ciò che è suo » (22, 13 sgg.); « colui che conosce prende ciò che è suo e l'attrae a sé. Colui,
infatti, che non conosce è nel bisogno; e ciò di cui ha bisogno è grande, giacché ha bisogno di ciò che lo rende perfetto » (21, 11 sgg.).

L'atto della presa di conoscenza di sé è paragonato dal-
l'autore alla condizione di colui che ubriaco, dimentico di
sé, non avverte il suo stato, mentre sta farneticando in
strani sogni: fino al momento in cui si sveglia e non vede
nulla « poiché tutto ciò era nulla. È quanto accade a coloro che hanno eliminato l'ignoranza come un sogno che
per essi non conta più nulla [...]. Felice colui che è ritornato in sé, e si è svegliato » (29, 30 - 30, 13).

Ma per salire dalla molteplicità all'unità, per uscire dalla dispersione dei sensi, perché « l'io » possa risalire, deve
osservare in se stesso il silenzio. Questa è l'atmosfera nella
quale « l'io » può raggiungere il Regno della luce e della
vita: « è anzitutto necessario [...] che l'abitazione sia santa
e tranquilla » (25, 20); il Padre ha inviato il Figlio quaggiù « affinché parlasse del luogo e del suo riposo, dal quale
è giunto » (40, 30). « Questo è il modo di essere di coloro
che hanno ricevuto (qualcosa) dall'alto, dalla sconfinata
grandezza: sono protesi verso l'unico, il perfetto, che è là
per loro » (42, 12 sgg.).

Cerchiamo di comprendere la grande cornice entro cui
si svolgono le sezioni del *VangVer*. Il Dio supremo è detto
« Padre » che non ha inizio. Risiede nel Pleroma (pienezza). Genera il Logos, detto pure Salvatore, Gesù Cristo, e
crea il tutto, cioè gli eoni: tutti sono nel Pleroma. La conoscenza del Padre appartiene solo al Logos, che è posto
quale signore al di sopra del tutto. Gli eoni sono in grado
di conoscere il Padre soltanto con la mediazione del Logos;
lo cercano da soli ma inutilmente, perché non lo possono
trovare, e sopravviene in loro uno stato di inquietudine, di
timore e terrore; la loro facoltà di comprendere è paraliz-
zata e cadono in uno stato di oblio.

Di qui nasce l'errore che non conosce il Padre; e dall'errore ha origine la materia da cui prende forma il mondo
terrestre e, con esso, il corpo del primo uomo.

Le regioni nelle quali si svolgono le azioni sono tre:
1. il Padre e il Logos sono nel Pleroma; 2. gli eoni, che
non conoscono il Padre, sono nel mondo superiore, che
sembra avere una suddivisione (qui, forse, denominata
« luogo di mezzo »); 3. il mondo inferiore, terrestre, ignaro
del Padre, dominato dall'errore, dall'invidia, dalla lotta.
In questo modo vi sono due classi di uomini: *a*) la « semenza » del Padre: cioè eoni caduti dal mondo superiore,
qui, nel mondo terrestre, rinchiusi in un corpo formato
dall'errore. Questi sono gli gnostici; *b*) gli « ilici », crea-
ture dell'errore.

Stendere un riassunto della sequenza di meditazioni su
Gesù, meditazioni che reinterpretano alla maniera gnostica la dottrina neotestamentaria, non è facile impresa dato
che il legame tra una meditazione e l'altra è spesso molto
tenue. Tuttavia molti commentatori vi si sono cimentati
e non vi è motivo per ritrarsene, anche se, nei particolari,
ogni studioso ha una propria via. Si tratta di tentativi che
hanno i loro pregi e difetti, ma sono sempre utili per illustrare il contenuto dello scritto.

Tenendo conto del riassunto di altri (specie di Grobel,
Schenke, Story) e di un approfondimento personale del testo, osservo anzitutto che la sensazione di discontinuità
delle varie sezioni è solo apparente. La connessione è reale.
Il testo del *VangVer.* sviluppa nei particolari il tema del
Vangelo che ha origine dal Padre di verità, si incentra nel-
l'unica gnosi del Padre che è il Logos, il Salvatore; è rivolto agli uomini privi di gnosi nell'intento di formarne una
comunità eletta, e di sostenerla con la speranza del ritorno
al luogo di origine nella pienezza della vita del Padre.

1. Prologo: il Vangelo viene dal Padre; lo si conosce per
sua grazia tramite il Logos; il Vangelo è speranza ed è scoperta di se stessi e del Padre « inafferrabile, incomprensibile », dal quale tutti sono usciti: 16, 31 - 17, 9.

2. Errore e oblio: condotto dall'ignoranza del Padre,
ignaro della sua origine, l'uomo precipita in uno stato di
paura e frustrazione; è preda dell'errore e dell'oblio, è soggetto al controllo di potenze cattive; nonostante la sua origine sublime (nel mondo degli eoni), diventa schiavo del-
l'errore: 17, 10 - 18, 15.

3. Gesù Cristo non venne per tutti, ma solo per coloro
che erano nell'oscurità a motivo dell'oblio, cioè per gli

eoni decaduti; illuminò, indicò la via, insegnò la verità ai sapienti; ma suscitò anche odio: 18, 15 - 19, 19.

4. La sua parola ai « fanciulli », manifesta « il libro vivo dei viventi », cioè il libro di coloro che odono la chiamata divina e la seguono per appropriarsi di quanto è loro: 19, 27 - 22, 20.

5. La conoscenza di Gesù e della sua opera in favore degli eletti. Egli compie, tra gli eletti, l'opera del Padre e li guida nel luogo della perfetta unità; egli è il Logos (Parola) del Padre: 22, 20 - 25, 25.

6. Gesù giudice del mondo: vasi cattivi allontanati, spezzati, rovesciati, e vasi pieni e perfetti; spada a due tagli; la gnosi provoca la rovina dell'errore; la bocca del Padre è verità: 25, 25 - 27, 10.

7. Il Padre dà forma e nome agli eletti quando egli vuole: 27, 11 - 28, 24.

8. La conoscenza rende lo gnostico simile a colui che si desta dopo sogni inquietanti: 28, 24 - 30, 12.

9. Opera di Gesù e dello Spirito Santo in favore degli gnostici: 30, 13 - 31, 35.

10. Gesù, buon pastore: 31, 35 - 32, 30.

11. Esortazioni agli gnostici riguardo alla loro vita in questo mondo: 32, 31 - 33, 32.

12. « I figli del Padre sono il suo profumo »: 33, 33 - 35, 23.

13. La pienezza del Padre è il perdono; il medico e il malato: 35, 23 - 36, 35.

14. Il Logos (Parola) e le parole (Logoi) del Padre: 36, 35 - 38, 6.

15. « Il nome del Padre è il Figlio [...]. Quando a lui piacque che il suo nome diventasse il Figlio suo prediletto »: 38, 6 - 40, 29.

16. Descrizione della pienezza (Pleroma) dalla quale venne il Salvatore di coloro che erano nell'ignoranza e nella quale andranno gli illuminati dal Logos: 40, 30 - 43, 24: « parlano della luce perfetta, e sono ricolmi della semenza del Padre, che è nel suo cuore e nel Pleroma [...]. I suoi figli sono perfetti, sono degni del suo nome » (43, 12-21).

In sintesi il *VangVer.* è gioia perché annunzia che alla fine del tempo la deficienza di quaggiù sarà eliminata dal Logos. Ed ecco il suo percorso. Esce dal Pleroma, entra nel mondo superiore degli eoni, ne assume la forma e rivela loro la conoscenza del Padre. Discende nel mondo inferiore, assume un corpo di carne, che però è incorruttibile e incomprensibile. L'errore, guida di questo mondo, si sente minacciato, lo fa crocifiggere e così egli muore « per molti ». In seguito a ciò il Logos (= Gesù Cristo, il Salvatore) si riveste della sua incorruzione e ritorna nel Pleroma.

Il suo insegnamento non è accolto da tutti gli uomini, ma solo dagli eoni decaduti: costoro si purificano di ogni rapporto e contatto col mondo, il loro corpo materiale si dissolve, ed essi salgono al Padre del quale sono figli: quivi è il luogo del riposo, luogo ove non v'è alcuna deficienza.

Nonostante le parole iniziali, la lettura del *VangVer.* suscita un senso di nostalgia dal principio alla fine. Nella sua ascesa verso il Pleroma lo gnostico via via si riconosce e si libera dalle potenze che lo trattengono nella materia e nell'errore, ma non si tratta di un cammino semplice. Le due classi di uomini sono tormentate (o circondate) da timore, confusione, debolezza, discordia, divisione: sono dominate dall'errore che fa uso di castighi, punizioni, catene. Visto dalla realtà del Padre, tutto il mondo inferiore è morto, è un'illusione, un sogno, una ubriacatura.

Con un tono e in un contesto diverso, il trattato *OrM.* ha una identica visione. « Il mondo incorse così nella divisione e cadde nell'errore. Mentre, infatti, dalla creazione del mondo fino alla fine [...] tutti gli uomini che erano sulla terra servivano i demoni, il mondo cadde nella divisione, nell'ignoranza e nell'oblio. Tutti incorsero nell'errore fino all'arrivo del vero uomo » (123, 15-23). E l'autore dell'*ApocrGv.* scrive: « Invecchiarono senza avere requie; morirono; non trovavano alcuna verità, non conoscevano il Dio della verità. Fu così che l'intera creazione divenne schiava per tutta l'eternità [...]. Chiusero i loro cuori, e dall'insensibilità dello spirito di opposizione divennero insensibili » (II, 30, 2 sgg.). E, più avanti, lo stesso autore descrive l'arrivo del Salvatore nella « prigione », cioè nel corpo umano, che, rivolgendosi all'uomo, dice: « Colui che ode, si desti dal suo profondo sonno! [...] Alzati e ricorda [...] e segui la tua radice [...] e guardati dagli angeli della povertà » (II, 31, 3 sgg.); mentre l'uomo piange all'udire queste parole di liberazione e di speranza: « verrai all'esistenza dal profondo sonno » (31, 20). Sì, perché gli

uomini erano, e sono, in grandi turbamenti e sofferenze,
non erano preoccupati d'altro che degli affari della vita e
« non avevano il tempo di dedicarsi allo Spirito Santo »
(*NatArc.*, 91, 7-12).

NOTE

16, 31: *Il Vangelo di verità*] Il prologo (16, 31 - 17, 9)
traccia a grandi linee il tema che sarà sviluppato in seguito. L'Essere supremo è il Padre dal quale procedono il Logos e gli eoni; l'unico a conoscere il Padre è il Logos; gli
eoni sono alla ricerca del Padre, del quale sono parte, che
tenne per se stesso la conoscenza di sé volendo che gli eoni
la conquistassero gradualmente; Padre, Logos, eoni costituiscono « il tutto », « l'unità », la « pienezza », cioè il
Pleroma; dall'ignoranza degli eoni venne la caduta di alcuni. Secondo il mito di Sofia, la caduta fu soltanto del-
l'eone Sofia, ma da lei derivò tutto il mondo inferiore:
« In alto, negli eoni infiniti, è l'immortalità. Sofia, chiamata Pistis, volle creare un'opera da sola » (*NatArc.*, 94,
3 sg.); Sofia è l'ultimo dei dodici eoni (*ApocrGv.*, 7, 31 -
8, 28).

Salvatore] È l'unico passo nel quale si legge questo termine, altrove si parla esclusivamente del « Logos »; in due
passi (18, 16; 36, 14) è menzionato espressamente il Cristo.
Come si vedrà appresso, la gnosi è la presa di coscienza della filiazione divina. Lo gnostico proviene direttamente da
Dio, al quale è consostanziale essendo una emanazione della sostanza divina: il Logos è « Salvatore », in quanto conduce alla presa di coscienza di questa consostanzialità divina presente in ogni pneumatico, del quale essa costituisce
« l'io » profondo.

17: *Tutti, infatti, erano*] Con « tutti » e « i tutti » il testo
non intende riferirsi a tutti gli uomini, ma a tutti gli
eoni-uomini (vedi Introduzione). Sugli eoni alla ricerca
del Padre, vedi 22, 30 e nota. Il dramma, qui e avanti, più
supposto che accennato, inizia nello stato in cui manca la
conoscenza del Padre e la si ricerca: gli eoni erano nel Pa-

dre, venivano da lui, non lo conoscevano, volevano conoscerlo, perciò lo cercavano, ma trovarlo non era in loro
potere: « coloro che dal Padre hanno ricevuto la grazia di
conoscerlo ». Di qui la grande importanza riconosciuta –
in tutto questo Vangelo – all'errore (πλάνη) e alla verità
(ἀλήθεια), e il fatto che il *VangVer.* sia un inno alla verità.
Vedi J.-E. Ménard, *La* πλάνη *dans l'Évangile de Vérité*, in
SMR, 7, 1964, pp. 3-36.

l'inafferrabile l'incomprensibile] Le enunciazioni negati-
ve sull'Essere supremo sono comuni alla filosofia religiosa
del tempo e alla dottrina di Valentino: « Non c'è parola
capace di esprimerlo, non c'è occhio capace di vederlo [...]
a motivo della sua inaccessibile grandezza, della sua infinita profondità [...] sovrasta ogni sapienza, supera ogni intelletto » (*TrattTrip.*, 54, 15 sgg.; 55, 21 sgg.). In questa scia,
d'altronde comune all'ambiente ellenistico, il maestro gnostico Basilide chiama Dio « colui che non esiste » (οὐκ ὤν),
in quanto l'essere divino è irraggiungibile dall'uomo e il
nostro concetto di essere non può applicarsi a lui.

17, 10: *L'ignoranza del*] Le prime parole, alla lettera
« quanto alla non conoscenza del », si collegano con il
prologo e introducono direttamente al motivo dell'uscita
(« erano usciti ») degli eoni (= uomini) dal Padre.

L'angoscia] Angoscia, paura, errore danno origine al mondo della caligine, o mondo inferiore, e alla regione di mezzo, essi sono cioè gli artefici del mondo e del corpo umano: si industriano « a formare una creatura » e a permu-
tare la « verità » con la bellezza fisica. Separato dal Padre,
dimentico della sua alta origine dal Padre, diviene soggetto al controllo di potenze cattive e schiavo dell'errore. In
questo stato di frustrazione la grazia del Padre manda al-
l'uomo il Vangelo per annullare l'opera dell'oblio:
« l'oblio non sarà più. Questo è il Vangelo ». « Ignoranza », « angoscia », « paura », « errore » sono altrettanti
elementi caratteristici di Sofia caduta: cfr. Ireneo, *Adv
Haer.*, I, 2, 3-6: *ApocrGv.*, 13, 32 - 14, 14; *PS*, dal c. 29 al
c. 62. Caligine – errore - materia, cioè mondo sensibile, è
una sequenza comune negli scritti gnostici: « sotto il sipa-
rio si produsse un'ombra e quest'ombra divenne materia »
(*NatArc.*, 94, 11 sgg.) e in modo più fantasioso in *OrM.*,

98, 17 - 99, 33); è un mondo che non ha « radice » perché non viene da Dio.

creatura] Termine col quale traduco il greco πλάσμα, che designa un essere plasmato-modellato, sebbene non corrisponda pienamente al significato che sottende il corrispondente greco. Si noti che l'autore considera le bellezze del mondo una contraffazione della verità.

17, 30: *coloro che si trovano nel (luogo) di mezzo*] Sono i pneumatici, le persone nelle quali c'è la « semenza » del Padre, cioè eoni decaduti che l'oblio vuole fare prigionieri della materia; si potrebbe pensare agli psichici, ma l'autore non li nomina mai e rivolge la sua attenzione solo ai pneumatici e agli ilici. Il « luogo di mezzo » o è una suddivisione del mondo superiore (vedi Introduzione) o, più semplicemente, il mondo inferiore dominato appunto dall'oblio e dalla paura. Alla lettera il testo copto ha « quelli del mezzo ». In altri testi gnostici il « luogo di mezzo » è lo spazio tra cielo e terra nel quale si trovano gli arconti, il demiurgo, ecc., il mondo di quanti ignorano l'Essere supremo e sono nemici dell'uomo.

18: *presso il Padre*] Della parola iniziale a p. 18 del testo copto è rimasta soltanto una consonante e gli studiosi si astengono da ogni ricostruzione.

18, 10: *Mistero nascosto*] Il primo periodo è reso diversamente da vari studiosi. W. Till: « Attraverso Gesù Cristo il mistero si erse dinanzi a coloro che erano nelle tenebre a motivo dell'oblio: li ha illuminati ». Tutto fu reso possibile dalla persona di Gesù Cristo: si notino, in proposito, sia i verbi sia gli oggetti: « produrre luce », « illuminare », « indicare la via », « insegnare la verità ». L'autore, pur mantenendosi sempre nell'indefinito e nell'atemporale, intinge qui la penna nella storia evangelica con una chiara allusione al terrestre e al temporale. Malinine, Puech e Quispel collegano la prima frase con quanto precede, così: « miséricorde du Père comme mystère (μυστήριον) caché, (lui), Jésus le Christ. Par lui, il ». Non vi è dubbio che l'autore presenti Gesù come « misericordia del Padre » e come « mistero nascosto ».

18, 20: *l'errore*] L'errore, il cui impegno era nell'opprime-

re l'uomo e renderlo schiavo di un'esistenza puramente
materiale, si scaglia ora contro Gesù (« lo annichilì »). Come in precedenza (17, 9 - 18, 14) l'errore era inteso nella
sua azione più vasta non limitata dal tempo e dallo spazio,
così qui – in opposizione al Cristo e al Vangelo – l'autore
si astiene dal definire persone e luoghi di tale opposizione.
All'autore non importa dove e per mezzo di chi l'errore
opera: in esso è riassunta tutta la vasta realtà dell'opposizione.

Fu inchiodato] Dal « legno » o albero, cioè dalla croce, il
testo compie un passaggio naturale al « frutto » che, mangiato da Adamo ed Eva nel paradiso terrestre (*Gen.*, 2, 9;
3, 3), fu « causa di perdizione »; qui invece il frutto della
« croce » è causa di gioia perché fa scoprire la gnosi:
« scoperta » che viene dalla croce, e alla quale è fatto riferimento nel prologo (17, 3-4); al frutto della croce si riferisce ancora la reciproca scoperta: « li trovò [...] essi trovarono lui ».

causa di perdizione] W. Till assume il verbo copto qui tradotto « divenire causa di perdizione » in senso intransitivo
e ottiene il seguente significato, anch'esso valido: « Perciò
esso (= il frutto) non perì perché ne mangiarono, al contrario esso (= il frutto) a quelli che ne mangiarono diede
da sperimentare la gioia di questa scoperta ».

della scoperta] È il frutto del Vangelo, cioè la gnosi che
giunge attraverso la croce.

18, 30: *Egli, infatti, trattenne*] Inizia un tratto enfatica-
mente escatologico. Frutto della croce, la gnosi è solo un
anticipo della pienezza del Padre e deve guidare a « una
conoscenza unica nella perfezione » (19, 6). Nel *VangVer.*
la gnosi è anzitutto soggettiva, cioè la gnosi del Padre fon-
damentalmente significa gnosi di se stesso. La perfezione
è, tuttavia, oggettiva; frequentemente connota una significativa relazione col Padre (C. Story, *op. cit.*, p. 4). Sul Padre, gli eoni, la loro conoscenza e il ritorno, vedi 22, 20
sgg.; 36, 35 sgg.

19, 10: *Siccome uno che*] « Uno che è ignorato » e « desidera essere conosciuto » è il Padre; colui che « venne, guida serena », ed entra da maestro nella scuola, è Gesù.

19, 20: *Entrò*] Con « scuola » (alla lettera « il luogo ove si riceve istruzione ») può essere che l'autore pensi a una sinagoga o, più verosimilmente, abbia presente la tradizione popolare che ci è stata tramandata dal Vangelo greco di Tomaso nel quale è presentato Gesù scolaro e maestro. Il messaggio di Gesù è riferito, forse in modo sintetico, con l'espressione « pronunciò la Parola » : molto spesso, infatti, « la Parola » nel Nuovo Testamento designa il messaggio cristiano. « Tra gli uditori della Parola molti credettero » (*Atti*, 4, 4); «Avendo proibito lo Spirito di diffondere la Parola nell'Asia » (*Atti*, 16, 6). È dato il duplice risultato della Parola tra i « sapienti » e tra i « fanciulli ». Il quadro richiama testi evangelici, come si deduce da « mettendolo alla prova » (ove il copto usa il verbo greco πειράζειν che si legge nei Vangeli a proposito del comportamento dei nemici verso Gesù,(cfr. Mt., 16, 1; 19, 3); la prova che egli adduce della loro vacuità ha riscontro nelle molteplici denunce di Gesù ai farisei (cfr. Mt., c. 23), e nell'espressione evangelica: « Ti benedico, o Padre, Signore del cielo e della terra, perché hai tenute nascoste queste cose ai sapienti e agli intelligenti e le hai rivelate ai piccoli » (Mt., 11, 25); e ancora: « In verità vi dico: se non vi convertirete come i fanciulli, non entrerete nel Regno dei cieli » (Mt., 18, 3). Grobel e Story avanzano l'ipotesi che in « sapienti » e « fanciulli » si possa vedere una specie di sequenza storica (prima udirono il messaggio i giudei e poi i gentili), e che l'espressione: « Beati i perseguitati [...] perché a loro appartiene il Regno dei cieli » (Mt., 5, 10) corrisponda, in termini gnostici, a « ai quali appartiene la conoscenza del Padre ».

19, 30: *poiché furono irrobustiti*] L'accoglienza del Vangelo (19, 30) irrobustisce, mette in comunione col Padre, manifesta « il libro vivo dei viventi », cioè gli uditori docili (i fanciulli) sono i viventi (19, 34 sgg.). Questo « libro vivo » ricorda il « libro dei viventi », del quale parla il Salmo 69, 29, o il « libro della vita », come in Es., 32, 33; Is., 4, 3; *Apoc.*, 3, 5, cioè il registro dei nomi dei salvati; qui non ha il senso di « veicolo di salvezza », come l'intende Grobel (che vede in esso il messaggio salvifico), bensì indica il libro dei salvati che sono scritti « nel pensiero e nell'intelligenza del Padre » (19, 35 - 20, 1), come è detto del Logos (16, 35-36). Sicché il testo che più si avvicina al nostro è il seguente: « La nostra lettera scritta siete voi: lettera scritta nei nostri cuori, conosciuta e letta da tutti gli uomini. Sì, è evidente che siete una lettera di Cristo, redatta da noi e scritta non con inchiostro, bensì con lo Spirito del Dio vivo, non su tavole di pietra ma su tavole di carne, i vostri cuori » (2 Cor., 3, 2-3). La lettera di cui parla san Paolo è la comunità di Corinto; anche il libro del quale parla l'autore del VangVer. è, verosimilmente, comunità di gnostici credenti.

Nel loro cuore] La manifestazione del « libro dei viventi », cioè dei salvati, dipendeva dalla morte sacrificale di Gesù (20, 3-38). È questo uno dei passi più importanti e intricati del presente scritto; tutta la pagina, poi, è disseminata di referenze bibliche. L'autore non ha dubbi sulla indispensabilità di Gesù e sulla necessità del suo soffrire e morire per prendere il libro e dare la vita a molti.

20, 10: sapendo che la sua morte] L'espressione ha notevole riscontro nel testo evangelico; « Il Figlio dell'uomo non è venuto per essere servito, ma per servire e dare la propria vita in riscatto per molti » (Mc., 10, 45); l'enfasi sacrificale è notevole anche oltre.

20, 20: Perciò apparve] Queste righe contengono anche l'unico riferimento esplicito alla risurrezione di Gesù nel VangVer.: si spogliò dei cenci corruttibili, si rivestì « di vita eterna » (20, 30-34), cioè – a quanto pare – si svestì della carne materiale e, assunse, con la risurrezione, « la vita eterna ».

20, 30: colui che era] W.C. Till e K. Grobel traducono: « sebbene la vita eterna l'avesse rivestito fino allora ». Le righe 28-29 fanno eco al testo paolino: « si umiliò ancor più facendosi obbediente fino alla morte » (Fil., 2, 8).

Penetrato] Questa traversata del Risorto fa parte di uno schema di antropologia salvifica neotestamentaria. Paolo cita il Salmo 68, 19: « Salendo in alto si portò appresso i prigionieri, diede doni agli uomini » e commenta: « che cosa significa "salì" se non che anche discese nelle parti inferiori della terra? Colui che discese è il medesimo che salì al di sopra di tutti i cieli per riempire ogni cosa » (Efes., 4, 8-9). Narrazioni più estese si leggono nella Lette-

ra degli apostoli (apocrifo del II secolo), recensioni greca e latina. (Per questi testi vedi L. Moraldi, *Apocrifi*, cit., I, pp. 617 sgg.; II, pp. 1676 sgg.). Non così ancorate alla missione terrestre del Cristo e alla sua risurrezione, ma identiche nel presentare questo « viaggio », abbiamo ad esempio le autopresentazioni del trattato *Protennoia Trimorfe* (NHC, XIII, 35, 1 - 50, 24) e dell'*ApocrGv.*, (30, 11 - 32, 9). Così, ad esempio: « Andai nella grande tenebra e perseverai fino a quando giunsi in mezzo alla prigione [...]. Mi misi nuovamente in cammino [...] per la seconda volta [...] andai in mezzo alle tenebre [...]. Mi mossi ancora una terza volta [...] per andare in mezzo alla tenebra » (*Apocr Gv.*, II, 30, 28-35).

nelle vuote regioni] Sono il « luogo di mezzo »; « gli ignudi » sono gli uomini privi della gnosi a causa dell'oblio. Dato che egli è gnosi (conoscenza) e perfezione, annunzia ciò che riguarda il Padre (20, 36 - 21, 1).

21: *Coloro che accolgono*] Il testo prosegue rilevando brevemente i vantaggi di coloro che ascoltano il Risorto: 1. Sono istruiti (21, 3-6). 2. Ricevono se stessi dal Padre (21, 6-7), il Padre dà loro loro stessi: idea, a prima vista, strana che ritroviamo in 25, 11-12. L'acquisizione della gnosi significa prendere ciò che è proprio e attrarlo a sé, la gnosi è conoscenza di due persone: di Dio e di se stessi: « colui che dalla buona novella è fatto gnostico riceve due cose, cioè Dio e il proprio "io" perso o dimenticato. Conoscenza di Dio e di se stesso sono due aspetti di una medesima cosa: non si può avere l'uno senza l'altro » (K. Grobel, *The Gospel of Truth*, London, 1960, p. 71, nota 129). Se si tiene presente questa linea di pensiero, si comprendono espressioni di maestri gnostici come le seguenti: « Lascia la ricerca di Dio, la creazione e altre questioni consimili. Cercalo partendo da te stesso [...]. Conosci le fonti del dolore, della gioia, dell'amore, dell'odio [...]. Se esamini attentamente tali questioni lo (Dio) troverai in te stesso » (Ippolito, *Refut.*, VIII, 15, 1-2). « Eravate un tempio, (ma) vi siete resi una tomba. Smettete di essere una tomba, e ridiventate un tempio sicché dimori in voi la rettitudine e la divinità » (*InsegnSilv.*, 106, 9-14). 3. Ritornano contemporaneamente a se stessi e al Padre, segno, questo, che una volta erano insieme. 4. Tale ritorno comporta la perfezione di chi è ritornato, il cui bisogno era grande (21,

8-23). 5. Il ritorno fa sì che egli oda la « chiamata » divina
(21, 23 - 22, 19) e il nome; la chiamata, secondo l'autore,
precede il nome e lo crea, giacché senza il nome non vi è
esistenza; la chiamata giunge « alla fine » (21, 27), ma è
già iniziata (cfr. anche 39, 11-12). Senza chiamata e senza
nome regnano ignoranza, oblio, distruzione; il verbo copto
composto (21, 37) *bôl abal*, che traduco con « distruggere », ha un significato ampio: « dissolvere », « annullare »,
« fare a pezzi »; forse in questo passo rende bene l'idea di
« far passare sicché più non sia » (W.E. Crum, *A Coptic
Dictionary*, Oxford, 1939, pp. 39 sgg.).

21, 10: *Allora colui che conosce*] Caratteristiche di chi è
chiamato sono: l'acquisizione della gnosi (22, 3), l'attesta-
zione della sua origine dall'alto (22, 3-4); chi è chiamato
risponde (22, 4-7), si scuote dal letargo e, entrato in una
nuova sfera di esistenza, si volge verso colui che lo chiama
(22, 7-9); il nome dell'« Uno » diventa il suo nome, avendo
egli compreso la sua origine e il suo destino (22, 13-20).

22, 20: *Egli ha distolto*] La gnosi portata da Gesù e sua
opera per gli eletti: 22, 20 - 25, 25. In breve: gli eletti, gli
gnostici, sono il libro perfetto del Padre, la sintesi dell'opera di Gesù in favore degli gnostici (22, 20 - 23, 2); gli eletti, gli gnostici, sono il libro perfetto del Padre (23, 2-18),
mentre Gesù è il Logos del Padre (23, 18-33) che compie
tra gli eletti l'opera assegnatagli dal Padre (23, 33 - 24, 6)
e li conduce al luogo della perfetta unità (24, 6 - 25, 25).

li ha preceduti] L'autore prosegue l'interpretazione gnostica della tradizione evangelica con l'ascensione di Gesù:
l'errore aveva imprigionato l'uomo nel mondo della materia (17, 9 sgg.), aveva perseguitato e annichilito Gesù (18,
21-24), ma ora è vinto da Gesù che libera molti dall'errore
(22, 20-21) e li precede negli spazi da essi abbandonati
quando accolsero l'errore nei loro cuori (22, 21-24).

Era una grande meraviglia] Il motivo dell'abbandono dei
« loro naturali » spazi fu la « profondità » del Padre, che
tutto avvolge e non è avvolto; grande meraviglia desta nel-
l'autore del *VangVer*. la constatazione che all'inizio questi
molti – gli uomini – fossero « nel » Padre, non lo conosces-
sero e si fossero allontanati da lui; tre constatazioni seguite
da due spiegazioni: il Padre non aveva ancora manifesta-

to la sua volontà, volontà che si manifesterà in Gesù Cristo
(22, 33 - 23, 2). Un altro scritto valentiniano di Nag Hammadi dà di questa situazione una spiegazione più esauriente: una volta gli eoni erano nella « profondità » del Padre
il quale li conosceva, mentre era loro impossibile conoscere se stessi e il Padre poiché « non avevano un'esistenza in
se stessi »; in seguito il Padre concesse loro di esistere « per
loro stessi », ma l'eminenza del suo nome (che essi dimen-
ticarono) era in loro « in forma embrionale » affinché la
loro unica preoccupazione fosse « di cercare lui », e giungere, per gradi e con la sua grazia, a conoscere « colui che
è »; neppure l'assenza di bisogno e di difetti il Padre diede loro fin dall'inizio, affinché, imparassero la via della
tensione e, nella loro gelosia, non si innalzassero fino al
Padre, e sapessero che quanto hanno deriva da lui e quanto non hanno deriva da loro stessi; infine, anche qui il
Figlio è presentato « come luce per coloro che derivano da
lui (il Padre) » (*TrattTrip.*, 60, 15 - 62, 35). « L'insieme
degli eoni prova amore e tensione verso la scoperta perfetta del Padre [...]; il Padre eterno, nel suo volere [...], si rivela dandosi in modo che essi lo comprendano cercandolo;
ma tiene per se stesso il suo essere primo [...]; egli effuse
su di loro fede e preghiera verso colui che essi non affer-
rano, salda speranza verso colui che non vedono » (*ibidem*,
71, 9-27).

22, 30: *la gnosi del libro vivente*] Cfr. 19, 35-36; 22, 39.
L'autore presenta il « libro » in modo negativo e in modo
positivo: al di là dell'immagine, non è uno scritto, quindi
non è costituito da gruppi di vocali e consonanti, è un
libro perfetto scritto dal Padre affinché gli eoni lo conoscano (23, 8-18), non è un libro ordinario del quale si pro-
nuncino vocali e consonanti, bensì è costituito da persone;
lo può leggere solo colui che riconosce nei viventi le consonanti della verità, scritte dall'unità, cioè dal Padre (23,
8-10). Il che probabilmente indica una conoscenza mistica
della vera natura dei viventi.

23, 20: *Mentre la sua sapienza*] Per non perdere del tutto
il senso del passo 23, 19 - 24, 5, occorre tenere presente che
i pronomi si riferiscono alternativamente al Padre e al
« Logos », menzionato espressamente nella prima strofa;
il testo sottolinea come l'interesse del Padre si accentri nel

Logos, cioè nel Figlio suo, espressione esterna della sua meditazione.

la sua gnosi si manifestò] Oppure « è stata rivelata » o – ed è il senso della frase – « lo (il Padre) ha manifestato » (Till).

La sua indulgenza] L'indulgenza del Padre si manifesta a tutti nel Figlio. Ma la versione, accolta dagli studiosi con esitazione, non è sicura.

La sua gioia] L'autore che presenta il Vangelo come « gioia » vede tale gioia unita al Logos (Gesù).

lo ha esaltato] « Glorifica il Figlio tuo affinché il Figlio ti glorifichi » (Gv., 17, 1); « Per questo Dio lo ha esaltato » (*Fil.*, 2, 9).

La sua immagine] In altri termini: Gesù è la rivelazione dell'immagine del Padre: «chi ha visto me ha visto il Padre » (Gv., 14, 9); « Non tenne gelosamente per sé, l'essere uguale a Dio » (*Fil.*, 2, 6).

Il suo riposo] O « compiacenza »: alla lettera « l'attirò a sé » (« io faccio sempre ciò che a lui piace » Gv., 8, 29); « tu sei il mio Figlio diletto; tu godi di tutto il mio favore » (Mc., 1, 11).

Il suo amore] Le dieci strofe dell'inno sono coronate dall'espressione « il suo amore » che nell'incarnazione del Logos addita una manifestazione dell'amore (ἀγάπη) del Padre: « e il Logos si è fatto carne » (Gv., 1, 14). « Dio ha così amato il mondo che diede il Figlio suo unigenito » (Gv., 3, 16). Siccome l'inno non fa esplicita menzione del Cristo, Grobel pensa che qui si parli dell'incarnazione della Chiesa: il che è inverosimile poiché tutto l'inno è un'enfatica esaltazione del Logos.

23, 30: *Così il Logos*] Nelle righe 23, 33 - 24, 6 inizia l'opera del Logos incarnato tra gli uomini. Il « camminare » del Logos incarnato richiama Gesù che « percorreva » la Galilea e la Giudea. Che Gesù faccia ritornare gli uomini all'unità, cioè al Padre, è un pensiero ricorrente nel *Vang Ver.*; l'aggiunta « alla Madre » (24, 7) è un indovinello: può designare il Padre dal punto di vista dell'amore, o ancora un'eco di ἔννοια (« pensiero ») corrispondente femminile di προπάτωρ (« prepadre »), che rappresentano i due princìpi fondamentali del Pleroma valentiniano, o – forse più semplicemente – può trattarsi del Metropator, cioè dell'Essere supremo che nell'*ApocrGiov*. si presenta: « Io sono il Padre, io sono la Madre, io sono il Figlio » (II, 1, 12 sgg. e ancora ivi, 30, 12 - 31, 27).

24, 10: *non più penare*] « Tutti, infatti, erano alla ricerca di colui » (17, 4 sgg.) e « non più penare alla ricerca » non è solo un accordo con il prologo, ma è un importante tema ricorrente nel *VangVer*.

24, 20: *è il mondo*] Lo stato di deficienza ha la sua espressione nel « mondo »: è questo l'unico passo del nostro Vangelo ove ricorra il termine greco κόσμος; da notare che ciò avviene in un contesto nel quale si parla dell'opera di Gesù nel mondo. Molto eloquentemente questo mondo è detto « esterna apparenza » (σχῆμα) o, meno bene, « forma » come traducono Malinine-Puech-Quispel, Ménard e MacRae.

24, 30: *Come l'ignoranza*] Da 24, 32 a 25, 6 abbiamo due esempi che si concludono con il venir meno della deficienza: con la sua scomparsa cessa di esistere l'« esterna apparenza » (σχῆμα), e il mondo (κόσμος) si fonde nell'unità (cioè nel Padre); fusione nell'unità che designa – a quanto pare – l'unione col Padre per mezzo dell'autentica gnosi sperimentata dagli eletti (vedi righe 10 sgg.). Per gli gnostici l'autore fa tre rilievi (25, 10-19): ricevono se stessi (vedi anche 21, 6-7); distolti dalla molteplicità sono convogliati nell'unità primordiale; dissolvono in se stessi la natura ilica sicché resteranno unicamente luce e vita. Il *Vang Ver*. non insegna l'ascetismo, ma implicitamente riconosce che, in futuro, la sfera ilica dell'esistenza non ci sarà più.

25, 20: *Se questo, dunque*] Cioè quanto precede a proposito del destino degli gnostici.

Come persone] Gesù giudice: 25, 25 - 27, 10. La sezione si interessa soprattutto degli gnostici dinnanzi al giudizio (κρίσις) divino (« dall'alto »); i « luoghi » ove si trovano « vasi » (σκευός) è il mondo di quaggiù, e i « vasi » designano gli uomini secondo una usuale metafora biblica: « O uomo, chi sei tu dunque per discutere con Dio? Un oggetto di creta dirà forse: "Perché mi hai fatto così?" a

chi l'ha modellato? ». Il vasaio non può disporre libera-
mente dell'argilla e formare dalla stessa massa, qui, un vaso ornamentale e, là, uno volgare? » (*Rom.*, 9, 20 sgg.).
« In una grande casa non vi sono soltanto vasi d'oro e
d'argento, ma anche di legno e d'argilla; gli uni per gli
usi più nobili, gli altri per gli usi volgari. E chi si astiene
da tali cose sarà un vaso per usi nobili, santificato, utile
per il padrone » (*2 Tim.*, 2, 20 sg.). Nel nostro testo,
l'« abitazione » è l'uomo e il padrone Dio; vi è (ad esempio Story, Ménard) chi propone – meno bene – di vedere
nell'« abitazione » il « mondo ». Vi sono due classi di uomini, di « vasi », quaggiù: gli uni (gli gnostici) buoni, pieni, dritti, puri, gli altri cattivi (gli ilici) vuoti, rovesciati,
spezzati; gli uni, gli gnostici, restano e sono fonte di gioia
per il Padre; gli altri sono rimossi e spezzati. L'errore manifesta la vuotaggine e nullità degli uni mentre gli gnostici abbracciano la verità (= « la bocca del Padre »). Questo
è il grande giudizio (κρίσις).

26: *la spada*] L'immagine della « spada » è strettamente
collegata con i testi biblici, ad esempio: « La parola di Dio
è viva, efficace, tagliente più di ogni spada a doppio taglio; penetra fino al punto di divisione dell'anima e dello
spirito » (*Ebr.*, 4, 12); « Così parla colui che ha la spada
appuntita a doppio taglio » (*Apoc.*, 2, 12); « combatterò
contro costoro con la spada della mia bocca » (*ibidem*, 2,
16). Strumento del giudizio è il Logos il quale è nel cuore
degli eletti, ma non è un semplice suono che può essere
pronunciato; egli diventò un « corpo » (σῶμα): non vi è
dubbio che l'autore si riferisce all'incarnazione (26, 8).

26, 10: *Tutti gli spazi*] Dalla riga 18 alla 27 sono descritti
gli effetti del giudizio del Logos sull'errore (πλάνη) e i suoi
adepti. Dalla riga 28 a 27, 10 al « trambusto » precedente
è contrapposta l'apparizione del Logos tra gli gnostici; la
conclusione è: chi ama la verità riceverà lo Spirito, e si
unirà al Padre. La sezione ricollega il giudizio divino al-
l'apparizione di Gesù « in carne », a partire dalla quale si
manifesta la divisione tra gli uomini – eletti e non eletti;
il suo avvento è presentato come l'avvento della gnosi e
della verità.

27, 10: *Essi conobbero*] Il Padre dà la forma e il nome agli

eletti: 27, 11 - 28, 24. La sezione è interamente retta sul
filo del pensiero ebraico ove il « nome » indica « l'essere »
di una persona. L'unico essere che realmente esiste è il Padre, il « grande tutto », dal quale tutto emana e al quale
tutto fa ritorno: è il concetto di un Dio cosmico, inteso in
senso gnostico di « Grande mente » (νοῦς); l'autore è im-
pegnato a esporre come gli esseri (gli eoni) pervengano al-
l'esistenza e alla conoscenza del loro principio al quale
ritorneranno. La sezione è particolarmente limpida.

uomo perfetto] Non è detto del Padre: l'espressione si incontra ancora nel *VangMar.*, 18, 16, nel *VangFil.*, 60, 20,
nell'*ApocrGv.*, II, 2, 20.24; 8, 32 (L. Moraldi, *Testi gnostici*, cit., p. 126) e nel *TrattTrip.* (123, 5 sgg.) ove verosimilmente designa il Salvatore salvato: « l'uomo perfetto ricevette subito la conoscenza per ritornare sollecitamente alla
sua unità, al luogo donde venne, per ritornare con gioia al
luogo donde venne, al luogo dal quale discese ». Vedi anche « l'uomo immortale » in *Eugnosto il Beato*, 76, 14 sgg.;
SophJesChr., 93, 13 sgg.; *Testi gnostici*, cit., p. 436.

28: *al contrario*] Cioè diversamente dal Padre che conosce
gli esseri che ha in sé, ben prima che appaiano.

28, 10: *ciò che non ha radice* e *quanto non è mai esistito*] sono espressioni che designano gli ilici, i materiali,
che non ebbero esistenza nel Padre e, quando avranno
esistenza quaggiù, sarà un'esistenza effimera, senza coro-
namento, senza ritorno, senza frutto, perché il loro principio, la loro radice, non esiste nel Padre. « La stirpe ilica
è straniera sotto ogni aspetto in quanto oscurità » (*Tratt
Trip.*, 119, 8 sgg.); « Gli ilici resteranno fino alla fine per
l'annientamento [...]. Come potrebbero ritornare a ciò che
non è fatto per loro? » (*ibidem*, 137, 5 sgg.).

28, 20: *Ho avuto l'esistenza*] Il resto della frase è dubbio:
il testo copto ha qui sei lettere separate da un vuoto che i
curatori e Ménard mantengono, e quindi non traducono,
sostituendole con puntini, mentre MacRae non accenna
alla corruzione del testo e traduce semplicemente « I have
come into being yet he will perish »; nel mio intervento
sul testo ho seguito Schenke, ma tenendo d'occhio soprattutto il *TrattTrip.*

Che cosa vuole] Ignoranza e sogno, gnosi e realtà: 28, 24 - 30, 12. L'autore inizia contrapponendo la confessione di coloro che non hanno radice (« Ho avuto l'esistenza », 28, 20) alla confessione degli gnostici: « Sono come le ombre ». Chi vuole questa confessione è il Cristo (o il Padre). Lo gnostico comprende (« pensi di se stesso ») che il suo essere quaggiù è apparente e illusorio; tutta la sezione è tesa a sottolineare la contrapposizione tra il sogno (cioè la vita regolata nell'ignoranza) e la realtà (cioè la vita regolata dalla gnosi).

28, 30: *Erano talmente*] Da 28, 32 a 29, 5 i verbi all'imperfetto: « erano » ignoranti, « non lo vedevano », « infondeva paura », « agitavano », sottolineano che la condizione descritta una volta era vera, ma è cambiata dopo l'apparizione della gnosi divina; così lo gnostico descrive come vede ora le tenebre nelle quali viveva prima dell'illuminazione. Si può notare l'assenza di ogni confessione di peccati e l'assimilazione delle « opere » ai sogni e alle nullità; il nostro autore manifesta così la diversa concezione di « peccato » e la diversa valutazione delle « opere » del comune cristiano; « neppure le opere contano più », ma solo la gnosi. Sulla metafora della presente sezione – metafora 29, 8-31 e significato 29, 32 - 30, 14 – si può vedere la precisa analisi di C. Story, *op. cit.*, pp. 78-101.

30, 10: *Felice colui*] Questa e la frase successiva si possono considerare sia come conclusione della sezione che precede sia come inizio della seguente. « Felice colui che è ritornato » è lo gnostico. « Felice colui che ha aperto »: sebbene Schenke e Grobel ritengano che il soggetto sia Gesù o il Padre, è più verosimile che sia lo Spirito al quale è assegnata una così gran parte, essendo presentato come colui che « diede i mezzi » (la possibilità) di conoscere la gnosi del Padre e la rivelazione del Figlio; è lui, lo Spirito, dice l'autore, che, quando i pneumatici videro e udirono il Figlio, concesse loro di « gustare » le sue parole, di sentire il profumo, ecc. Il soggetto di « soffiò » è Gesù.

Lo Spirito si affrettò] Gesù e lo Spirito in favore degli gnostici: 30, 13 - 31, 35. Il *VangVer.* dimostra qui di avere un'alta considerazione dell'opera dello Spirito, il che lo avvicina alla dottrina del N.T., e in particolare al quarto Vangelo. Ad esempio: « Quando verrà lui, lo Spirito di verità, vi condurrà in tutta intera la verità [...]. Egli mi glorificherà perché prenderà del mio e ve lo annunzierà » (Gv., 16, 13-14); e ancora: « soffiò su di loro e disse: "Ricevete lo Spirito Santo" » (Gv., 20, 22).

31: *Ma gli ilici*] Gli « ilici » furono estranei all'opera di Gesù diretta primariamente ai pneumatici. L'autore spiega l'estraneità degli ilici motivandola con l'avvento di Gesù in « carne » (σάρξ), cioè con l'incarnazione del Logos, come è più volte asserito nel nostro Vangelo; qui però si rileva che questa « carne » era « incorruttibile » e « irresistibile », poiché nulla di ilico (materiale) – secondo la dottrina gnostica – fu assunto da Gesù, sicché « il suo modo di vivere » (alla lettera nel testo copto), cioè « il suo cammino » nel mondo, fu senza ostacoli, ed egli compì la sua missione. L'autore spiega, con frasi brevi e pregnanti, che l'incarnazione è stata una delle cause per cui Gesù non fu accolto; il tema è ampiamente sviluppato dal *TrattTrip*. (104, 4 - 122, 27). Essi inoltre gli erano « estranei ». Come si vede l'incarnazione non è negata, ma è vista in modo gnostico; non pare quindi che il nostro testo rifletta la posizione criticata dall'apostolo Giovanni là dove scrive: « Ogni spirito che confessa Gesù Cristo venuto in carne è da Dio, ogni spirito che non confessa Gesù non è da Dio » (1 Gv., 4, 2-3); « uscirono nel mondo molti seduttori, i quali non professano la venuta di Gesù Cristo in carne » (2 Gv., 7). Il docetismo di questi testi parrebbe naturale, ma Grobel (*op. cit.*, p. 123) è piuttosto esitante, e giustamente.

31, 10: *Annunziò*] Riguardo al ministero di Gesù (31, 9-20) non sono indicati né tempo né luoghi, ma dal contesto non vi è dubbio che l'autore intenda il ministero terrestre, anche se non ne parla in termini storici e geografici precisi, perché non attiravano la sua attenzione né il suo interesse, espone invece chiaramente gli apporti positivi generali (« luce », « vita », « salvezza », « ragione », ecc.).

31, 20: *Pose termine*] La disfatta dell'errore (31, 21-28) e la menzione dei « lacci » richiamano la prigionia (17, 34 sgg.) che teneva schiavi gli uomini in uno stato miserabile, mentre avevano bisogno di misericordia e di gnosi. Il significato della venuta di Gesù (31, 28-35) è presentato in sintesi come « via », « gnosi », « scoperta », « stabilità », « biancore ».

32: *Egli è il pastore*] Gesù, buon pastore: 32 - 32, 30.
In modo semplice e terso il *VangVer*. riporta la parabola evangelica della pecora smarrita (Mt., 18, 12-14; cfr.
Lc., 15, 3-7) e l'allegoria del buon pastore (Gv., 10, 1-18).
È interessante osservare come i cinque verbi – lasciare,
smarrire, cercare, trovare, rallegrarsi – siano mutuati (nella stessa forma verbale) dal citato testo del Vangelo di Matteo. L'immagine familiare del buon pastore, che porta in
spalla la pecora smarrita e ritrovata, è proprio del Vangelo
di Luca (testo citato).

novantanove] L'interesse dell'autore si accentra sui numeri 99 e 100: dopo il ritrovamento della pecora smarrita, il numero 99 (che indica la « deficienza », ὑστέρημα)
diventa 100, numero che indica la completezza: quello è la
mano sinistra, questo la destra. È stato osservato che è qui
riflesso un antico metodo di contare con la sinistra fino a
99, e con la destra da 100 in su. Cfr. J.-S. Ménard, *op. cit.*,
pp. 148 sgg.; W.C. van Unnik, *The « Gospel of Truth »,
and the New Testament*, in *The Jung Codex*, London,
1955, pp. 96-97, 112-13; H.-I. Marrou, *L'Évangile de Vérité
et la diffusion du comput digital dans l'Antiquité*, in
VigChr., 12, 1958, pp. 98-103. L'interrogativo reale è che
cosa vuole dire il *VangVer*. e si può riassumere così: 1. Il
100 è il segno del Padre; « Questo (cioè il 100) è il segno di
quanto è nella loro (degli gnostici) voce » (lettura alquanto difficile, ma accolta dagli studiosi); solo gli gnostici possono articolare il nome del Padre (così ad esempio Schenke, Ménard, ecc.); il fatto che sia il pastore a cercare la
pecora smarrita, significa che l'uomo da solo non può
giungere alla conoscenza del Padre, e senza l'opera del pastore il Padre non sarebbe conosciuto. 2. La completezza si
trova esclusivamente nel Padre (= mano destra); nella « at-
trazione » della mano destra (32, 12) vi è, forse, una allusione alla forza magnetica del Padre, o di Gesù, sottolineata nel quarto Vangelo: « Nessuno può venire a me se il Padre [...] non lo ha attratto » (Gv., 6, 44 e cfr. 12, 32).

32, 10: *Per la pecora ritrovata*] L'autore intreccia due di-
stinte parabole (Lc., 15, 3-7; Mt., 18, 12-14) e identifica la
pecora smarrita (32, 3-4) con quella caduta nel pozzo (o
nel fosso); di qui il « sabato »: « Chi di voi, se un figlio o
un bue gli cade nel pozzo, non lo tira subito fuori in gior-

no di sabato? » (Lc., 14, 5). Rilievo che attesta non solo
che l'autore conosceva il valore sociale del sabato nel giudaismo, ma l'opera terrena di Gesù operatore di salvezza
anche nel giorno che per gli ebrei era di riposo: la salvezza non fu inoperosa allora, nel giorno della sospensione
del lavoro, ed è necessario che non lo sia neppure adesso.

32, 20: *egli lavorò*] E continua a lavorare anche adesso. Abbiamo qui un'allusione alla guarigione del paralitico nella
piscina di Betzata (Gv., 5, 1 sgg.); in quella occasione i giudei dissero al paralitico guarito: « È sabato, e non ti è lecito
portare via il giaciglio [...]. E perciò i giudei perseguitava-
no Gesù, perché faceva queste cose di sabato » (Gv., 5, 10.
16). Il *VangVer.* è più aderente alle narrazioni evangeliche
della *Lettera di Barnaba* (scritto apocrifo datato alla fine
del I secolo o ai primi decenni del II) che, trattando in
modo cristiano dell'osservanza del sabato, si basa esclusivamente su testi dell'A.T.: « Non mi sono graditi i sabati
di oggi, bensì quello che io ho creato [...]. È questa la ragione per cui celebriamo con gioia l'ottavo giorno, in cui
Gesù è risorto dai morti e dopo essersi manifestato salì ai
cieli » (*Lettera di Barnaba*, XV, 8, 9). Nel suo linguaggio
gnostico il nostro autore si collega, invece, alla tradizione
cristiana: « giorno che viene dall'alto », luce « che non
tramonta » (32, 27-30) sono due espressioni con le quali
è – forse – designato Gesù stesso; nuovo sabato = « salvezza » divina sempre operante e luce perfetta (di parere contrario è Grobel, *op. cit.*, p. 139, nota 372); appresso è detto
(32, 31), in modo molto conseguente, che il « sabato » sono
anche gli gnostici: « Dite [...] questo giorno perfetto ». In
conclusione, la salvezza degli gnostici non può restare inoperosa: devono parlare della luce ricevuta dall'alto, devono dimostrare una certa testimonianza. Dovere, questo, sviluppato nella sezione seguente.

32, 30: *Dite, dunque*] Esortazione agli gnostici: 32, 31 - 33,
32. In queste righe vi è una delle più chiare e complete
designazioni degli gnostici e della testimonianza generale
che da loro si esige. Per due volte (32, 35-36) incontriamo
lo stesso verbo « parlate » all'imperativo, e l'argomento è
sempre: « la verità », « la gnosi ».

33: *Rinforzate*] Le esortazioni particolari si susseguono
(33, 1-32) in vari gruppi con i verbi sempre all'imperativo.

I primi sei imperativi (33, 1-8) sono molto chiari e verosimilmente l'autore si è ispirato al brano evangelico di
Mt., 25, 35-36 anche se i parallelismi sono solo due e la
formulazione è diversa: « Ho avuto fame – mi avete dato da mangiare, ho avuto sete – mi avete dato da bere,
sono stato forestiero – mi avete accolto, nudo – mi avete
vestito, malato – mi avete visitato, in carcere – siete venuti
a trovarmi ». Si osservi tuttavia che nel tratto presente del
VangVer. i termini « infermità », « fame », « sofferenza »,
« svegliare », « dormire », ecc. non sono da intendere fisi-
camente (come è verosimile sia nel testo dell'evangelista
Matteo), ma in senso spirituale: l'interesse degli gnostici
non è rivolto al corpo dell'uomo, ma al suo spirito.

Voi, infatti, siete] Le righe 8-11 non sono di facile comprensione. Forse vogliono dire che lo gnostico aiutando gli
altri irrobustisce se stesso. I curatori del testo (Malinine,
ecc.) traducono: « Car vous êtes la conscience en son plein
jour », ma la motivazione non è nel testo copto, bensì nel-
l'accostamento – non necessario – con il misticismo persia-
no. M. Krause interpreta: « For you are the wisdom which
is (ready) drawn » e lo spiega con una espressione di Till
che paragona la « saggezza » *(wisdom)* a una spada sguainata pronta all'azione *(op. cit.,* p. 64). MacRae *(op. cit.,*
p. 44): « For you are the understanding that is drawn
forth ». Come si vede è uno dei testi copti, per fortuna non
così numerosi, che si prestano a più di un significato.

33, 10: *non curatevi*] Inizia una serie di imperativi negati-
vi (righe 11-23). « A quanto avete vomitato » ricorda il
passo di un analogo contesto della *II Lettera di Pietro* (2,
22): « Il cane tornato al suo vomito ». Con « tarme » e
« vermi » l'autore intende designare i rappresentanti inferiori della materia animata: « luogo del diavolo » è detto
per opposizione a « luoghi divini ».

33, 20: *Non rafforzate*] Il senso non è trasparente: « ostacoli vacillanti » sono dette, verosimilmente, le difficoltà
che si parano continuamente davanti agli gnostici, difficoltà superate, ma sempre da superare; giustamente Grobel *(op. cit.,* p. 145, nota 397) parla di « tesori terreni »
(cfr. anche Ménard, *op. cit.,* pp. 157 sg.). Le difficoltà di
traduzione seguitano ancora per le righe 24-30; l'intenzio-
ne dell'autore è di sottolineare la distinzione tra l'empio e

il giusto, e sintetizza il suo pensiero nelle parole « Voi,
dunque, fate ». Il Dio degli gnostici non è « giusto », bensì « buono e misericordioso », e anche per questo essi sono
contrari all'A.T., opera di un Dio giusto.

33, 30: *Egli ha preso conoscenza*] Il fatto che il Padre conosca la natura dei pneumatici è per questi motivo di riposo, poiché dai loro « frutti » – cioè dalle manifestazioni
esterne donde traspare lo Spirito – attestano « ciò che è vostro » (τὰ ὑμῶν: Ménard, *op. cit.*, p. 128), attestano cioè
chi è il loro Padre.

34: *il suo profumo*] La metafora del profumo è sviluppata
a partire da un noto testo paolino: Dio « ci conduce nel
suo trionfo in Cristo ed effonde per mezzo nostro il profumo della sua conoscenza (τὴν ὀσμὴν τῆς γνώσεως) in ogni
luogo. Poiché noi siamo, per Dio, il buono odore (εὐωδία)
di Cristo tra coloro che si salvano come tra coloro che si
perdono » (*2 Cor.*, 2, 14-15). I pneumatici sono il profumo
del Padre: egli lo manifesta in ogni luogo e – seppure si
mescola con la materia (ὕλη) – da essa si separerà con la
morte, dimostrando la totale supremazia del suo profumo
su ogni cosa materiale (così Grobel e Story spiegano 34, 5-
9). Il profumo del Padre è percepito soltanto per dono dello Spirito (34, 9-12). Nel *TrattTrip.* è detto che « lo Spirito soffia in tutti (gli eoni) suscitando in loro il desiderio
di cercare l'inconoscibile, proprio come una persona che,
attratta da un gradevole odore, cerca donde quel gradevole odore provenga; ma il gradevole odore del Padre è troppo per gli indegni » (71, 2-11). In tutta la metafora del
profumo l'autore ha avuto presente anche la dottrina del
maestro gnostico Basilide, che diffuse il suo insegnamento
in Egitto sotto gli imperatori Adriano (117-138) e Antoni-
no Pio (138-161). Basilide, nel testo riportato da Ippolito
Romano (*Refut.*, VII, 20, 1 - 27, 13), parla di tre « filialità » (υἱότης) emanate dal Dio non esistente (οὐκ ὤν): la
prima ritorna subito alla sua origine, la seconda (= il Cristo pleromatico) è trasferita in alto dallo Spirito e giunge
anch'essa alla sua origine; non così lo Spirito che resta
quaggiù, ma impregnato del profumo della seconda filialità (come un vaso che contenne un prezioso profumo); lo
Spirito resta quaggiù come un elemento mediano tra cielo
e terra al quale tendono, attratti dal profumo, tutti gli

gnostici, la terza filialità; quando tutti rientreranno in lui
(e per tramite suo nel Dio non esistente), sull'universo si
spanderà la grande ignoranza e quaggiù non vi saranno
più tensione, brame, sofferenze, ecc.: nella sua ignoranza
ognuno sarà pago. Vedi L. Moraldi, *Testi gnostici*, cit., pp.
25 sgg. Lo Spirito ritrae l'aroma verso il luogo dal quale
venne (34, 12-18); l'aroma, che è stato dato agli gnostici,
è attratto dal Padre, che lo aveva dato, ed « immerso » nel
suo (34, 13), cioè fa ritorno alla fonte.

34, 20: *in una creatura psichica*] Dalla riga 18 (« in una
creatura » πλάσμα) fino alla riga 27 (« separazione ») l'autore descrive, con una metafora, il destino del profumo del
Padre: l'aroma, che una volta era caldo, nel mondo diventa freddo come la pioggia fresca che scende sulla terra; ma
se sulla terra soffia un alito caldo l'acqua si riscalda, evapora e ritorna nell'atmosfera: l'acqua è il profumo divino
e lo Spirito è l'alito caldo.

cade] Sta per un verbo copto il cui significato rimane
ignoto non essendo attestato altrove.

se spira] Il verbo copto è lo stesso che ho reso in precedenza con « attira » (34, 12), versione più comune, ma qui meno adatta (cfr. il *Dictionary* del Crum, cit., p. 325).

I profumi freddi] La metafora inizia alla riga 28 (« Venne
perciò »); i pensieri sono tre: 1. I profumi freddi sono
dovuti alla separazione dal Padre; il profumo dato al mondo lascia il caldo dell'amore del Padre; 2. Dio abbatte il
muro di separazione (30, 28-29) 3. e fa del freddo l'oggetto della redenzione. Il *VangVer.* sottolinea come l'interesse del Padre nel mondo sia distruggere il muro che lo separa dal suo aroma; e – concludendo, 34, 34 - 35, 6 – identifica la precedente metafora col Vangelo.

Venne perciò la fede] La parola copta per « fede » non è
integra e quindi la restituzione del testo non è uniforme:
ho seguito i curatori (Malinine, ecc.) e Ménard, MacRae,
ecc.; Krause, Schenke e altri preferiscono « Dio ».

34, 30: *Questo è il Logos*] Il pensiero sviluppato in queste
righe (34, 34 - 35, 23) è piuttosto oscuro. Chiaro è lo spirito
di tensione e di attesa che caratterizza gli gnostici, così pure l'esplicita menzione, in poche righe, delle tre virtù teo-

logali: « fede » (πίστις), « amore » (ἀγάπη), « speranza »
(ἐλπίς) (34, 28.31; 35, 3). Su fede e amore, vedi *VangFil.*,
61, 35 - 62, 5. La salvezza è una scoperta che implica viva
attesa e ansiosa speranza; colui che possiede la speranza
del Vangelo assomiglia alla luce perché viene da essa e a
essa è diretto (cfr. Grobel, *op. cit.*, p. 157, nota 456; Story,
op. cit., p. 28).

35, 10: *l'incorruttibile sarebbe venuto*] Nei testi gnostici
ricorre con frequenza il pensiero che la venuta del Logos
quaggiù non poteva essere immaginata dall'uomo quale
fu in realtà. Un trattato, ad esempio, dopo avere escluso
che greci e barbari abbiano individuato una via giusta
(« sono giunti fino alle forze derivanti dalla fantasia e dalla vuota speculazione » *TrattTrip.*, 109, 28 sg.), riconosce un comportamento sostanzialmente diverso nei profeti
ebrei. Tuttavia l'autore scrive: « nessuno di loro, infatti,
seppe donde verrà e da chi sarebbe stato generato. Soltanto di lui era giusto che si parlasse, di lui che stava per nascere e che avrebbe sofferto. Tuttavia ciò che egli era prima, ciò che egli è dall'eternità, l'ingenerato, il Logos impassibile che venne nella carne, questo non passò nella loro mente » (*ibidem*, 113, 29 - 114, 2).

È un mistero] In risposta all'uomo che lo aspetta, il Padre
viene e opera la conversione o penitenza (μετάνοια). Il passo rappresenta verosimilmente uno sguardo veloce a tutto
il contesto precedente; pare che l'autore intenda presentare il concorso di Dio e dell'uomo nella salvezza: questa è
opera di Dio in quanto lui solo può portare riposo a chi è
travagliato, solo lui può sollevare chi è prostrato, solo lui
può operare il ritorno di chi ha deviato; l'uomo, tuttavia,
deve compiere la « scoperta » di colui che viene e di se
stesso, per il quale egli viene.

35, 20: *Per tale motivo*] L'intera sezione 35, 23 - 36, 35 è
dominata dalla metafora dottore-malato. Il Padre nella
sua pienezza può e vuole soccorrere l'uomo nel bisogno:
l'uomo scopre la propria deficienza (28, 26-28), e la pienezza divina si manifesta, riempie la deficienza e lo illumina con la luce della verità. L'« incorruttibilità » è il Padre,
nei confronti del quale l'autore continua qui a usare la
metafora delle righe precedenti a proposito del profumo
freddatosi quaggiù e ridiventato caldo al « soffio » del Pa-

dre (34, 25-26): il soffio divino ha il compito di ricondurre il πνεῦμα errante al Pleroma dove trova riposo (ἀνάπαυσις). L'incorruttibile insegue il peccatore non per punirlo, ma per dargli riposo. Il presente testo e quello di 32, 27 sono i soli, nel *VangVer.*, a menzionare il peccato.

Il perdono] L'autore, dalla illimitatezza del Padre (35, 10-11), fa ora ricorso a una metafora inarticolata per spiegare che cosa egli intende per « perdono »: la metafora è il sole che splende ben oltre il nostro piccolo mondo, e il perdono è « l'eccedenza » dei suoi raggi; così grande è la sua luce, che il perdono rappresenta soltanto una frangia, una eccedenza, della sua luce infinita che brilla nella « deficienza »: tale è la quantità di perdono che è nel Padre; il punto originale della definizione di perdono è la parte sottintesa della metafora: Dio con la sua luce-perdono è all'opera in ogni luogo ove c'è deficienza, ove c'è bisogno, cioè nel mondo materiale; vale a dire si interessa del mondo. In secondo luogo, « perdono » è una parola divina, è il « Logos » (Parola) della pienezza (35, 29). Sulla allegoria del medico e del malato si può vedere l'approfondimento di C. Story, *op. cit.*, pp. 78-101.

35, 30: *Il medico*] Da qui in avanti il pensiero precedente è illustrato dalla metafora del medico (Dio) e del paziente (l'uomo). Si osservi che: il medico « si affretta », « vuole » essere al fianco del paziente, « ha » ciò di cui il paziente abbisogna. In 35, 35 (« Così la deficienza ») - 36, 13 è illustrata la metafora.

36, 20: *Sono i vasi pieni*] Nelle righe 36, 21 sgg. l'autore riprende l'allegoria dei vasi (vedi 25, 28 - 26, 15). Nel nostro Vangelo « Cristo » è menzionato soltanto qui (36, 14) e in 18, 16, altrove è detto sempre « Logos », verosimilmente sotto l'influsso di χρῖσμα « unzione »; nell'*ApocrGv.* si parla dell'unzione del Figlio da parte del Padre nei seguenti termini: « Egli lo unse con la sua bontà, sicché divenne perfetto e non mancò di nulla quanto alla bontà, poiché egli l'aveva unto con la bontà dello Spirito invisibile. Egli si era messo davanti a lui, e aveva versato su di lui un po' del suo Spirito Santo » (II, 6, 25 sgg.). Vedi *VangFil.*, 74, 12-21. I passi del N.T. che parlano dell'unzione pneumatica di Cristo e dei cristiani sono chiarificatori del nostro testo: « Gesù di Nazaret, unto da Dio con lo Spirito Santo e con potenza » (*Atti*, 2, 38); « Colui che ci rende saldi con voi nel Cristo e ci ha dato l'unzione, è Dio » (*1 Cor.*, 2, 21); il terzo testo associa l'unzione con la conoscenza: « Ma voi avete l'unzione del Santo e conoscete tutti [...]. Quanto a voi, l'unzione che riceveste da lui dimora in voi e non avete bisogno che alcuno vi istruisca. E poiché la sua unzione vi istruisce su tutto [...] » (1 Gv., 2, 20-27). È possibile che il *VangVer.* abbia qui presente le cerimonie dell'unzione (presso certe sette gnostiche) nelle quali questa rappresenta il profumo dello Spirito e realizza la redenzione dei pneumatici (su tali cerimonie cfr. Ireneo, *AdvHaer.*, I, 21, 3-4). Vedi *VangFil.*, p. 167.

Poiché in quel momento] Versione e senso sono poco chiari. Ho seguito l'interpretazione di Ménard; « in quel momento », cioè quando fuoriesce l'olio dell'unzione e il vaso si vuota, la coscienza del pneumatico se ne avvede e – in forza di colui « che è con lui », cioè il Padre – attira a sé lo Spirito. Interpretazioni diverse propongono Story (p. 30), Grobel (p. 171, nota 511) e i curatori (p. 20 del *Supplementum*).

36, 30: *Egli conosce le sue sementi*] Le righe 35-39 accennano all'origine degli eoni, cioè dei pneumatici che ne sono il riflesso quaggiù; il Padre li conosce perché sono particelle di se stesso seminate nel Pleroma; esistono perché egli li conosce ed essi conoscono lui (cfr. 19, 32-33). L'equivalenza qui tra « sementi » ed eoni risale a un'antica terminologia basata su sistemi cosmogonici che intendevano esprimere così l'origine celeste dell'anima pneumatica. Ma lo stesso termine copto (come il corrispondente greco, Crum, *op. cit.*, p. 752), può avere anche il senso di « pianta »: e il nostro testo sarebbe allora da avvicinare al *VangFil.*, 85, 29-31 e al passo evangelico: « Ogni pianta che non è stata piantata dal Padre mio celeste sarà sradicata » (Mt., 15, 13).

37: *è la perfezione*] l'autore riprende la dottrina già espressa altrove: il compimento finale avrà luogo quando tutte le « sementi » saranno perfette, e questo avviene soltanto alla fine nel paradiso, che è l'acme della perfezione del suo pensiero.

Ognuna delle] Tutta la sezione 37, 4-18 sviluppa un tema

affascinante esposto sotto altra forma in 22, 27 - 23, 18; gli
gnostici sono le « parole » (λόγοι) del Padre come la Parola
per eccellenza è il Λόγος; questo venne all'esistenza per
primo (37, 8-9.15-16); tutte però esistevano nella profondità del pensiero del Padre, erano oggetto della sua « meditazione » (o riflessione); il « Logos » manifesta « le parole » che sono nel pensiero del Padre: l'uno e gli altri
sono apparsi quando volle il Padre dal quale tutto dipende. Il brano fa anche eco a passi come i due seguenti:
« Quelli che egli (il Padre) conobbe in precedenza, li ha
predestinati a riprodurre l'immagine del Figlio suo affinché sia il primogenito di una moltitudine di fratelli »
(*Rom*., 8, 29); il Padre « ci ha prescelti in lui (nel Cristo),
prima della fondazione del mondo affinché siamo santi,
senza macchia » (*Ef*., 1, 4).

Mentre] Il riferimento è alle « parole ».

37, 20: *Nella volontà*] Dalla riga 20 in poi si è sviluppato
il valore determinante della volontà del Padre, molto sentito nello gnosticismo. Vedi ad esempio: *NatArc*., 87, 22;
88, 10-11; 88, 34; 96, 11-14. Nessuno la può conoscere; solo
da qualche traccia (« orma » o impronta del piede) si può
constatare la sua presenza nel mondo che si protrae dal-
l'inizio alla fine; non comprendendola, può accadere che
non piaccia (37, 31-33). « Lo Spirito è l'orma (ἴχνος) che
guida alla scoperta » del Padre (*TrattTrip*., 73, 4 sgg.).

38: *E questi*] La frase si può anche rendere: « Ora questo è il Padre, colui dal quale venne il principio, colui al
quale ritornerà tutto quello che venne da lui e apparve
(come) gloria e (come) gioia del suo nome ». È uno dei
testi più chiari e interessanti del *VangVer.*: all'inizio gli
uomini vennero dal Padre nel quale già esistevano; la me-
ta consiste nel ritorno a lui per mezzo della redenzione che
si realizza allorché l'uomo riceve la conoscenza (gnosi) di
lui; ed è questa conoscenza che abilita l'uomo a manifesta-
re, qui nel mondo, la gloria e la gioia del suo nome. Grobel (*op. cit.*, p. 177, nota 542) fa giustamente osservare che
il testo 37, 19 - 38, 6 corrisponde a quanto afferma Ireneo a
proposito della volontà di Dio secondo la dottrina gnostica; scrive Ireneo: « Homo etenim a se non videt Deum.
Ille autem volens videtur ab hominibus, a quibus vult, et
quando vult, et quemadmodum vult » (*AdvHaer.*, IV, 20,

5). In merito alla volontà del Padre, l'autore aveva forse presente anche il testo di Paolo: « O abisso della ricchezza, della sapienza, della scienza (γνώσεως) di Dio! Quanto impenetrabili sono i suoi decreti e inesplorabili le sue vie [...]. In realtà tutto viene da lui, tutto accade per opera di lui, tutto tende a lui. A lui gloria » (*Rom.*, 11, 33-36).

Ma il nome del Padre] Le parole iniziali di questa lunga sezione sono riprese alla fine: « diede il nome a colui che promanò dalla profondità »; il Figlio, che è il Logos, porta il nome del Padre, egli stesso è il nome del Padre, la rivelazione del Padre. La sezione è interamente cristologica (cfr. S. Arai, *Die Christologie des Evangelium Veritatis*, Leiden, 1964, pp. 62-73; Ménard, *op. cit.*, pp. 177-84; Grobel, *op. cit.*, pp. 183-86). I principali asserti si possono riassumere così: il nome del Padre è il Figlio (38, 6-7), nome che gli dette quando promanò da lui. « Era se stesso » alla lettera: « egli (il Padre) è lo stesso (il Figlio) » (38, 9-10); il Padre dà il proprio nome al Figlio (38, 11-15); il nome è invisibile: il Figlio può essere visto in quanto venne quaggiù (cfr. 19, 19), ma il suo « nome », cioè la sua « natura », è invisibile, è un mistero, non è oggetto della vista (senso della conoscenza diretta e della contemplazione), ma solo dell'udito, meno preciso della vista; il nome del Figlio è così grande che solo Dio può pronunciarlo (38, 16-27, vedi anche 40, 16-23; e *VangFil.*, 62).

38, 20: *figli del nome*] Sono detti così i pneumatici, gli gnostici; il nome appartiene a una categoria diversa dalle parole e dai titoli perché è invisibile (cfr. 38, 16-21): solo il Padre, che diede il nome al Figlio, lo può vedere (39, 3-9): il nome è il carattere, l'essenza, di una persona, che dà solo Dio, e per il fatto che dà il nome dà l'esistenza (39, 9-20); l'autore distingue due tipi di uomini (39, 11-20): lo gnostico = « colui che esiste » (39, 15) e l'uomo comune = « colui che non esiste » (39, 11).

39, 10: *con l'altro suo nome*] Indica probabilmente un nuovo nome, diverso da quello datogli dai parenti; quale sia con precisione questo nome non si sa; si può pensare a « cristiano » (cfr. *VangFil.*, 62, 31 sgg.), o all'esempio che abbiamo nel colophon del *VangEg.*: « lo ha scritto l'amabile Eugnostos – questo è il mio nome – secondo lo Spirito, Conghessos è il mio nome secondo la carne », che confessa di avere come sue compagne le luci Gesù Cristo Figlio di Dio Salvatore (69, 10 sgg.). Non si può pensare al battesimo dato che il *VangVer.* non contiene alcun riferimento a esso. Speculazioni e meditazioni sul nome erano molto comuni nel giudaismo contemporaneo specialmente a proposito del nome divino, sempre legato al mistero.

39, 30: *Ma certamente*] L'autore apre una parentesi per spiegare che non si può nominare e in verità non si può conoscere il Padre se non per mezzo del Figlio; e formula il suo pensiero sotto forma di domanda che uno pone al suo vicino. Il pensiero è: sono anzitutto i figli che ci fanno conoscere i genitori, dato che da essi hanno ricevuto il nome. Dalla riga 2 in poi il lettore è direttamente invitato a riflettere su che cosa sia realmente il nome.

40: *a prestito*] Verosimilmente il pensiero è: ognuno quaggiù ha un nome, che porta soltanto nello spazio della sua vita (= « a prestito »), mentre il nome ricevuto dal Figlio è perenne. Questo nome che l'autore non riferisce, perché ai suoi lettori è noto, è « Signore »; e qui l'allusione è ben chiara al testo paolino: « Per questo Dio lo ha esaltato e gli ha dato il nome che è al di sopra di ogni nome perché nel nome di Gesù [...] e ogni lingua confessi che Gesù Cristo è "Signore", a gloria di Dio Padre» (*Fil.*, 2, 9-11).

40, 30: *Per questo egli*] La missione di Gesù (40, 30 - 43, 24). Il *VangVer.* inizia col tema di colui che viene quaggiù dal Pleroma per la redenzione di quanti sono nell'ignoranza; ora si conclude con una diffusa descrizione di quel Pleroma e di coloro che vi ritorneranno. Nelle righe 5-12 è descritta in modo singolarmente pregnante l'opera del Figlio; che parla del luogo divino, si affretta a farvi ritorno o a farvi ritornare lo gnostico distogliendolo da « questo luogo nel quale egli si è trovato » : tuttavia, pur tendendo all'altro luogo – il divino –, lo gnostico ha quaggiù una vita da vivere nutrendosi, crescendo e pregustando l'« altro luogo ».

41, 10: *Perciò tutte le emanazioni*] Essendo una particella divina, una « emanazione » del Padre, il pneumatico è detto « Pleroma » (pienezza); il primo luogo di riposo del pneumatico è il « luogo del suo proprio io » (vedi 13) e il suo Pleroma: tutti gli gnostici sono emanazioni (προβολή), hanno la loro « radice » (cfr. 17, 30; 28, 16-23) nella divinità che trasmette loro la propria vita. Negli *ExcerTh.* leggiamo il pensiero di Valentino così espresso: « Mentre l'unità è nel Pleroma, ogni eone ha il proprio Pleroma, la sua coppia (συζυγία) » (32, 1).

41, 20: *suo capo*] Cioè la testa, il capo del Padre; raggiungono il « suo capo » cioè la sua presenza.

41, 30: *baciandolo*] Un « bacio » sigilla l'unione del pneumatico col suo angelo (il suo « io » trascendente). La gnosi è una mistica di identificazione (cfr. Y. Janssens, *L'Évangile selon Philippe*, in « Le Muséon », 81, 1968, pp. 110-19; K. Traede, *Ursprung und Formen des « heiligen Kuss » im frühen Christentum*, in JbAC, 11-12, 1968-69, pp. 124 sgg.). Vedi anche *VangFil.*, 61, 2 sgg.; 63, 34-36. Sul bacio spirituale dei fedeli cfr. *Rom.*, 16, 16; *1 Cor.*, 16, 20; *1 Tess.*, 5, 26; *2 Cor.*, 13, 12. Il nostro testo ha il più immediato riscontro nel *TrattTrip.* (58, 19 sgg.): « tuttavia innumerevoli, illimitate, imperscrutabili sono le procreazioni esistenti che procedettero, come baci, dal Figlio e dal Padre (come baci) a motivo della moltitudine di coloro che si baciano vicendevolmente con un pensiero buono e insaziabile. Questo bacio è uno solo, benché coinvolga molte persone. Esso è la Chiesa che consta di molte persone ».

42: *Ma esse*] Frase difficile e variamente intesa. La mia versione sottolinea la gratuità della gnosi, che è una χάρις data allo gnostico dal Padre, il quale non è né piccolo né severo, cioè non è il Dio dell'A.T. al quale gli gnostici davano questi epiteti. Questo tema della gratuità e del sentimento della propria insufficienza davanti al Padre è molto vivo nello gnosticismo, come dimostra anche il mito di Sofia e il *TrattTrip.*; qui, in un testo interessante, è detto che il Padre procedette per gradi nella creazione degli eoni affinché imparassero che tutto quello che hanno non deriva da loro (*TrattTrip.*, 59, 6 - 74, 18).

42, 10: *non discendono*] Il *VangVer.* termina con uno squarcio aperto sulla vita e il destino dei redenti, cioè degli gnostici (42, 17 - 43, 24). L'autore riconosce la realtà del male e delle sofferenze di quaggiù, ma si spinge oltre questa visione guardando all'al di là: gli gnostici « non discendono nell'Amenti », cioè non è quaggiù il loro luogo (« Amenti » in copto corrisponde a « Inferi », « Ade », ma qui il senso è metaforico).

42, 20: *essi sono nel Padre*] Ricorda i testi giovannei: « io sono nel Padre, e il Padre è in [...]. Credetemi: io sono nel Padre, e il Padre è in me » (Gv., 14, 10-11); « affinché tutti siano uno, come tu, Padre, sei in me e io in te, affinché anch'essi siano uno in noi [...] affinché siano uno come noi siamo uno, io in loro e tu in me » (*ibidem*, 17, 21-23).

42, 30: *la sua anima*] È l'anima del Padre che non subisce alcun « danno » perché ogni gnostico dopo avere preso coscienza di se stesso ritorna alla sua « radice », che è divina; ritorna cioè al Padre che è la sintesi di tutte le disperse particelle di luce, che riunendosi ricostituiscono l'*anima mundi*, il Padre del tutto. Scrive Ménard: « Grazie alla legge gnostica secondo la quale il dentro è il fuori e tutto è Dio, si può affermare che la radice degli eoni è nel Principio e che il Principio è anche la radice degli eoni » (*op. cit.*, p. 190). Il *VangVer.* ha attestato che il bisogno fondamentale dell'uomo è la conoscenza (gnosi) della natura di Dio, che è verità; per sopperire a questo bisogno il *Vang Ver.* è venuto quaggiù dal Pleroma (16, 31-35) introducendosi tra gli uomini con la manifestazione di Gesù Cristo (26, 27-28) per provocare la risposta dello gnostico (26, 28-32); ma secondo il *VangVer.* il destino dello gnostico non è l'Amenti, ma il Padre, dal quale sono assorbiti e assimilati alla verità: gli gnostici sono coscienza (33, 81), sono Pleroma (41, 16), sono figli della gnosi (32, 38), sono la verità (42, 25-26); è verosimile che abbiamo qui un'identificazione del salvato col Salvatore (cfr. anche Grobel, *op. cit.*, p. 107, 199, note 624 e 630).

43: *amore del Padre*] ἀγάπη: l'autore fa eco a: « perché l'amore (ἀγάπη) di Dio è stato riversato nei nostri cuori » (*Rom.*, 5, 5).

43, 10: *Costoro invero*] Il *VangVer.* termina menzionando alcuni tratti fondamentali della vita degli gnostici quaggiù. Essi soltanto vivono realmente: sono testimoni della luce, sono ricolmi della semenza divina che è nel cuore del Padre, danno prova di essere figli degni, perciò lo Spirito del Padre gioisce e dà gloria al Padre che li ama.

IL «VANGELO DI FILIPPO»

INTRODUZIONE

Il testo copto del *Vangelo di Filippo* (= *VangFil.*) fu pubblicato per la prima volta in fotocopie dall'allora direttore del Museo copto del Cairo, Pahor Labib, nel 1956; il libro conteneva, sempre in fotocopia, anche altri due scritti gnostici di Nag Hammadi. Su questa prima edizione, assai imperfetta, lo studioso tedesco Hans-Martin Schenke fece la prima traduzione, aperta – in modo piuttosto generoso – a ipotesi di lavoro e a congetture: fu un'opera pionieristica. La versione era accompagnata da concise annotazioni e fu in seguito ristampata (nel 1960) con alcune modifiche, nel volume edito da Leipoldt. Le versioni che seguirono si basarono tutte sulle stesse tavole pubblicate da P. Labib, anche l'*editio princeps* di Till (del 1963) sul cui testo si sono esercitati tutti gli studiosi per ulteriori emendamenti e osservazioni. Intanto molti dubbi, esitazioni e letture nuove furono confermate o eliminate dalla pubblicazione del testo in facsimile nel 1974.

Il nostro Vangelo è contenuto nel Codice II e, come ho già accennato nell'Introduzione al *VangTom.*, è preceduto dall'*Apocrifo di Giovanni* e dal *Vangelo di Tomaso*, è seguito dalla *Natura degli arconti* e da altri tre scritti gnostici, tutti a noi sconosciuti prima delle scoperte di Nag Hammadi. Il posto che uno scritto occupa nel codice non pare abbia un particolare significato; l'aveva, forse, per l'amanuense copto che eseguì la raccolta, ma a noi sfugge nella grande maggioranza dei casi. Così, ad esempio, nel nostro caso il *VangFil.* ha legami più stretti con l'*Apocr Gv.* che con il *VangTom.*, con la *NatArc.*, con l'*OrM.*, ecc.; ne ha ancora maggiori con scritti gnostici di altri codici, ad esempio col *Trattato sulla risurrezione* (o *Lettera a Regino*) del Codice I, e con *PS*.[1]

Come tutti i codici scoperti a Nag Hammadi, anche il II, che qui ci interessa, ebbe varie denominazioni (Codice X, Codice III, ecc.) e diversi sistemi di paginazione, di citazione, ecc., che crearono molte confusioni: non intaccavano il testo, ma complicavano controlli e rimandi.

Il NHC, II fu descritto dettagliatamente da M. Krause e P. Labib[2] e da S. Giversen.[3] Redatti in lingua copto-sahidica come la stragrande maggioranza degli altri testi di Nag Hammadi, questi papiri del Codice II hanno una scrittura particolarmente chiara e uniforme (anche se priva della grazia del Codice III); ogni pagina ha un numero variabile di righe, da 33 a 37 mentre negli altri codici raramente si giunge alle 30 righe per pagina; purtroppo nessuna pagina è integra: sono tutte lesionate al fondo con squarci più o meno rilevanti che non è facile colmare e il testo si presta sempre, per noi, a diverse ipotesi, ma solo raramente ci lascia perplessi, poiché nel complesso si può ritenere ben conservato.

Il codice è datato intorno agli anni 330-340 con uno scarto piuttosto ridotto secondo il giudizio di alcuni specialisti; la datazione si riferisce soltanto al codice, non ai singoli scritti in esso contenuti per i quali vale soltanto come *terminus ad quem*, cioè come data limite, e lascia il giudizio su di ognuno ai criteri cronologici che gli sono propri. E per il nostro Vangelo una convergenza di osservazioni fa ritenere che sia stato scritto intorno alla seconda metà del II secolo. Indirizzano a questa conclusione la pre-

1. Cfr. L. Moraldi, *Testi gnostici*, cit., pp. 475 sgg.
2. *Die drei Versionen des Apokryphon des Johannes im koptischen Museum zu Alt-Kairo*, Wiesbaden, 1962, pp. 13-17.32 sg., e *Gnostische und hermetische Schriften aus Codex II und Codex VI*, Glückstadt, 1979, pp. xi sgg., 16-36.
3. *Apocryphon Johannis. The Coptic Text of the Apocryphon Johannis in the Nag-Hammadi Codex II, with Translation, Introduction and Commentary*, Köbenhavn, 1963, pp. 19-40. Un buon *excursus* sulla lingua del *VangFil.* è offerto anche da Ménard, *op. cit.*, pp. 7-10.

sentazione dei sacramenti, riti come l'apolytrosis e la camera nuziale (o matrimonio celeste), la distinzione tra apostoli e apostolici (55, 30; 66, 29-30), una buona conoscenza della tradizione sinottica e paolina, ma l'assenza di sicure citazioni neotestamentarie. D'altra parte non si può salire sensibilmente oltre il 200 perché i mutamenti nei due campi – nella Grande Chiesa e nella Gnosi – si fecero più profondi e si irrigidirono. Quando nel II sec. (al più tardi) il valentinianesimo raggiunse la Siria occidentale trovò un terreno preparato, come si constata dalle così dette *Odi di Salomone* (opera cristiana siriaca scritta intorno al 100-120). L'ambiente geografico, spirituale e linguistico nel quale il *VangFil.* dimostra di essere inserito (vedi Bibliografia) è il siriaco occidentale. Anche la familiarità con l'ambiente ebraico depone in questo senso, come già le *Odi di Salomone*. La storia del cristianesimo in questa regione ebbe aspetti inconfondibili che in larga misura traspaiono anche dal valentinianesimo del nostro Vangelo che è una testimonianza antichissima del messaggio cristiano in quella regione e dell'accoglienza favorevole che ebbe in Egitto, almeno in certi ambienti, come d'altronde testimoniano le *Odi di Salomone* attestate dall'opera gnostica *PS.*

Già nella prima edizione della sua versione H.-M. Schenke considerò il *VangFil.* un florilegio e lo suddivise in 127 sentenze, dando inizio a una presentazione del testo che si è tramandata fino ai nostri giorni: per motivi di volta in volta diversi tutti i traduttori da Wilson a Till a Ménard seguono questa divisione, facendola propria con leggeri ritocchi. Per quanto mi riguarda riconosco che la divisione ha motivazioni pratiche, e corrisponde – in parte – al genere letterario di questo Vangelo perché è tutt'altro che facile tracciare uno schema del suo contenuto, tuttavia ritengo che essa snaturi la presentazione del testo poiché ne sottolinea eccessivamente e indebitamente l'aspetto letterario rilevandone la frammentarietà. La divisione in sentenze numerate, introdotte qui da Schenke, è ben giustificata per il *VangTom.* ove ogni periodo inizia con la stessa espressione che segnala, all'evidenza, un a capo, ma nel *VangFil.* il caso è diverso.

A quanto pare la continuità e lo sviluppo del pensiero nel nostro testo sono segnalati da un duplice artificio: da parole chiave, con un senso gnostico uniforme che collega alcuni periodi, e dalle esposizioni relative ai cinque sacramenti. Tali esposizioni sono proprie del nostro Vangelo e non compaiono in altri testi di Nag Hammadi.

Raramente l'autore elabora fino in fondo il suo pensiero; più sovente enunzia alcuni punti fermi lasciandoli poi alla riflessione del lettore, e facendoli seguire da altri, che li sviluppano lungo nuove direttrici. Adduco alcuni esempi di questi procedimenti a spirale.

L'opposizione iniziale tra il proselito – che non è un vero figlio, ma che certa letteratura ebraica paragonava allo schiavo – e il figlio vero, tale da sempre, sfocia nella contrapposizione tra schiavo e figlio: il primo anela alla libertà, il secondo all'eredità; eredità che si può ricevere da un morto o da un vivo, cioè da un pagano o da un cristiano (51, 29 - 52, 24). Su questo filo sono intessute alcune riflessioni nient'affatto secondarie.

C'è in terra un periodo di semina, l'inverno, e uno di raccolta, l'estate: chi a tempo debito non raccoglie è perché non ha seminato. Se il Cristo è venuto per la redenzione di buoni e cattivi, è tuttavia dall'inizio del mondo che opera per liberare dai briganti la « sua anima » perché qui buoni e cattivi sono mescolati. Anche i nomi non sono sinceri e inducono in errore perché ebbero origine dagli arconti: uno solo è il nome superiore a tutti gli altri, il nome del Figlio; tutti gli altri sono veri e falsi, buoni e cattivi (52, 25 - 54, 31).

Ma qual è la situazione dell'uomo? Forze nemiche gli sono contrarie e lottano per asservirlo; prima del Cristo, l'uomo era senza nutrimento e quindi in balia dei nemici; viveva come gli animali, e gli arconti credevano di averlo in loro potere sebbene non fosse proprio così, perché erano strumenti di una economia superiore, a loro incomprensibile. Venne, dunque, il Cristo da Maria – nuova Eva – e da Giuseppe: lo Spirito Santo intervenne più tardi (54, 31 - 55, 36).

Da 60, 34 (« Colui che è stato creato ») fino a 61, 35 (« diventerai quello che tu vedi ») il lungo tratto è per intero dedicato alla nobiltà dell'uomo: generato, formato e « caduto » o sviato profondamente; ma la divinità possiede i veri colori che gli restituiranno la sua immagine autentica e lo associeranno alle realtà superiori: « tu sei

diventato quello che hai visto » (61, 27 sg.). Modo originale di presentare la caduta e la redenzione.

Connesso con questo tratto e in relazione con le righe
precedenti (che cosa è diventato l'uomo) segue una sottile
esposizione del pensiero relativo alla fede e all'amore (61,
36 - 64, 5), al cristiano e all'ebreo, al Cristo del cielo e al
Cristo qui in terra: il cristiano è una perla immersa nel
fango, grande è la potenza del suo nome, è lungi ormai dal
« mangiatore » di uomini, è un vaso ripieno del soffio vi-
tale dello Spirito; non può più essere paragonato all'asino
soggetto all'errore, ma al Cristo, disteso sulla croce, che
crocifigge il mondo. L'opera redentiva del Cristo è simbo-
licamente raffigurata dalla tintoria di Levi: il discepolo
giunge in tal modo alla riscoperta di se stesso con la Maddalena che scoprì la luce che è dentro di sé.

Da 66, 7 (« E ciò avverrà in questo mondo ») fino a 67,
30 (« redenzione, camera nuziale ») è un breve trattato
sulla risurrezione e sul « luogo di mezzo » – ove vanno er-
rabonde le anime di quanti non sono pneumatici: l'autore
sviluppa contemporaneamente il tema della necessità di
risorgere quaggiù per opera delle immagini che sono i sacramenti e giungere così a non essere più un semplice cristiano, « ma un Cristo ».

Fin qui abbiamo una progressiva manifestazione del divenire cristiano dall'ebraismo, nonché i primi accenni ai
comportamenti nel nuovo stato non in quanto esso com-
porti nuovi doveri, bensì in quanto riconduce, per opera
del Cristo, alla conoscenza, o riscoperta, di ciò che si è e si
ignorava: riscoperta di sé e riscoperta degli altri. La via
proposta dall'autore è alquanto tortuosa e abbonda in di-
gressioni; ma ho la sensazione che non siano artifici ricer-
cati, bensì segni dell'irruente abbondanza del suo pensiero.

Un tema esclusivo del *VangFil*. è quello dei « misteri »
o sacramenti. È necessaria subito una chiarificazione. Il
termine che incontriamo è il greco μυστήριον e ricorre dieci
volte (56, 15; 64, 31; 67, 27; 70, 9; 71, 4; 82, 2.6; 84, 20),
al plurale μυστήρια (86, 1). La parola μυστήριον è sempre
usata in relazione alla camera-letto nuziale, al matrimonio, allo sposalizio, all'unione dello sposo con la sposa;
il contesto è sempre lo stesso. Unica eccezione parziale
è la seguente: « Il Signore ha operato tutto in un mistero: battesimo, unzione, eucarestia, redenzione, camera

nuziale » (67, 27 sg.). Un atto cultuale non viene mai
designato con μυστήριον, la parola non è dunque resa cor-
rettamente con « sacramento », sebbene si tratti di una
« versione » corrente; anch'io me ne servirò, mantenendo
però sempre questa riserva. Quando μυστήριον si riferisce
a un atto concreto, questo è sempre contenuto nell'ambito
della camera-letto nuziale, del matrimonio (γάμος), mai
del battesimo, dell'eucarestia, ecc. Battesimo, unzione, eucarestia, redenzione, camera nuziale hanno carattere sacramentale in quanto simboli e figure del segreto, nascosto,
del mondo celeste al quale permettono di partecipare.
« Mistero » nel *VangFil.* non è, dunque, sinonimo di sacramento, ma di qualcosa singolarmente nascosto e non acces-
sibile a tutti. Premessa questa chiarificazione, mi servirò
tuttavia indifferentemente di « mistero » e di « sacramento ».

Gli insegnamenti relativi ai cinque « misteri » sono così
ampiamente disseminati in tutto il Vangelo secondo una
modalità unica tra tutti i testi gnostici di Nag Hammadi,
da formare quasi una rete che racchiude l'intero testo.
Passo brevemente in rassegna i principali brani relativi a
ciascun « mistero ».

« L'acqua viva è un corpo (σῶμα); è necessario che ci ri-
vestiamo dell'uomo vivo. Perciò quando (il battezzando) è
in procinto di discendere nell'acqua, si sveste per rivestirsi
di quello » cioè per rivestirsi « dell'uomo vivo » (75, 21-
25). Come nelle righe precedenti è detto che bere dal calice
eucaristico permette di ricevere « l'uomo perfetto », così
qui la vestizione « dell'uomo perfetto » viene dall'acqua
del battesimo.

« Se uno scende nell'acqua, e ne risale senza avere ricevuto nulla, e dice: "Io sono cristiano": costui si prende a
prestito il Nome. Ma se riceve lo Spirito Santo, costui ha
il Nome come un dono » (64, 22-27). Nel battesimo si rice-
veva il nome e si poteva così pronunciare la grande confessione « io sono cristiano ». Questo nome era un « dono »,
ma per certuni tale dono non c'era, avveniva solo un « prestito » : costoro si confessavano cristiani, ma non lo erano
e quel nome sarà loro revocato. Un'eco di questa proposi-
zione leggiamo in Ireneo: « Se crediamo loro (agli gnostici) noi abbiamo ricevuto la grazia soltanto in uso, e perciò
ci sarà tolta. Ma essi hanno questa grazia in proprietà »

(*AdvHaer.*, I, 6, 4). Solo gli gnostici — a loro dire — ricevono il nome e la sua forza, non gli altri. Ma Sant'Ignazio di Antiochia, nello stesso contesto, avvertiva: « Ci sono uomini che con perversa furbizia portano ovunque il nome, ma si comportano altrimenti e in maniera indegna di Dio » (*Ad Ephes.*, 7, 1).

All'espressione precedente si collega, e la chiarifica, il testo di 67, 20-22: « Non solo è bene che quanti non hanno il nome del Padre e del Figlio e dello Spirito Santo lo ottengano, ma che l'ottengano per se stessi. Se qualcuno non li ha ottenuti per se stesso, sarà privato anche del nome ». Il dono del nome è lo stesso Spirito Santo, cioè la pienezza della divinità che discende sul battezzando e fa di lui un pneumatico, uno gnostico.

Un passo a prima vista insolito è 74, 29-36, purtroppo molto disturbato e alquanto incerto per lo stato in cui ci è giunto il testo: « Non appena il Cristo discese nell'acqua, ne uscì ridendo di tutto, non perché fosse per lui un gioco, ma per l'àssoluto disprezzo che ne aveva. Colui che vuole entrare nel Regno dei cieli, vi giungerà. Se disprezza il tutto (di questo mondo) e lo considera un gioco, ne uscirà ridendo ». Come il battezzando esce dall'acqua così lo gnostico con un sorriso di trionfo esce dal mondo ed entra nel Pleroma (Regno dei cieli); duplice azione dovuta al battesimo che la rende possibile. Si comprende il Cristo, che lo gnostico Basilide addita deridere i crocifissori, i quali credevano portasse la croce mentre non era vero, e che, deridendoli, ritornò a colui che lo aveva mandato (cfr. Ireneo, *AdvHaer.*, I, 24, 3-7).

A questo proposito segue un tratto ove il battesimo non è espressamente nominato, ma proposto con immagini e con un gioco di parole nell'ultima riga: « Dio è un tintore. Come i colori buoni, quelli che diciamo autentici, muoiono con le materie da essi tinte, così è pure della materia tinta da Dio. Ma poiché i suoi colori sono immortali, essi (cioè i "colorati" = i battezzati) diventano immortali grazie ai suoi colori. Ora Dio immerge coloro che immerge nell'acqua » (61, 12-20). Come la stoffa assorbe tutto il colore, così il battezzando assorbe interamente i colori divini vestendosi dello Spirito presente nell'acqua, diventando così pneumatico. Per la completezza dell'immagine, Segelberg suggerisce il battesimo per immersione (*The Baptismal Rite*, in *Studia Patristica*, V, Berlin, 1962,

p. 125; *The Coptic-Gnostic Gospel*, in « Numen », 7, 1960, p. 192).

Nello stesso contesto battesimale abbiamo ancora un testo: « Il Signore entrò nella tintoria di Levi, prese settantadue colori, li gettò nel calderone e li ritrasse tutti bianchi e disse: "Il Figlio dell'uomo è giunto invero come un tintore" » (63, 25-30). Tra esseni, terapeuti, manichei, mandei, cristiani e altri gruppi religiosi il bianco è il colore che simboleggia l'abito celeste, la luce celeste (ad esempio la veste di Gesù trasfigurato e l'abito dell'angelo: Mt., 17, 2; 28, 3); il numero 72 si riferisce verosimilmente alle tradizioni sul numero dei discepoli di Gesù (Lc., 10, 1 sgg.) e aveva già una tradizione nell'ebraismo;[4] Levi sta per « Matteo » e lo leggiamo anche nel *Vangelo di Pietro* (14, 60) e nel *VangMar*. Ma il punto centrale è il riferimento al battesimo, e questo non pare possa essere messo in dubbio dopo il testo sopra citato (61, 12 sgg.). Il passo presenta il battesimo come ciò che muta in celeste quanto è terreno e mondano nell'uomo; esso sveste del passeggero e del molteplice (72 colori) e conferisce l'unica sostanza, la pneumatica cioè, che riconduce all'unità: « Siccome noi stessi – confessano gli gnostici – eravamo in uno stato di divisione (ἐπεὶ δὲ ἡμεῖς ἦμεν οἱ μερισμένοι), per questo Gesù fu battezzato per dividere l'indiviso (l'indivisa acqua del Giordano si divide per il battesimo dei battezzandi), fino a che egli ci unisse agli angeli nel Pleroma; affinché noi – che siamo una moltitudine – diventiamo uno, affinché siamo conglomerati all'Uno che fu diviso per causa nostra » (*ExcerTh.*, 36, 2).

Non è detto che da questo testo del *VangFil.* si possa già attestare l'uso della « veste candida » per i neobattezzati.

Vi sono ancora altri cinque testi nei quali il *VangFil.* parla del battesimo e forse altri ancora nei quali il riferimento non è chiaro (così 66, 16-20 con 73, 1-7; 77, 15 sgg.; 79, 15 sgg.).

Pare che la prima testimonianza di una unzione collegata al battesimo ricorra in Tertulliano: « Exinde egres-

4. W. Bousset, *Hauptprobleme der Gnosis*, Göttingen, 1907, pp. 358-61. Nell'inno nuziale degli *Atti di Tomaso*, straordinariamente vicino al contesto generale del *VangFil.*, leggiamo ad esempio: « I dodici apostoli del Figlio e i settantadue risuonano in lei ».

si de lavacro perungimur benedicta unctione... Caro ablui-
tur ut anima emaculetur, caro ungitur ut anima consacre-
tur, caro signatur ut anima muniatur, caro manus imposi-
tione abumbratur ut anima spiritu illuminetur » (*De
Baptismo*, 7). Ireneo testimonia il rito dell'unzione presso
gli gnostici (*AdvHaer.*, I, 21, 3-5): « Ungono l'iniziato col
balsamo. Questo profumo, dicono, è il profumo sparso sugli eoni » (loc. cit., 5).

Nel *VangFil.* il termine tecnico per l'unzione è il voca-
bolo greco χρῖσμα, mentre per « ungere » il nostro autore
si serve di un corrispondente verbo copto.

« L'unzione è superiore al battesimo. È dall'unzione, infatti, che noi siamo stati chiamati "cristiani", e non dal
battesimo. Anche il Cristo fu chiamato (così) a motivo del-
l'unzione: il Padre unse il Figlio, il Figlio unse gli apostoli,
e gli apostoli unsero noi » (74, 12-18). La consapevolezza di
essere « chiamati cristiani » da Cristo era comune alla fine
del II secolo, tanto presso la grande Chiesa quanto presso
gli gnostici. Scrive Teofilo di Antiochia: « Quanto, poi,
al modo in cui tu ti burli di me, chiamandomi cristiano,
non sai proprio quello che dici [...]. Noi siamo chiamati
cristiani proprio per questo: siamo unti con l'olio di Dio »
(*Ad Antol.*, 12);[5] il *VangFil.* è più chiaro, poiché fa riferimento al Cristo, assente invece nell'apologia greca.

Singolare è la preferenza data all'unzione. Lo gnostico
che riceve il mistero dell'unzione riceve con esso quell'unzione spirituale che, prima di lui, ricevette il Cristo e hanno ricevuto gli apostoli. Per l'unzione del Cristo s'intende
sia quella anteriore al mondo sia quella nelle acque del
Giordano, come attesta il passo 70, 34 - 71, 3. Si tratta di
una unzione spirituale anche per gli apostoli. E tutto spiega l'importanza riconosciutale.

« Ma l'albero della vita è in mezzo al giardino. Tuttavia
è dall'ulivo che si estrae il crisma, per mezzo del quale si
ha la risurrezione » (73, 15-19). Il testo presenta qualche
difficoltà dovuta, probabilmente, alla versione copta. Che
l'albero della vita fosse un ulivo è attestato da qualche tradizione ebraica e forse è lo stesso « albero della misericordia » il cui olio sarà dato ad Adamo ed Eva alla fine dei
tempi (cfr. R.H. Charles, *The Apocrypha and Pseudepi-
grapha of the Old Testament*, II, pp. 142 sgg.). E qui una

5. Versione a cura di P. Gramiglia, Milano, 1964.

aggiunta cristiana collega la narrazione relativa all'albero della misericordia (l'ulivo) col battesimo di Gesù nel Giordano, e la sua unzione con « l'olio della misericordia che sarà per tutte le generazioni in favore di quanti vorranno rinascere dall'acqua e dallo Spirito » (R.H. Charles, *op. cit.*, p. 144); l'unzione con l'olio di quest'albero ha per effetto di vestire di luce celeste Enoc (*Enoc slavo*, 22, 8 sgg., in Charles, *op. cit.*, p. 443). Questi e altri testi mostrano quanto sia ampio il contesto in cui si situano le parole del *VangFil.* e le motivazioni dell'importanza annessa all'unzione.

Nel passo 78 - 78, 12 l'autore sviluppa ulteriormente il suo pensiero sull'unzione accostandola con insistenza all'amore: « L'amore spirituale è vino e balsamo [...]. Ne gioiscono anche coloro che si mantengono separati, fintanto che gli unti sono presso di loro. Se gli unti con il balsamo cessano (di stare) vicini e si allontanano da loro, costoro, che non sono unti e si mantengono soltanto separati da quelli, rimangono nuovamente nel loro cattivo odore. Al ferito il samaritano diede soltanto vino e olio: non è altro che l'unzione ». Testo da accostare a 77, 26 sg.: « Colui che è divenuto libero per mezzo della conoscenza, per mezzo dell'amore, è schiavo per quanti non hanno ancora potuto innalzarsi verso la libertà ». Nel passo citato il vino non è considerato in quanto bevanda, ma per il suo profumo; l'amore è visto come un fluido profumato che unisce ed è vivificato dall'unzione; « gli unti » sono gli gnostici; la loro presenza in mezzo agli altri, i non cristiani o quelli che non sono veramente tali, è fonte di profumo, del profumo del Padre (cfr. *VangVer.*, 36, 17-20). Nel *VangFil.* gli unti hanno ricevuto, nel mistero dell'unzione, il profumo della conoscenza: olio - unzione - profumo sono sillabe di una stessa parola.

Vi sono ancora tre testi che chiaramente si rifanno all'unzione battesimale e sono tutti e tre da considerare insieme. Le parole-chiave sono acqua - fuoco - luce in relazione al battesimo e all'unzione: 57, 19-28; 67, 2-9; 69, 8-14. Uno dei testi è piuttosto oscuro: « Certo, siamo stati generati nuovamente dallo Spirito Santo, tuttavia siamo generati anche dal Cristo. Ambedue le volte siamo stati unti nello Spirito; e allorché fummo generati siamo stati riuniti » (69, 4-8). In un altro testo « l'unzione » è escatologica: battesimo e unzione sono inscindibili, ambedue conferiscono risurrezione e vita; l'unzione gode delle preferenze dell'autore anche perché olio, unzione, profumo «cristiano» si prestavano alle sue speculazioni meglio dell'acqua del battesimo.

Una domanda che sorge spontanea è se gli gnostici attinsero dalla Grande Chiesa il rito dell'unzione oppure se è la Grande Chiesa che lo introdusse nel rito battesimale a imitazione degli gnostici: ho l'impressione che sia stato un prestito che gli gnostici attinsero dalla Grande Chiesa ovvero che ambedue siano partiti da una tradizione comune sviluppandola poi in maniera indipendente; Lampe,[6] a mio giudizio erroneamente, ritiene che sia un prestito che la Grande Chiesa ha tratto dagli gnostici marcosiani, fondandosi sul testo di Ireneo, *AdvHaer.*, I, 21, 3-5.

Sui riti del battesimo e dell'unzione il *VangFil.* non dice molto: il candidato si sveste, discende nell'acqua, vi si immerge (61, 12 sgg.; 64, 23 sgg.; 74, 27 sgg.; 77, 7 sgg.; 75, 21 sgg.) e in questo momento è immaginabile che su di lui fosse pronunciato il nome del Padre, del Figlio e dello Spirito Santo (64, 23 sgg.; 67, 19 sgg.). Dopo che egli era risalito dall'acqua aveva luogo l'unzione, forse con un segno della croce, e forse la stessa unzione era accompagnata dalla formula trinitaria (cfr. 67, 12 sgg.). Non sono menzionati oggetti cultuali né personale del culto. Un breve e antichissimo rituale del battesimo nella Grande Chiesa si legge nella *Didachè*, cc. 7-8; si può anche vedere Mt., 28, 19 e *Atti*, 2, 38.[7]

Un altro sacramento o mistero è quello della «redenzione» (ἀπολύτρωσις). Il sostantivo copto *sôte* ricorre in tutto cinque volte e quattro si riferiscono a questo mistero (67, 29; 69, 23.26; 70, 34 - 71, 3). Il nome copto corrisponde ai termini greci ἀπολύτρωσις - λύτρωσις - λύτρον - ἀντίλυτρον; il verbo copto corrispondente ricorre per designare l'attività di Cristo che libera i suoi dall'asservimento a questo

6. G.W.H. Lampe, *The Seal of the Spirit. A Study in the Doctrine of Baptism and Confirmation in the New Testament and the Fathers*, London-New York, 1951. Il sacramento dell'unzione è spesso menzionato negli *Atti di Tomaso*.
7. Vedi A. Benoit, *Le Baptême chrétien au second siècle*, Paris, 1953, che dimostra come in tutto questo primo periodo a proposito del battesimo non si parla mai di un «morire» e di un «risorgere», e così è pure nel *VangFil.*, nonostante la diversa concezione di san Paolo.

mondo. « Il battesimo comprende la risurrezione e la redenzione. La redenzione ha luogo nella camera nuziale
(νυμφῶν). Ma la camera nuziale è superiore ad essa (cioè alla redenzione) » (69, 25 sgg.). La redenzione è nel numero
dei cinque misteri (67, 29), verosimilmente amministrata
con l'olio (75, 1) non potendosi qui trattare dell'unzione:
ma di più non si può dire perché il *VangFil.* non va oltre
queste scarne notizie. Ciò può essere dovuto al fatto che
nelle varie correnti gnostiche non c'era un'unica valutazione e, soprattutto, un solo rituale, e l'autore del *VangFil.*
non ha voluto prendere posizione.

Ireneo, che disponeva di fonti a noi ignote, inizia a
parlare della redenzione secondo gli gnostici asserendo:
« La redenzione, dicono, è necessaria a coloro che hanno
ricevuto la gnosi perfetta affinché siano rigenerati nella
potenza che è al di sopra di tutto. Senza di essa è impossibile entrare nel Pleroma, poiché – secondo loro – questa
redenzione fa discendere nella profondità dell'abisso! »
(*AdvHaer.*, I, 21, 2). Il battesimo era visibile e aveva per
fine la remissione dei peccati; la redenzione, invece, fu
operata dal Cristo discendendo su Gesù (al Giordano) per
conseguire la perfezione: il battesimo fu annunziato da
Giovanni Battista, ma la redenzione fu portata dal Cristo
ai fini della perfezione; si riferiva a questa redenzione,
asseriscono certi gnostici, il Cristo allorché disse: « Devo
essere battezzato con un battesimo, e come sono angustiato
fino a che non sia compiuto! » (Lc., 12, 5). Questa è la
redenzione della quale parla espressamente san Paolo, e
fu trasmessa sotto forme rituali diverse. Detto questo, Ireneo inizia a elencare le forme di sua conoscenza: alcuni
predispongono una specie di camera nuziale ove compiono
una mistagogia accompagnata da invocazioni sugli iniziandi; altri accompagnano gli iniziandi all'acqua, li immer-
gono pronunciando la formula: « In nome del Padre sco-
nosciuto di tutte le cose; nella verità, Madre di tutte le cose, in colui che discese su Gesù, nell'unione (εἰς ἕνωσιν) e
redenzione (καὶ ἀπολύτρωσιν) e comunione (καὶ κοινωνίαν)
delle potenze (τῶν Δυνάμεων) » (*AdvHaer.*, I, 21, 3). Altri
proferiscono sugli iniziandi parole ebraiche; altri, ancora,
« proclamano la redenzione (τὴν λύτρωσιν) » come segue;
dicono: « Il nome nascosto a ogni divinità, signoria e verità che ha rivestito Gesù di Nazaret nelle regioni della luce
del Cristo, che vive per mezzo dello Spirito Santo (διὰ

πνεύματος ἁγίου), per la redenzione angelica (εἰς λύτρωσιν ἀγγελικήν), il nome della restaurazione (ὄνομα τὸ τῆς ἀποκαταστάσεως) »; segue una frase incomprensibile che Ireneo traduce: « Io non divido lo Spirito, il cuore e la sovracceleste potenza misericordiosa del Cristo: possa io godere del tuo nome, Salvatore di verità (Σωτὴρ ἀληθείας) ». L'iniziato risponde: « Io sono confermato e riscattato, io riscatto (λυτροῦμαι) la mia anima da questo secolo e da tutto ciò che gli appartiene, nel nome di Jao che ha riscattato la sua anima per la redenzione (εἰς ἀπολύτρωσιν) nel Cristo vivente. Gli assistenti acclamano: "Pace a tutti coloro sui quali riposa questo nome!". Poi ungono l'iniziato col balsamo, il cui profumo, dicono, raffigura il buon odore sparso sugli eoni » (ibidem, 21, 3).

Altri ritengono superfluo condurre gli iniziandi all'acqua; mescolano olio e acqua, pronunciano formule simili a quelle sopra citate, versano il miscuglio sulla testa degli iniziandi e li ungono con balsamo. « Questa, dicono, è la redenzione (τὴν ἀπολύτρωσιν) ». Altri respingono ogni rito ritenendo che un mistero inesprimibile e inconoscibile non possa venire espresso con mezzi visibili e corruttibili: un mistero di realtà irrappresentabile non può venire rappresentato. A loro dire « la redenzione perfetta è la conoscenza della grandezza [...]: dall'ignoranza vennero la caduta e la passione, è dunque dalla gnosi che sarà abolito questo stato di cose derivato dall'ignoranza; perciò la redenzione dell'uomo interiore è la gnosi (ὥστ'εἶναι τὴν γνῶσιν ἀπολύτρωσιν) ». Redenzione non somatica e non psichica, ma pneumatica. Difatti con la gnosi è riscattato l'uomo interiore o pneumatico, e perciò a costoro è sufficiente la conoscenza di ogni cosa: questa è la vera redenzione (ταύτην εἶναι λύτρωσιν ἀληθῆ; ibidem, 21, 4).

Su questa stessa linea si mantiene un altro lungo testo gnostico, il TrattTrip. (NHC, I, 122, 28 - 126, 9).

Altri, infine, vedono nella redenzione un mistero dei morenti, qualcosa di analogo al viatico; si servono di unzioni di olio, di unguenti e di acqua accompagnate da formule, preparando l'iniziando agli incontri con le potenze che egli vedrà lungo il cammino, nell'aldilà (AdvHaer., 21, 5).

Non v'è dubbio sull'esistenza di questo sacramento col quale si voleva concretizzare per ogni gnostico quanto è detto: « Colui che all'inizio fu unto come Figlio, fu nuovamente unto. Colui che fu redento, a sua volta ha redento (gli altri) » (71 sgg.). Dal *VangFil.* si hanno in merito poche notizie, in compenso la sua diffusione e importanza tra gli gnostici è ampiamente testimoniata da Ireneo, il quale termina il suo elenco delle diverse pratiche gnostiche sulla redenzione con le parole: « Questi sono i dati che abbiamo potuto raccogliere sulla loro redenzione. Ma gli uni differiscono dagli altri nei loro insegnamenti e nelle loro tradizioni; gli ultimi arrivati si industriano di trovare ogni giorno del nuovo e di produrre frutti che nessuno aveva ancora mai immaginato. Sicché è malagevole descrivere in modo esauriente le loro dottrine » (*AdvHaer.*, I, 21, 5).

Il grande mistero del *VangFil.* è il matrimonio sacro (ἱερὸς γάμος) che comprende una terminologia e riti caratteristici dei valentiniani, cioè degli gnostici seguaci di Valentino (vedi p. 120). Si incontrano spesso i termini παστός « camera (letto) nuziale » (69, 1; 69, 37; 70, 18.19.22.33; 71, 7.10); νυμφών « camera nuziale » (65, 11; 67, 5; 67, 30; 69, 25.27.37; 72, 21.22; 74, 22; 75, 29; 76, 5-6; 82, 17.18.24; 86, 5); κοιτών « camera nuziale » (82, 13-14; 85, 22; 85, 33); νύμφη « fidanzata-sposa » (82, 24.25; 71, 11; 65, 11); νυμφίος « fidanzato-sposo » (65, 10; 71, 11; 82, 16; 82, 23.25) e, naturalmente, γάμος « matrimonio » (64, 31.35; 72, 22; 82, 3.4. 10; 85, 34; 86, 3.4.11). Così i termini per la designazione di questo matrimonio sono tre παστός - νυμφών - κοιτών, ma il sacramento in quanto tale è designato soltanto con i primi due termini, mai con l'ultimo; il termine γάμος è usato per il matrimonio celeste e anche per quello « carnale », ma mai per designare questo mistero: l'espressione ἱερὸς γάμος e così pure πνευματικὸς γάμος non si leggono nel *VangFil.*

Rispetto al numero di testi che parlano di questo sacramento, i passi nei quali il riferimento è precisamente al sacramento non sono sempre sicuri.

Negli *Atti di Tomaso* che valorizzano molto questo mistero, si legge ad esempio: « Splendente è la sua camera nuziale, e piena di dolci effluvi di salvezza. Al centro è pronto un incensiere, amore, fede e speranza allietano ogni cosa, al suo interno è la verità in umiltà: la verità adorna le sue porte ». Questo testo siriaco vede la camera nuziale nel battistero, mentre il corrispondente testo greco intende per « camera nuziale » quella celeste, modificando sensibilmente il senso del passo.[8]

Comunque sia questo dogma degli gnostici valentiniani necessita per noi di qualche chiarificazione. Nell'ambito della storia delle religioni incontriamo il matrimonio sacro (ἱερὸς γάμος) in tutte le religioni del Vicino Oriente antico.[9] Esempi chiari nell'ambito di queste nostre ricerche non mancano. Così l'« Inno alla Chiesa » o alla sposa degli *Atti di Tomaso* (cc. 6-7), e le parole dell'apostolo ai neosposi (cc. 11-12); la leggenda di Simone Mago ed Elena presentata da Ireneo (*AdvHaer.*, I, 23, 1-4); i racconti di Epifanio su pratiche oscene degeneranti di simoniani, nicolaiti, ecc. Donde questa antica pratica abbia avuto origine è questione assai discussa; ultimamente si tentò di trovare uno sfondo nell'Antico e nel Nuovo Testamento puntando soprattutto su Os., cc. 1-3 e su *Efes.*, 5, 32, ma non mi pare verosimile, perché nel *VangFil.* come in tutto il pensiero degli gnostici valentiniani non si tratta di semplici accenni, bensì di una direttrice fondamentale. Eccone i tratti essenziali, necessari per la presente ricerca.[10]

La divinità assolutamente trascendente si presenta a noi come una pienezza (o, con termine paolino, come πλήρωμα) detta principio, prepadre, abisso; insieme al Dio supremo c'era il pensiero (ἔννοια), la grazia (χάρις), il silenzio (σιγή), dunque la sua controparte femminile (tali sono in greco questi tre termini). Si susseguono coppie ordinate secondo una gerarchia decrescente, che costituiscono anzitutto la prima grande ogdoade ove l'ultima coppia è uomo (ἄνθρωπος)-Chiesa (ἐκκλησία) emanati da Logos-vita; da uomo e Chiesa emanano altri dodici eoni, puri riflessi dell'assoluto, congiunti gli uni con gli altri in una grande unità luminosa. Questa pienezza, che forma l'oceano divino, al termine delle emanazioni consta di trenta eoni, l'ul-

8. Vedi L. Moraldi, *Apocrifi*, cit., II, p. 1248. Un veloce sguardo sul matrimonio sacro nell'ambiente del N.T. è offerto da H. Schlier, *Lettera agli Efesini*, edizione italiana a cura di O. Soffritti, Brescia, 1965, pp. 225-46.
9. W. Bousset, *Hauptprobleme der Gnosis*, cit., pp. 68-74; 261-73; 315-18; F. Wisse, *Die Sextus-Sprüche und das Problem der gnostischen Ethik*, in Böhlig-Wisse, *Zum Hellenismus in den Schriften von N.H.*, in « Orientforsch. », VI, 2, 1975, pp. 55-86; e *The Nag Hammadi Library and the Heresiologists*, in VigChr, 25, 1971, pp. 205-23.
10. Per un'esposizione più estesa, vedi L. Moraldi, *Testi gnostici*, cit., pp. 38 sgg.

timo dei quali è Sofia. Le coppie maschio-femmina rappresentano una allegoria nella quale l'elemento femminile esprime una qualità inerente all'elemento maschile, e viceversa, onde risulta un unico essere allegoricamente bisessuato. Il Pleroma è chiuso dal limite (ὅρος) detto pure croce (σταυρός).

Sofia, ultimo degli eoni, volle comprendere l'abisso incomprensibile, sorsero dunque in lei passione e perturbazione: donde si ebbe un raddoppiamento, e accanto ad Achamot sorse Echmot (vedi 60, 10 sgg. e nota) o, secondo altri gnostici, Sofia fu scacciata dal Pleroma. È da Sofia che ha origine il nostro mondo, quindi il male, a cominciare dal demiurgo. Per ristabilire la situazione, cioè l'unità originaria, per volere del Padre, intermediario il Figlio, ebbe luogo una nuova emissione: quella del Cristo dall'alto, in coppia con lo Spirito Santo (entità femminile, vedi appresso nota a p. 187), che ristabilisce l'equilibrio nel Pleroma insegnando la gnosi.

Gli eoni restituiti all'armonia mettono in comune il fiore della loro sostanza e producono il « frutto del Pleroma », cioè il Salvatore che concentra in sé tutte le potenze divine, ed è detto indifferentemente: Logos, Figlio, Monogenito, Vita, Verità, Uomo, Figlio dell'uomo, Chiesa, Cristo, Spirito; il suo nome è Salvatore, ma anche Gesù dall'alto.

Da Sofia, tramite il demiurgo, hanno origine tre nature che sono la concretizzazione dei tre stati d'animo esperiti da Sofia (ribellione, sofferenza, conversione): « l'irrazionale (o "ilica"), alla quale appartiene Caino; la ragionevole e giusta (o "psichica"), alla quale appartiene Abele; la pneumatica, alla quale appartiene Set » (*ExcerTh.*, 54, 1). Per la prima non vi è salvezza, la seconda ha facoltà di perdersi con la prima o di avere una sorte mediana; l'unica a salvarsi è la pneumatica: « molti sono gli ilici, piccolo è il numero degli psichici, rari sono i pneumatici » (*ibidem*, 56, 2-3). La via della salvezza consiste nel raccogliere tutti i semi divini sparsi da Sofia tramite il demiurgo. Il Salvatore discende in mezzo a noi per raccogliere tutti questi semi divini, circondato da angeli della sua stessa natura, cioè maschi, perché il ritorno dei semi pneumatici nel Pleroma, dal quale uscirono con Sofia, si realizza soltanto in coppia come era da principio nello stesso Pleroma. Ora a ogni seme corrisponde un angelo: i semi sono femmine, gli angeli sono maschi. I valentiniani « chiamano maschi gli elementi angelici (τὰ ἀγγελικά) e le femmine sono essi stessi (τὰ θηλυκὰ δὲ ἑαυτούς) seme superiore (τὸ διαφέρον σπέρμα). Come nel caso di Adamo l'elemento maschile restò in lui, mentre tutto il seme femminile, tratto da lui, è diventato Eva, dalla quale derivano tutti gli esseri femminili, come da Adamo derivano i maschili. Gli elementi maschili si sono concentrati col Logos. Gli elementi femminili si sono mutati in uomini, si uniscono agli angeli ed entrano nel Pleroma. È per questo che si dice "la femmina si cambia in uomo" e la Chiesa di quaggiù in angeli [...]. Noi siamo morti, noi che l'esistenza di quaggiù ha introdotto in uno stato di morte. Ma i maschi sono vivi: essi non partecipano all'esistenza di quaggiù » (ibidem, 21, 1 - 22, 3). Gli angeli usciti dal Pleroma col Salvatore sono giunti quaggiù « per raddrizzare la semente » (εἰς δεόθωσιν τοῦ σπέρματος): sono parte degli gnostici; « pregano e invocano aiuto, essendo trattenuti quaggiù a causa nostra, mentre sono spinti a rientrare; domandano per noi la remissione affinché entriamo con loro. Si può quasi dire che essi hanno bisogno di noi per entrare, poiché senza di noi non possono [...]. Gli angeli sono stati emessi nell'unità, sono uno, in quanto emessi dall'Uno ». Il Salvatore è venuto per unirci agli angeli; affinché noi, la moltitudine, noi tutti, divenuti uno, siamo uniti all'Uno (ἵνα ἡμεῖς οἱ πολλοί, ἓν γενόμενοι, οἱ πάντες τῷ ἑνί; ibidem, 35, 1 - 36, 2).

Ho creduto opportuno fare queste lunghe citazioni per delineare l'ideologia dominante nello gnosticismo valentiniano che segna così chiaramente il nostro Vangelo: in questo singolare matrimonio esso vede il più eccellente dei sacramenti e vi ritorna spesso, tanto che sarebbe troppo lungo citarne i passi in extenso. È vero, però, che la maggioranza dei passi non si riferisce al mistero operato quaggiù, ma al prototipo che è nel Pleroma, e noi non sappiamo con certezza come gli gnostici del VangFil. operassero ritualmente l'anticipazione dell'unità escatologica di ognuno col suo angelo: sappiamo che tale anticipazione cultuale c'era.

« Se la donna non si fosse separata dall'uomo, non sarebbe morta con l'uomo: all'origine della morte ci fu la sua separazione. Perciò il Cristo è venuto a porre riparo alla separazione che ebbe inizio fin dal principio, e a unire nuovamente i due, a vivificare coloro che erano morti a

motivo della separazione » (70, 10-12). « Nei giorni in cui
Eva si trovava in Adamo, la morte non c'era; la morte sopravvenne allorché Eva fu separata da lui. Se rientra in
lui, e se egli la prende in sé, la morte non ci sarà più »
(68, 22-26).

Come si è visto sopra, il dogma fondamentale dell'autore, quello che è anche alla base del presente mistero, è
l'unione che, usando un'approssimazione, è detta del maschio e della femmina, ricostituzione dell'unione primordiale interrotta dalla separazione: e da questo punto di
vista è presentata tutta l'opera del Cristo.

« Dall'alto » (il Cristo e gli angeli) sono scesi per rendere possibile l'unità (85, 5-13); il Cristo è venuto per rendere possibile l'apocatastasi (67, 18), per liberare, riscattare, salvare e fare suoi quelli che gli erano estranei (53, 3-4),
per eliminare la molteplicità dei colori e unire tutti sotto
il bianco (63, 25 sgg.), « per unire i due » (70, 13 sgg.); per
questo anch'egli, come Adamo, nacque da una vergine in-
contaminata (21, 16-19; 55, 27-33); egli « lasciò il letto nuziale » nel Pleroma per raddrizzare la via del ritorno al-
l'unità a tutti i suoi, che sono nel mondo dell'ignoranza e
dell'errore (71, 7-15; cfr. 84, 6-7). La via è spianata, ma
l'unità ultima è ancora attesa: « Coloro che sono separati saranno uniti e ricolmi. Tutti coloro che entreranno
nella camera nuziale accenderanno la luce », luce che
non avrà tramonto (85, 31 sgg.). È un matrimonio che non
ha nulla a che vedere col matrimonio carnale, che « non
appartiene alla passione (ἐπιϑυμία), ma alla volontà. Non
appartiene alle tenebre [...] ma al giorno e alla luce » (82,
4-10). Gli atti di Andrea e di Tomaso illustrano tutto questo. È un modo di vedere alieno dai nostri abituali schemi
e si riallaccia, in parte, alle parole di Aristofane nel Simposio di Platone (189 d - 192 c) sulla divisione dei sessi e
l'origine dell'amore: ognuna delle due parti (maschio e
femmina) è σύμβολον dell'altro, la metà di una unità divisa
in due che attesta e fa conoscere l'altra metà: « Amore [...]
ricongiunge la natura antica, e si sforza di fare, di due,
uno, e di guarire la natura umana. Ciascuno di noi è quindi un complemento di uomo, in quanto è stato tagliato [...]
da uno in due: ciascuno, dunque, cerca sempre il proprio
complemento » (Simposio, cit., 191 d). È curioso che un
testo rabbinico del VI-VII secolo d.C., dica: « Quando il
Santo [...] creò l'uomo, lo creò ermafrodito [...]. Quando il

Santo [...] creò l'uomo lo creò bifronte, lo segò e ne risultarono due schiene » (Bereshit Rabba, introduzione e note di A. Ravenna, a cura di T. Federici, Torino, 1978,
p. 70). Vedi VangTom., 51, 10 e nota.

Termino con un testo che esprime complessivamente
tutto il mistero del matrimonio secondo il nostro Vangelo: « La verità non è venuta nuda in questo mondo, ma
in simboli e immagini (εἰκών). Non la si può afferrare in
altro modo. Vi è una rigenerazione, e un'immagine di
(questa) rigenerazione. Bisogna veramente rinascere per
mezzo dell'immagine (εἰκών). Che cos'è la risurrezione?
L'immagine deve risorgere per mezzo dell'immagine. Lo
sposo e l'immagine penetrano nella verità per mezzo del-
l'immagine. Questa è l'apocatastasi » (67, 10-18). Non si
ristabilisce l'unità col battesimo, ma col sacramento del
matrimonio; per questo tramite, infatti, si riceve « in immagine » il proprio angelo come sposo; è, questa, un'immagine della rinascita o della risurrezione.

È dato sapere qualcosa sul rituale di questo sacramento?
Da due testi. Partendo da due testi, purtroppo molto di-
sturbati, e dal passo di Ireneo (AdvHaer., 13, 2-3), H. M.
Schenke propose di vedere nel bacio il principale atto rituale di questo sacramento.[11] I testi sono: 58, 33 - 59, 6:
« il perfetto concepisce e genera per mezzo di un bacio »;
e 63, 30 - 64, 5: « il Signore amava Maria (Maddalena) [...]
e spesso la baciava sulla bocca ». Nel VangFil. non vi sono
testi che attribuiscono all'unione sessuale valore sacramentale. Questo significa che l'unione dello gnostico col suo
angelo, realizzantesi nel matrimonio, non poteva compor-
tare alcun atto sessuale? In genere si pensa di no. L'apice
del rito sarebbe stato un bacio dell'officiante all'iniziando
(o al fedele). Certo il passo citato di Ireneo ci porta molto
oltre, ma è pressoché certo che si tratta di una esagerazio-
ne degli gnostici marcosiani.

« Sul sacramento dell'eucarestia nelle sette gnostiche
non c'è molto da dire. In generale sembra che i circoli
gnostici l'abbiano tenuta in scarsa considerazione. Una ce-

---

11. H. M. Schenke, Das Evangelium nach Philippus. Ein Evangelium
der Valentinianer aus dem Funde von Nag-Hammadi, in Leipoldt-
Schenke, Koptisch-gnostische Schriften, cit., p. 38. Sul « bacio » rituale
vedi L. Moraldi, Testi gnostici, cit., p. 356 nota.

lebrazione che avesse al centro l'idea di κοινωνία τοῦ αἵματος καὶ τοῦ σώματος con il Salvatore dovette apparire alle sette gnostiche, stante il loro fondamentale dualismo ascetico, inutile ».[12] Queste parole di Bousset hanno alquanto perso il loro significato, anche dopo la scoperta dei testi di Nag Hammadi. I riti orgiastici dei quali parla Epifanio[13] non hanno nulla a che fare con l'eucarestia; anche il passo di Ireneo sui marcosiani non porta alcun elemento sul rituale dell'eucarestia e sul pensiero del VangFil. In NHC, XI, troviamo due brevissimi frammenti sull'eucarestia (43, 20-38 e 44, 1-37); pochissime le parole che possiamo leggere: « Ti ringraziamo e celebriamo l'eucarestia... tuo figlio Gesù Cristo... essi compiano la tua volontà per mezzo del nome di Gesù Cristo. Sono perfetti in ogni dono spirituale e in ogni purità. Gloria a te per mezzo di tuo Figlio e tua prole Gesù Cristo ora e sempre. Amen ». Nel secondo frammento si può leggere: « cibo e bevanda... cibo... a noi... nella vita... Chiesa... Quando tu muori in modo puro, tu sarai puro per averlo... ognuno che lo indirizzerà a cibo e bevanda. Gloria a te per sempre. Amen ».

Questo stato di cose è particolarmente irritante in quanto i due frammenti hanno un tono valentiniano e farebbero luce sul VangFil. anch'esso valentiniano. Due altri testi di passaggio trattano dell'eucarestia ancora tra gli gnostici valentiniani e sono tramandati da Clemente Alessandrino (ExcerTh., c. 13; e 82, 1). Il primo parla di « pane sopraceleste » (ἐπουράνιος), alimento spirituale che dà vita e conoscenza (γνῶσις), luce degli uomini della Chiesa, e prosegue parafrasando il capitolo 6 del Vangelo di san Giovanni. È qui interessante un'osservazione: riportate le parole del Vangelo di Giovanni, il « pane ch'io darò è la mia carne » (cfr. Gv., 6, 32), il commento è « questa carne che egli dà può essere quella che dà, per mezzo dell'eucarestia, a colui che egli nutre; oppure – meglio – questa carne è il suo corpo che è la Chiesa, pane celeste, assemblea benedetta, senza dubbio in quanto (è) gli eletti » che hanno la stessa sostanza (οὐσία) del Figlio. Il secondo testo parla di

12. W. Bousset, Hauptprobleme der Gnosis, cit., p. 305.
13. Epifanio, Panar., 26, 4-5; 37, 5; vedi anche PS; H. Kraft, Gab es einen Gnostiker Karpokrates?, in « Theolog. Zeitschrift », 8, 1952, pp. 434-43; H.-G. Gaffron, Studien zum koptischen Philippusevangelium unter besonderer Berücksichtigung der Sakramente, Bonn, 1969, pp. 171-174 e p. 356, nota 7; L. Moraldi, op. cit., pp. 94 sgg.

pane e di olio (dell'unzione) e asserisce che sono santificati
« dalla forza (δύναμις) del nome di Dio. Sotto l'aspetto
esteriore – prosegue – sono gli stessi che erano nello stato
antecedente; ma, di fatto, la forza li ha trasformati in una
forza spirituale » (εἰς δύναμιν πνευματικήν).

Se ne ricava l'impressione che questo sacramento del
VangFil. non differisca gran che dalla pratica della Grande Chiesa.

Il termine εὐχαριστία ricorre tre volte: due in senso tecnico sacramentale (63, 21; 67, 29), uno nel senso usuale di
ringraziamento o preghiera di ringraziamento (58, 11); la
stessa ricorrenza si incontra nelle lettere di Ignazio;[14] il
verbo εὐχαριστεῖν si legge una sola volta (75, 17) e designa
la preghiera recitata sul calice. Conforme alla terminologia del suo tempo,[15] il *VangFil.* non parla di « pane e vino », ma di « pane e calice », quest'ultimo contenente una
miscela di vino e acqua.

Nelle notevoli riflessioni che li distinguono, ecco ora i
sei testi più significativi del nostro Vangelo: « Il calice
della preghiera contiene vino e acqua, essendo simbolo
(τύπος) del sangue sul quale si rendono grazie. Esso è ripieno dello Spirito Santo, e appartiene all'uomo totalmente perfetto. Quando ne beviamo, riceviamo l'uomo perfetto » (75, 14-21). Vedi 56, 26 - 57, 7.

« L'uomo santo è perfettamente santo anche nel suo corpo. Infatti, se ha ricevuto il pane lo santificherà, o il calice o qualsiasi altra cosa riceva, egli la purifica. E come
non santificherà anche il corpo? » (77, 2-7). Vedi *Vang
Ver.*, 25, 12-19; *VangTom.*, loghia 7 e 11.

« Perciò egli disse: "Colui che non mangia la mia carne
e beve il mio sangue non avrà in sé la vita". Che cosa significa? La sua carne è il Logos, e il suo sangue è lo Spirito Santo. Colui che ha ricevuto questo ha cibo, bevanda,
e vestito » (57, 3-8).

« Prima della venuta di Cristo, nel mondo non c'era pane. Come nel paradiso – il luogo dove era Adamo – vi erano molte piante per il cibo degli uomini, ma non vi era il
frumento per il cibo dell'uomo; l'uomo si cibava come gli

14. P.Th. Camelot, *Ignace d'Antioche-Polycarpe de Smyrne, Lettres.
Martyre de Polycarpe*, in SC, Paris, 1969, pp. 44 sgg.
15. Cfr. *1 Cor.*, 10, 16; 11, 23-28; *Didachè*, 9, 2-3; Giustino, *Apol.*, I,
65, 3; 66, 3-4; *Dialog.*, 41, 3; 70, 4; *Atti di Tomaso*, 121; 158.

animali. Ma quando venne Cristo, l'uomo perfetto, portò il pane dal cielo, affinché l'uomo si cibasse con il cibo dell'uomo » (55, 6-14). Cibo di Cristo, cibo che fa dell'uomo un uomo. Vedi anche 71, 22-26; 73, 19-27; cfr. *VangTom.*, loghia 56, 80.

« L'eucarestia è Gesù, poiché in siriaco egli è detto Pharisata, cioè "colui che è disteso": Gesù, infatti, venne per crocifiggere il mondo » (63, 21-24).

« In quel giorno, rendendo grazie (alla lettera: nell'eucarestia), disse: "Tu che hai congiunto la luce perfetta con lo Spirito Santo, congiungi con noi gli angeli, (con noi che siamo loro) 'immagini'" » (58, 10-14). Il breve testo presenta nell'eucarestia due coppie: la prima, Cristo-Spirito Santo, simboleggiata – come si è visto – nella carne e nel sangue; la seconda, uomo-angelo, propria del mistero del matrimonio. Il che dimostra fino a qual punto i due sacramenti siano strettamente connessi per la visione gnostica.

Di fronte a questa situazione testuale, penso che non sia giusto additare nel *VangFil.* una raccolta disarticolata di sentenze. Non è certo una esposizione logica e articolata di un tema, perché il testo si presenta troppo frazionato. In esso si trova, come si è visto, una sufficiente, ampia e chiarissima meditazione sui sacramenti, dalla quale si diparte una rete reale, ma sottile, che assicura unità a una grande parte del Vangelo; il resto è formato da piccole unità articolate e organiche, ma la loro connessione, il tema che sviluppano, non è così trasparente, in quanto esse poggiano e si intrecciano almeno su due piani, l'uno di superficie, essoterico, l'altro – gnostico – di non semplice acquisizione, esoterico, ma reale e profondo.

Caratteristica esclusiva del *VangFil.* è l'esposizione dei sacramenti, cinque per il nostro autore, almeno in una corrente dello gnosticismo valentiniano. Non vi è alcun altro testo gnostico che contenga tale esposizione. Senza il presente Vangelo, per quanto concerne i sacramenti, si è costretti a raccogliere gli scarsi e dubbi frammenti pervenuti da altri scritti, e gli stralci tramandatici dai primi scrittori ecclesiastici, i cosiddetti eresiologi, incompleti, parziali e inficiati da visioni di parte, quindi insicuri.

Nel presentare i cinque sacramenti del *VangFil.* avrei potuto approfondire maggiormente l'indagine rilevando

punti di contatto con la prima letteratura cristiana e il
N.T.; ma questo dei sacramenti è un terreno così fecondo,
sfaccettato e pieno di ombre che soltanto un commento
particolare può esaminarlo più a fondo. Questo dico per
ovviare la facile, ma pericolosa, illusione del lettore che
sia tentato di assimilare i sacramenti qui esposti a quelli della dottrina e della prassi odierna nelle Chiese cristiane.

I passi del N.T. citati alla lettera sono pochissimi e molto incerti; anche i detti attribuiti a Gesù e finora ignoti –
i loghia – riportati nel *VangFil*. sono quattro (55, 37 - 56,
3; 59, 26 sg.; 63, 29 sg.; 68, 25 sg.; 74, 25 sg.); molti sono
i passi nei quali è possibile un riferimento a testi del N.T.
mutuati soprattutto dai quattro Vangeli canonici e dalle
epistole di san Paolo: Ménard segnala 48 di questi riferimenti ognuno dei quali ha riscontro anche in più scritti e
qualche volta anche nei libri dell'A.T. L'autore, infatti,
contrariamente ad altri testi gnostici, non mostra alcuna
pregiudiziale verso l'Antico.

L'autore aveva familiarità anche con la letteratura apocrifa del N.T. Tra la letteratura gnostica egli segue, come
già s'è detto, la corrente di Valentino; desta una certa meraviglia l'accostamento che si può rilevare con lo scritto
gnostico *PS* che è certo più tardivo del *VangFil*. Si possono ricostruire accostamenti anche col manicheismo e col
mandeismo (di certo posteriori al nostro Vangelo): per
essi è molto documentato il commento di Ménard che, a
mio avviso, contiene parecchie esagerazioni.

Resta da considerare il motivo per cui questo Vangelo
fu posto sotto il nome dell'apostolo Filippo. Che ci fosse
nell'antichità un Vangelo attribuito a Filippo ha ben poche e tardive attestazioni: Timoteo di Costantinopoli[16] e
lo pseudo-Leonzio di Bisanzio.[17] In ambedue i casi è significativo il fatto che sia menzionato dopo il *VangTom*., come nel Codice II di Nag Hammadi; ma alla menzione non
aggiungono nulla. La più antica menzione di un Vangelo
di Filippo è di Epifanio il quale ne riporta una citazione:
« (Inoltre tra gli gnostici) circola un certo Vangelo sotto
il nome del beato discepolo di Cristo, Filippo, nel quale

16. *De receptione haereticorum*, PG 86, I, 21 C.
17. *De sectis*, PG 86, I, 1213.

si racconta questo. "A me, dice, il Signore ha rivelato di
quali parole debba servirsi l'anima allorché sale in cielo e
in che modo debba rispondere a ognuna delle virtù celesti
(τῶν ἄνω δυνάμεων). Cioè: Io ho conosciuto me stesso, ho
raccolto me stesso da ogni parte e non ho seminato figli
all'arconte (οὐκ ἔσπειρα τέκνα τῷ ἄρχωντι), ma ho estirpato
le sue radici, ho raccolto le sparse membra. Conosco chi sei
tu; poiché appartengo al numero di coloro che sono dal-
l'alto (ἐγὼ γὰρ τῶν ἄνωθέν εἰμι)". Così, dicono, è lasciata libera. Ma se si prova che quell'anima ha generato un figlio,
è trattenuta in basso fino a quando sia riuscita a riprende-
re i suoi fanciulli e riportarli a sé ». Questo Vangelo conteneva dunque le rivelazioni manifestate da Gesù a Filippo (o a qualcun altro), formule rituali per l'ascesa celeste,
per le quali abbiamo il contesto almeno parzialmente nella prima parte del *VangMar.* Ma nel nostro *VangFil.* non
abbiamo nulla di tutto questo. Epifanio, dunque, non si
riferisce a esso.

La letteratura cristiana antica è estremamente povera
di notizie a proposito di Filippo, tuttavia da quanto ci è
pervenuto possiamo trarre alcuni indizi, se non le motivazioni, che indussero a porre questo Vangelo sotto il suo
nome.

Nei Vangeli canonici si parla della sua chiamata e an-
nessione ai Dodici da parte di Gesù (Gv., 1, 43; Lc., 6, 14);
la moltiplicazione dei pani è preceduta, in Giovanni, da
una breve conversazione di Gesù con Filippo (Gv., 6, 5-8);
in occasione delle festività pasquali alcuni greci aderenti
all'ebraismo si rivolsero a lui, Filippo, per poter vedere
Gesù (Gv., 12, 20-23); nei discorsi dell'ultima Cena, Filippo (con Pietro) è l'unico apostolo nominato singolarmente: « Gli disse Filippo: "Mostraci il Padre e ci basta". Rispose Gesù: "Da tanto tempo sono con voi e tu non mi
hai conosciuto, Filippo? Chi ha visto me ha visto il Padre" » (Gv., 14, 8-9).

All'inizio della diffusione del cristianesimo un Filippo
(non certo l'apostolo) ebbe una parte considerevole, tramandata da Luca negli *Atti*: è eletto tra i sette diaconi,
e a questo diacono Filippo Luca riconosce la prima evan-
gelizzazione della Samaria e l'incontro con Simone Mago;
la sua opera fu ratificata, poi, dalla presenza degli apostoli
Giovanni e Pietro (*Atti*, 6, 5-6; 8, 4-14). Altra opera impor-

tante: lo stesso Filippo fu prescelto da un angelo affinché incontrasse l'eunuco etiope in cammino da Gerusalemme a Gaza. Egli lo battezza e poi prosegue il suo apostolato sul litorale palestinese fino a Cesarea (*Atti*, 8, 20-40). Ora, non è detto che il nostro Vangelo gnostico fosse attribuito all'apostolo Filippo: nel manoscritto non vi è nulla di chiaro, a eccezione del titolo che si legge soltanto alla fine. È tuttavia probabile che l'autore pensasse all'apostolo, e per più motivi, oltre a quelli sopra accennati; ma la stessa presentazione del diacono Filippo fatta dagli *Atti* giustificherebbe da sola questa attribuzione.

Nella letteratura apocrifa abbiamo molte notizie sull'apostolo Filippo. Secondo il testo di Abdia, Filippo predicò il Vangelo nella Scizia e morì a Gerapoli; secondo gli atti greci iniziò il suo apostolato ad Atene e proseguì tra i parti; infine in altri testi latini è presente a Cartagine, in Africa, ove lotta con ebrei impenitenti. In un frammento copto (vedi Introduzione al *VangTom.*) si leggono le parole: « In ogni città in cui entrerai a predicare la parola del mio Figlio, o Filippo, avrai la tua croce che cammina con te fino a quando essi crederanno in te. Amen ». Il più curioso ricordo dell'apostolo Filippo è contenuto in un *Transitus* ove è detto che alla morte di Maria, madre di Gesù, fu fatto risorgere insieme con altri apostoli affinché fossero presenti al suo trapasso.[18]

In favore dell'apostolo altri elementi che ci giungono proprio dalla letteratura gnostica. La *Lettera di Pietro a Filippo* scoperta tra gli scritti gnostici di Nag Hammadi (NHC, VIII, 132, 10 - 140, 27): lo scritto è forse da leggere e interpretare nel contesto della notevole attività riconosciuta al diacono dal libro degli *Atti*; il testo inizia dando una notizia singolare su Filippo: « "Pietro, apostolo di Gesù Cristo, al nostro amato fratello e compagno apostolo e ai coapostoli che sono con te, salute! Ti rendo noto, fratello, che da nostro Signore e Salvatore di tutto il mondo, dovremmo radunarci per istruire e predicare la salvezza promessaci dal nostro Signore Gesù Cristo. Ma tu ti sei separato da noi e non ami la nostra conversazione né vuoi conoscere dove abbiamo da recarci per predicare il Vangelo (a tutto il mondo). È, dunque, convenien-

18. Per tutte queste notizie vedi L. Moraldi, *Apocrifi*, cit., II, indice analitico alla voce « Filippo »; il testo citato è a p. 402.

te, fratello che tu ti uniformi agli ordini del nostro Dio
Gesù". Filippo, ricevute queste (righe), le lesse e pieno di
gioia si recò da Pietro » (132, 10 - 133, 11). In seguito non
si parla più di Filippo, ma dell'unione di tutti gli apostoli, dell'apparizione di Gesù risorto e della sua missione;
poi il Risorto sparisce e gli apostoli restano a discutere
sulla « sua » passione, e a loro Pietro rivolge strane parole
di chiaro docetismo: « Fratelli, Gesù è estraneo a questa
sofferenza » (139, 21 sg.). Tra l'altro c'è qui verosimilmente una confusione tra il diacono e l'apostolo; nelle parole « tu ti sei separato » si può vedere un'allusione al-
l'apostolato del diacono descritto da Luca negli *Atti*.

  Non vi è dubbio che si colleghi in qualche modo allo
scritto apocrifo *PS* con il quale il nostro testo ha tanti ri-
scontri. Nella prima parte questo vasto scritto ci presenta
il Risorto circondato dagli apostoli e dalle quattro discepole: Maria, madre di Gesù, Salome, Marta, Maria Maddalena. Ai suoi piedi c'è Filippo, che scrive « tutte le parole che Gesù diceva », ma gli pone anche delle domande
(22, 1-2): egli è dunque l'amanuense dei discorsi rivelatori
del Risorto. Perciò la sua osservazione risentita: « Dopo
che Gesù disse queste parole, Filippo si alzò, depose il libro che aveva in mano – egli, infatti, scrive tutto quello
che Gesù dice e tutto quello che fa – e si precipitò davanti
a lui, dicendo: "Signore, sono dunque solo io colui al quale tu hai dato il compito di avere cura del mondo, regi-
strando tutti i discorsi che pronunceremo e ciò che fare-
mo? Non mi hai concesso di farmi avanti per comunicare
la soluzione dei misteri di Pistis Sofia; eppure più volte ho
sentito ribollire il mio spirito che, sciolto, mi costringeva
energicamente a farmi avanti per comunicare la soluzione
della penitenza di Pistis Sofia! Ma non ho potuto farmi
avanti perché sono lo scrivano di tutti i discorsi" ». Gesù
lo rassicura concedendogli due altri compagni: « Ascolta
Filippo. Tu sei beato, perciò ti voglio parlare. A te, a Tomaso e a Matteo, il primo mistero ha assegnato il compito
di scrivere tutti i discorsi che pronuncerò e farò, e tutte le
cose che voi vedrete. Ma il numero dei discorsi che tu devi
scrivere non è ancora completo: quando sarà completo,
potrai farti avanti e annunziare quello che vorrai. Voi tre,
dunque, dovete registrare tutti i discorsi che dirò e farò,
e tutte le cose che voi vedrete, affinché possiate testimo-
niare ogni cosa concernente il Regno dei cieli » (42, 2-3).

In seguito Gesù si rivolge a Filippo: « Ora fatti avanti tu, Filippo, annunzia la soluzione [...] poi siediti, scrivi tutti i discorsi che pronuncerò, fino a quando sia completato il numero della parte di parole del Regno della luce che devi scrivere » (43, 4). E dopo un intervento di Filippo, Gesù così gli si rivolge: « "Bene, caro Filippo. Ora vieni, siediti e scrivi la tua parte di tutti i discorsi che pronuncerò e farò, e tutte le cose che vedrai". Filippo subito si sedette e prese a scrivere » (44, 1).

L'apostolo Filippo nell'ambiente gnostico di PS a quanto pare era più idoneo dell'omonimo diacono a che gli fosse attribuito un Vangelo.

Anch'egli, come lo gnostico Tolomeo, avrebbe potuto porre fine al suo scritto con le parole: « se a Dio piacerà, più tardi riceverete chiarimenti più precisi [...] quando sarete considerati degni di conoscere la tradizione degli apostoli, tradizione che noi pure abbiamo ricevuto per successione. In quel caso confermeremo la nostra dottrina con tutte le parole del nostro Salvatore (κανονίσαι πάντας τοὺς λόγους τῇ τοῦ σωτῆρος ἡμῶν διδασκαλίᾳ; Lettera a Flora, 7, 9). Testo interessante anche per la metodologia dell'insegnamento gnostico e per la preoccupazione di convalidarlo con la tradizione apostolica che si ricollega al Cristo, sia pure alla loro maniera.

NOTE

Da un ebreo] All'inizio il foglio papiraceo ha un vistoso strappo; il testo è perciò alquanto ipotetico. È comunque singolare la ricostruzione proposta da Kasser: « Un homme hébreu [ne] fabrique [pas "un autre homme"] hébreu "avec un païen; et d'ailleurs, ce qu'il fabrique alors", on l'appelle ainsi "prosélyte"; or un prosélyte "non plus" ne fabrique pas un prosélyte ». Kasser è solito a traduzioni talmente letterali da essere incomprensibili, e a ricostruzioni testuali piuttosto immotivate, pur essendo un paleografo copto e un filologo eccellente. Il pensiero pare sia il seguente. All'ebreo figlio di ebrei è contrapposto un proselito, cioè un pagano convertitosi all'ebraismo. Senza

soffermarsi sulle diverse categorie di proseliti allora diffuse, l'autore si limita a constatare che mentre un ebreo
genera un altro ebreo, non così il proselito: l'ebreo è figlio, il proselito è schïavo. Vedi ad esempio: 52, 21; 64,
5; 64, 25 sgg.; 77, 25 sgg. Dei due gruppi, il primo, dei
proseliti, è di coloro che diventano ciò che non erano e
generano persone che a loro non assomigliano; il secondo
(« certuni esistono »), è di coloro che devono essere sempre ciò che sono e generano persone simili a loro. Vedi
66, 10 sgg.

52: *Quelli che ereditano*] La lingua copta non ha il genere neutro e il testo si può anche leggere così: « ciò che
è morto [...] ciò che è vivo ». Il « morto » è il materiale,
ciò che appartiene a quel mondo; il « vivo » è quanto appartiene alla sfera spirituale della verità e della conoscenza (γνῶσις). Frequente è la contrapposizione tra « morto
e vivo »: vedi 54, 15 sgg.; 58, 15 sgg.; 79, 8 sgg. I valori
autentici sono del mondo superiore; cfr. *VangTom.*, loghia 11, 37, 50, 111. Lo gnostico, essendo « vivo », non
vedrà la morte (76, 15 sgg.; 78, 15 sgg.; 78, 31 sgg.).

52, 20: *Dopo che è venuto*] Con Schenke, de Catanzaro,
Ménard e altri, e contro Till, Wilson, Kasser, separo questa frase dalla precedente; gli altri studiosi l'uniscono alla
precedente e iniziano il periodo da: « il mondo ».

il mondo] Introduce un'espressione poco chiara. È probabile che evochi tre funzioni del Cristo: la creazione e ricostituzione del mondo; la formazione dello spirituale
(« città ornate »); l'allontanamento di ciò che non è ricu-
perabile: (« il morto ») « Allorché l'uomo fu illuminato,
è venuto nel mondo (εἰς τὸν κόσμον) cioè si è messo in ordine (ἐκόσμεσεν) separando da sé le passioni che l'oscura-
vano » (*ExcerTh.*, 41, 4).

orfani] L'immagine dell'orfano esprime l'abbandono del-
l'uomo nella materia: allegoria frequente anche per indicare gli ebrei rispetto ai cristiani gnostici. Lo gnostico
è « figlio della camera nuziale » (74, 22 sgg.; 78, 4 sgg.),
ha il Logos come padre, e lo Spirito come madre (58, 26
sgg.; 59, 28 sgg.; 71, 5 sgg.): il cristiano, come il Cristo,
generato da questi genitori (vedi 73, 3 sgg.), non è come

colui che nacque soltanto dalla donna. Vedi anche 55, 23
sgg.

Perciò conviene] Preghiera è, qui, l'inno di ringraziamento degli gnostici, cioè dei perfetti, di coloro che si sono
rivestiti della luce, e possono quindi pregare (cfr. 76, 17
sgg.); gli imperfetti devono aspettare di venire introdotti
nella camera nuziale per potere contemplare Dio (cfr. 74,
17 sgg.).

52, 30: *Colui che*] Le righe 31-35 sono oscure anche perché il testo è disturbato, quindi insicuro. Ho qui seguìto
de Catanzaro, Wilson, Till, Ménard, Isenberg; ecco ad
esempio come Schenke ricostruisce il testo: « È secondo
(la sua grandezza che qualcosa) produce frutto. Il (frutto) non cresce soltanto (tutti i giorni), ma anche al sabato (la potenza della crescita) non è infruttuosa ».

53: *Il Cristo è venuto*] La descrizione dell'opera salvifica
del Cristo presentata in queste righe non è molto chiara;
sembra che le prime due righe tentino di stabilire una distinzione – forse una progressione – nella salvezza appor-
tata dal Cristo, ma il significato poco chiaro dei verbi non
permette di specificare meglio. Non pare vi sia dubbio
che l'autore proponga una presenza di Cristo (della sua
anima) quaggiù fin dalla fondazione del mondo. Da questo momento ebbe luogo il riscatto: l'autore cioè allude
abbastanza chiaramente alla dottrina del « Salvatore salvato ». Vedi *ApocrGv.*, 30, 12 sgg.; *TrattTrip.*, 122, 28 -
126, 9. Che l'anima, di origine divina, sia quaggiù sper-
duta nella materia, sia straniera, prigioniera, asservita alla materia, è dottrina comune dello gnosticismo. Questa
estraneità dell'uomo nel mondo è espressa con i termini
ἀλλότριος « alieno », ἀλλογενής « di altra stirpe », ξένος
« straniero ». Salvando gli uomini dal loro triste destino,
il Cristo li fa suoi.

come pegno] I pneumatici sono confermati, dal Cristo,
e costituiti pegno o deposito nella sua volontà salvifica.

53, 10: *Luce e tenebre*] La missione del Cristo è universale. Tuttavia quaggiù non esiste il buono o il cattivo allo stato puro. Si vive in una sfera di contrari irriducibili,

in un dualismo; ma, infine, tutto ciò che non appartiene
alla sfera superiore, o spirituale, non sarà distrutto (allo
stato puro non vi è qui nulla), bensì disciolto, assorbito
dallo spirituale. Questa condizione è precisamente descritta nella Regola degli esseni (vedi III, 16 - IV, 26).

53, 20: *indissolvibili ed eterni*] Sono gli gnostici.

I nomi dati] Le ultime righe della p. 53 e le prime della
p. 54 hanno ricevuto interpretazioni diverse a causa delle condizioni imperfette del testo: la mia traduzione è vicina a quella di Wilson e di Isenberg. L'inconoscibilità
di Dio, contrapposta ai nomi materiali, è uno dei temi
centrali dello gnosticismo valentiniano. Le realtà del
mondo superiore non possono essere pronunciate. Il primo gradino per la conoscenza di Dio è la conoscenza di
se stessi: tutti i nomi terreni non sono che l'ombra del
Nome per eccellenza. L'insistenza sul « nome » si riallaccia – senza dubbio – alla dottrina giudaica sul nome (essenza-sostanza) divino impronunciabile. L'identificazione
che qui ha luogo tra il Nome, il Padre e il Figlio si basa
sulla simbologia dell'abito, del rivestimento. Simbologia
che troviamo in molti testi gnostici: « l'abito splendido
che mi ero tolto [...] non appena lo ricevetti, mi parve
che l'abito fosse diventato uno specchio di me stesso [...]
e con esso ricevetti tutto » (*Atti di Tomaso*, « Canto della Perla », cc. 108-13). La mistica ebraica conosceva un rituale per « vestirsi » dell'abito e del nome, e san Paolo scrisse: « Quanti foste battezzati in Cristo, vi rivestiste di Cristo » (*Gal.*, 3, 27); e ancora singolarmente vicino al nostro testo: « per questo (dopo la morte e la risurrezione) Dio lo ha esaltato e gli ha dato un nome che
è al di sopra di ogni nome » (*Fil.*, 2, 9-11). Nell'opera
PS alla vestizione e agli abiti del Risorto sono dedicati i
cc. 2-14. Sul nome del Padre e del Figlio, vedi *VangVer.*,
38, 6 - 40, 29.

54, 20: *In seguito*] Le righe si prestano a letture diverse:
« In seguito, se è loro (agli arconti) concessa la grazia,
saranno condotti ad allontanarsi da ciò che non è buono,
e saranno collocati tra i buoni. Costoro li conoscono »
(così Schenke e Till). Ma è più idonea al contesto la let

tura seguita, di de Catanzaro, Wilson, Ménard e Isenberg. Il senso è: se gli uomini manifestano un certo favore agli arconti, questi tolgono il nome a ciò che per loro non è buono, e lo attribuiscono a ciò che è buono per
loro, e cioè cattivo.

54, 30: *Vi sono forze*] « Forze » o potenze. Correggendo
una sua precedente lettura, Schenke ora legge: « Vi sono
forze che danno all'uomo (un cibo), ma non vogliono
ch'egli ne (mangi), per diventare (i loro padroni). Poiché
se l'uomo mangia (di quel cibo), si compiono i sacrifici.
(Essi ne mangiarono) e offrirono animali alle forze, come
animali. Sono coloro ai quali essi offrono. Li offrirono,
infatti, allorché erano ancora vivi; ma una volta offerti,
morirono. Si offre a Dio l'uomo morto ed egli visse, prima che venisse il Cristo ». Secondo la versione di Krause,
se l'uomo è salvato avranno inizio i sacrifici; ma questa
lettura è contraria a uno dei temi principali del *VangFil.*,
cioè il rifiuto dei sacrifici: il presente è appunto un tratto polemico contro i sacrifici di animali, ai quali gli arconti inducono gli uomini perché vogliono allontanarli
dalla conoscenza di Dio ed essere loro stessi considerati
dèi. Ai sacrifici di animali succedette quello dell'uomo,
cioè del Cristo che morì e rivisse, mentre gli animali che
erano offerti morivano.

55: *non c'era pane*] Allusione al sacramento dell'eucarestia, come in altri due passi: 74, 36 - 75, 4 e 77, 2 sgg. Il
pane dell'eucarestia è cibo per l'uomo. L'autore ha presente il celebre discorso evangelico di Gesù riferito nel
quarto Vangelo: « In verità, in verità vi dico: non è Mosè che vi ha dato il pane dal cielo, ma il Padre mio vi
dà il vero pane dal cielo [...]. Io sono il pane di vita»(Gv.,
6, 32-34). Vedi Introduzione.

55, 10: *Gli arconti*] È un dato comune dello gnosticismo
presentare gli arconti come ignoranti che adempiono, in-
consciamente, le disposizioni di un piano superiore, senza
saperlo. Cfr. *NatArc.*, 87, 22; 88, 34 - 89, 3. L'ignoranza
degli arconti è sottolineata, nei testi gnostici, con particolare riferimento alla loro creazione dell'uomo e alla morte di Gesù; ad esempio il capo degli arconti « soffiò sul
suo viso e l'uomo divenne psichico e rimase a terra per

molti giorni. Ma essi (gli arconti), a motivo della loro im-
potenza, non riuscirono a farlo stare diritto. Come turbini di vento, si ostinarono a soffiare per afferrare quel-
l'immagine che era apparsa loro sulle acque. Non sapevano quale era la sua potenza » (NatArc., 88, 5 sgg.). Perciò spesso la narrazione delle loro azioni si conclude con
le parole: « Ora tutto ciò avvenne in conformità al volere
del Padre » (96, 11-14).

55, 20: La verità] Oppure: « la verità è seminata ovunque; essa esiste fin dall'inizio. Molti vedono allorché è
seminata. Pochi tuttavia la vedono, e la raccolgono ».

C'è chi dice] L'autore respinge l'azione dello Spirito Santo su Maria, presentata dall'evangelista Luca (1, 35), per
due motivi: aveva un marito, Giuseppe (75, 9 sgg.); lo
Spirito Santo, in ebraico, è femminile. Il pensiero del-
l'autore è: il Cristo è anzitutto figlio di Maria e di Giuseppe e quindi nacque psichico; a partire dal momento
del battesimo divenne pneumatico. Vedi 70, 34 - 71, 4.

non fu mai contaminata] Non fu cioè, mai contaminata
da nessuna potenza cattiva, non avvenne in lei quanto è
narrato di Eva nella Genesi e nei testi gnostici (cfr. Apocr
Gv., 22, 32 - 24, 11): le forze (gli arconti) « la contaminarono grandemente. Contaminarono pure il sigillo della sua voce, condannando così se stesse » (NatArc., 89, 29 -
30; cfr. anche OrM., 115, 31 - 116, 25). Testi del genere
fanno da sfondo al nostro passo. L'autore addita inoltre
nella Vergine Maria colei che collabora a ricondurre
tutto nel Cristo. Forse anche per questo fu oggetto di tor-
mento per gli ebrei, cioè per gli apostoli e i loro discepoli,
perché, come la prima vergine Eva, fu un singolare punto di partenza. La formulazione della purezza di Maria
vuole fare eco alla mancanza di purezza nella « prima
madre (che) generò in se stessa ogni seme mescolato e
adatto alla Heimarmene del mondo » (OrM., 117, 20
sgg.).

55, 30: Padre mio che] È il testo di Mt., 16, 17.

56: Portate fuori] La condizione del testo non permette
una versione sicura. La prima parte della frase invita a
estrarre dal materiale ogni elemento spirituale che vi sia

associato per farlo ritornare alla sua origine. La seconda parte («non prendete nulla») trova spiegazione nel mito di Sofia che volle imitare («rubare») l'agire del Padre, e fu causa di ogni male. Cfr. 59, 30 sgg., 60, 10 sgg.; *ApocrGv.*, 9, 25 - 10, 19; *TrattTrip.*, 74, 18. Più semplice è la proposta di altri (ad esempio Ménard) che invitano a leggere: «[Enfants du Royaume vous] entrez dans la maison du Père, mais ne volez».

«*Gesù*» *è un nome*] Vedi 62, 2 sgg.; 63, 21 sgg.

56, 10: *Il Cristo*] «Uomo», «angelo», «mistero», «Padre», cioè il Pleroma che assume in se stesso tutti gli esseri e li porta al Padre (cfr. J. Dupont, *Gnosis*, Louvain-Paris, 1949, p. 420-93; e L. Cerfaux, *Le Christ dans la théologie de saint Paul*, Paris, 1951, p. 315-28); il Cristo che riassume tutto il cosmo, vedi *Ef.*, 1, 10-14; *Col.*, 1, 16-19.

56, 20: *Poiché Dio vive*] Espressione resa in vari modi: «Vive Dieu! celui là ne mourrait pas» (Kasser). «As God lives, he would be (already) dead» (Isenberg). «Come Dio vive, costui non morrà» (Schenke). «As God lives, this one was clay» (Krause). Probabilmente ci troviamo di fronte a un errore dell'amanuense. È chiaro che per l'autore la risurrezione è spirituale, non corporale: vedi 66, 7 sgg.; 67, 15 sgg.; 76, 25 sgg.; 73, 18 sgg.; 74, 19 sgg. Questa idea di risurrezione si dimostrò molto più accettabile dell'altra fin dai primordi del cristianesimo (vedi *Atti*, 17, 32; *1 Cor.*, 15, 12 e *2 Tim.*, 2, 18 ove l'apostolo denuncia due cristiani, Imeneo e Fileto, «che si sono sviati dalla verità, dicendo che la risurrezione è già avvenuta e sovvertono la fede di molti»). Analogo pensiero troviamo nel trattato gnostico *De Resurectione* (o *Lettera a Regino*): «Come disse l'apostolo, noi abbiamo sofferto con lui, e siamo saliti al cielo con lui [...]. Siamo i suoi raggi, e siamo circondati da lui fino al nostro tramonto, cioè (fino alla) nostra morte in questa vita. Da lui siamo attratti in cielo come i raggi dal sole, senza impedimento alcuno. Tale è la risurrezione spirituale (ἀνάστασις πνευματική) che inghiotte lo psichico e il carnale. Se qualcuno non crede a ciò, non c'è modo di convincerlo, poiché – figlio mio – siamo nell'ambito della fede, non della persuasione: colui che è morto risusciterà [...]. Come è grande colui nel quale crediamo, (così) sono immortali coloro che credono. Non perirà il pensiero dei salvati; non perirà lo spirito di coloro che l'hanno conosciuto » (NHC, I, *De Resur.*, 45, 24 - 46, 24).

56, 30: *La carne e il sangue*] Espressione da *1 Cor.*, 15, 50.

57: *Colui che non mangia*] Espressioni derivate rispettivamente da *1 Cor.*, 15, 2 e *Gv.*, 6, 53.

57, 10: *Bisogna risorgere*] L'espressione potrebbe indurre in errore: secondo l'autore, « carne e sangue » di Cristo è il Logos, e lo Spirito è fonte di vita: vedi 68, 30 sgg.; grazie a questa unione lo gnostico ottiene la risurrezione: il Logos e lo Spirito generano il figlio spirituale che ha la « carne » autentica, cioè quella del Logos nel quale tutto è rifatto (57, 28 sgg.; 75, 14 sgg.), giungendo così all'« uomo perfetto ». Per l'autore « carne» (σαρχίον) ha due sensi: la carne materiale, che per lui è un nulla; e la « carne » del Logos, involucro che avvolge il seme pneumatico (spirituale) ed è la vera carne, quella che gli gnostici avranno nella risurrezione. Chi afferma che la « carne » non può risuscitare – sostiene l'autore – sbaglia perché non tiene conto del fatto che si tratta della carne del Logos, carne spirituale. Esiste dunque la risurrezione della carne, ma si tratta della carne spirituale (vedi 68, 31-37), unica autentica (σὰρξ ἀληθινός).

57, 20: *Acqua e fuoco*] Con la « luce » questi due elementi sono sempre menzionati e vi si allude in contesti che si riferiscono a riti sacramentali, volti a conseguire la spoliazione dalla « carne » materiale e la vestizione della « carne » (σαρχίον) di Cristo (67, 2 sgg.; 69, 8 sgg.; 75, 21 sgg.; 76, 22 sgg.; ecc.).

58: *Ma quando, sul monte*] L'autore può riferirsi alla trasfigurazione di Gesù (Mt., 17, 1-8; Mc., 9, 2-13; Lc., 9, 28-36), ma è ugualmente – e forse anche più – probabile che il riferimento sia all'apparizione del Risorto agli apostoli allorché, secondo la letteratura gnostica (e anche secondo una antica tradizione dei primi scrittori cristiani), egli manifestò apertamente la natura della sua persona e la sua missione. Si veda ad esempio *PS*, cc. 1-6; *Apocr*

Gv., 1, 17 - 2, 25; e J. Daniélou, *Les tradictions secrètes des apôtres*, in EranosJb, 32, 1962, pp. 199-215.

58, 10: *congiungi con noi gli angeli*] Secondo gli *Excer-Th.*, gli gnostici sono parte degli angeli (22, 1-7); per questa parte di sé « essi pregano e invocano aiuto, essendo trattenuti quaggiù per causa nostra [...] domandano per noi la remissione dei peccati, affinché possiamo entrare con loro. Si può quasi affermare che essi hanno bisogno di noi per entrare (nel Pleroma) ». Siccome la redenzione ricostituisce l'unità primitiva anche nel sesso, maschio-femmina formeranno un unico essere, asessuato. In questa unità gli angeli sono i « maschi », i pneumatici (gli gnostici) le femmine, *ExcerTh.*, 35, 1 - 4; 36, 1 - 2. La generazione spirituale alla vita soprannaturale è uno dei temi preferiti di questo Vangelo: 71, 23 sgg.; 72, 10 sgg.; 75, 10 sgg.; 75, 25 sgg.; 81, 15 - 30. Su tutto il problema degli angeli e la dottrina delle *syzygie* (coppie), vedi F.-M.-M. Sagnard, *La gnose valentinienne et le témoignage de saint Irénée*, Paris, 1947, pp. 416-25 e 348-55. Vedi pp. 170 sgg.

58, 30: *gridano di quaggiù*] Vedi *Rom.*, 8, 15-16.

dalla bocca] Frase interrotta dalla solita lacuna di fine pagina. Forse, con Krause, si può colmare: « Egli è nutrito dalla bocca. Se il Logos viene da quel luogo, egli nutre ». Sul « bacio » vedi p. 174.

59, 10: *sua compagna*] In greco κοινωνός designa una relazione intima, come κοινωνεῖν - κοινωνία, almeno nel *Vang Fil.* Vedi 61, 10; 63, 33; 65, 3; 78, 18; 78, 30 sg.; 79, 2; 82, 1. Troviamo assieme le tre Marie in un momento molto solenne della vita di Gesù: « Presso la croce di Gesù stavano sua madre, la sorella di lei, Maria di Cleofa, e Maria di Magdala » (Gv., 19, 25; cfr. anche Mt., 27, 55-56; Mc., 15, 40-41). Vedi il *VangMar.*

59, 20: *Domanda a tua madre*] Oppure con Kasser: « Domanda ciò a tua madre, e lei ti darà cose strane »; e con Krause: « e lei ti darà di ciò che appartiene a un altro »; oppure « ti darà qualcosa di estraneo » (Ménard). Sull'ignoranza degli esseri malvagi, vedi 55, 10.

59, 30: *il suo sale*] il testo ha presente un passo del rituale sacrificale ebraico. « Condirai con sale ogni offerta della tua oblazione e dalla tua oblazione non lascerai mancare il sale dell'alleanza del tuo Dio. Sopra ogni tua offerta
offrirai sale » (*Lev.*, 2, 13). Presso gli ebrei il sale aveva
un duplice simbolismo: della sapienza, come nella frase
presente ove simboleggia lo Spirito Santo, la vera unzione; della sterilità, come nella frase seguente. L'autore,
comunque, ha di certo un pensiero che va ben oltre il
passo dell'A.T. Il testo copto è inoltre molto incerto e le
versioni contrastanti.

60: *Quelli che sbagliano*] Oppure « gli smarriti ». L'autore dà la motivazione dell'errore (πλάνη) che quaggiù
domina psichici e ilici: « quelli che sbagliano » hanno ricevuto lo spirito, ma non lo Spirito Santo – cioè lo spirito divino; è uno spirito (un soffio) che proviene dal
grande demiurgo e dai suoi arconti, ai quali era venuto
da Sofia decaduta (detta anche « Sofia di morte », « piccola Sofia » e « Echmot »). Questo spirito è soltanto una pal-
lida immagine dello Spirito divino e per esso anche il fuoco di quaggiù non è un fuoco duraturo (come il fuoco divino), ma un fuoco che si accende e spegne. Queste parole
nascondono un gioco sul doppio senso del termine greco
πνεῦμα « spirito » e « soffio ». Su questo spirito-soffio comunicato all'uomo primitivo dal demiurgo e dagli arconti, e al quale si riferisce il nostro testo, si veda: « Egli
(l'arconte) soffiò in lui il suo spirito, che è la potenza derivata da sua madre; ma egli non lo sapeva, essendo nel-
l'ignoranza » (*ApocrGv.*, 19, 26 sgg.); e altrove: « plasmarono il loro uomo secondo il loro corpo e secondo
l'immagine del dio che era apparso loro sulle acque. Dissero: "Su, mettiamola nella nostra creatura in modo che
egli veda la sua coimmagine" [...]. Nella loro debolezza
non comprendevano la forza di Dio. Egli (l'arconte) soffiò sul suo viso e l'uomo divenne psichico e rimase a terra per molti giorni. Ma essi, a motivo della loro impoten-
za, non poterono farlo stare diritto. Come turbini di vento, si ostinarono a soffiare per afferrare quella immagine
che era apparsa loro sulle acque. Non sapevano quale
era la sua potenza » (*NatArc.*, 87, 30 - 88, 10).

60, 10: *Achamot*] È una trascrizione della parola ebraica

(*hokmāh*) corrispondente a « sapienza » σωφία; il secondo
termine, « Echmot », è una storpiatura del primo per designare Sofia decaduta, non più spirituale, ma psichica,
non più col suo compagno (σύζυγος) – il Cristo –, ma sola, pronta a essere distrutta con gli ilici o a ritornare al
suo posto nell'Ogdoade. La prima è la Sofia superiore,
la seconda è la Sofia inferiore o piccola Sofia, la « Sofia
di morte ». Sul mito di Sofia vedi *ApocrGv.*, 9, 25 sgg.;
NatArc., 93, 32 sgg.; *OrM.*, 98, 13 sgg.; e in specie *PS*,
cc. 28-74.

60, 30: *Poiché egli*] È un periodo che si presta a congetture per mancanza del testo. Ménard ha: « Poiché egli le
riunisce, consolidandole, affinché ricevano – se lui vuole
– una potenza ». Kasser: « Poiché egli veglia su di esse,
per consolidarle (internamente), affinché queste altre –
se esse lo vogliono – non possano andarsene ». Isenberg:
« Poiché, in verità, egli li unì e li mise insieme, affinché
– anche se lo vogliono – non possano fuggire ». Queste
letture riprendono l'allegoria delle righe precedenti con-
cludendola con l'immagine di un chiuso per gli animali.
A quanto sembra, l'autore istituisce un paragone tra l'attività dell'uomo sul piano naturale (60, 15-23) e l'attività
soprannaturale del Cristo (60, 23-33): come l'agricoltore
coltiva i campi dai quali trae nutrimento per se stesso,
per gli animali domestici e per quelli selvatici, così il Cristo (l'uomo perfetto) dà al mondo il suo cibo per tenerlo
efficiente e riportarlo all'unità primordiale.

Colui che è] Lettura incerta per mancanza del testo; ma
tutte le ricostruzioni sono sostanzialmente concordi. Per
comprendere il senso occorre unire le due espressioni sul-
l'uomo con il capoverso seguente. Il primo uomo avrebbe
avuto due motivi di nobiltà, ma tutto si svolse altrimenti:
prima ci fu l'adulterio, poi il fratricidio. L'autore si riferisce a testi molto noti nella letteratura gnostica, e le sue
parole dimostrano che li aveva presenti; per l'adulterio si
veda ad esempio *OrM.*, 116, 12 - 117, 25; *NatArc.*, 89, 18
sgg.; *ApocrGv.*, 24, 10 sgg.; sull'omicidio di Caino, cfr.
NatArc., 91, 15 sgg. Che l'omicida fosse figlio di Eva carnale (o terrena) e del demonio era attestato da un'antica
tradizione rabbinica ed è ripetuto dai testi gnostici sopra
citati che parlano di Eva violentata dagli arconti; ma nes-

sun testo parla della donna posseduta dal serpente. Tuttavia non è inverosimile che l'autore abbia proceduto accostando tra loro parole ebraiche, approssimativamente omofone: per esempio Eva - istruttrice - animale - serpente. Si trattò, comunque, di una unione di dissimili. La nobiltà fondamentale dell'uomo (dello gnostico) è un dato comune allo gnosticismo, così come l'invidia e la malevolenza degli arconti, che trae motivo proprio da tale nobiltà. Vedi ad esempio il curioso testo di *NatArc.*, 91, 35 - 92, 4 e quello di *OrM.*, 108, 3 sgg.

61, 10: *Dio è un tintore*] L'immagine del « tintore » era diffusa e riferita a Dio e a Cristo, come attesta il *Vangelo arabo sull'infanzia del Salvatore*: « Un giorno, discorrendo e giocando con alcuni ragazzi, il signore Gesù passò davanti alla bottega di un tintore [...]. Nell'officina c'erano tanti panni che dovevano essere tinti [...] il Signore Gesù prese quei panni e li gettò in una botte piena di azzurro indiano [...]. Gesù rispose: Io ti cambierò il colore di tutti i panni che vuoi » (37, 1-2); vedi L. Moraldi, *Apocrifi*, cit., I, pp. 303 sgg., c. 37, 1-2. I veri colori, gli autentici, designano – in una linea di pensiero platonica – i valori spirituali. Giocando sui due verbi greci βάπτειν « immergere nel colore », « colorare » e βαπτίζειν « immergere in acqua », « battezzare », l'autore presenta Gesù che immerge il fedele nell'acqua del battesimo. Vedi gli sviluppi in E. Segelberg, *op. cit.*, pp. 180-200.

61, 20: *È impossibile*] Uno dei testi più limpidi sulla natura dello gnosticismo e sul suo profondo pessimismo. La salvezza e la realizzazione di sé; illuminazione mistica che è la proiezione dell'esperienza dell'« io ». Riduzione all'unità a partire dalla molteplicità e dalla dispersione.

62: *La fede*] Vedi 77, 25 sgg.; e il famoso passo di san Paolo sull'amore in *1 Cor.*, c. 13.

Colui che non ha] Vedi 67, 23 sgg.; non avendo ancora ricevuto l'unzione (χρῖσμα) e l'Unto per eccellenza (χριστός), non può essere cristiano. Vedi *VangVer.*, 36, 13-35. L'espressione ricorda la frase dei seguaci di Basilide riferita da Epifanio: « Affermano di non essere più giudei, ma non ancora cristiani » (*Panar.*, XXIV, 5, 5): cfr. L. Moraldi, *Testi gnostici*, cit., p. 25.

62, 10: « *Cristo* » e il « *limitato* »] Il Cristo è limitato da « Nazareno » e da « Gesù », specificano, cioè, di quale Messia (Cristo) si tratti. Nuovo, per ora, e immotivato il significato dato a « Nazara »; Gesù significa « salvatore, liberatore »; vedi anche 56, 3 sgg.

Una perla] È quanto scrive Ireneo riportando il pensiero degli gnostici valentiniani: « Come l'elemento coico (terreno-ilico) non può avere salvezza [...] così l'elemento pneumatico [...] non può essere soggetto a corruzione [...]. Come l'oro immerso nel fango non perde il suo splendore, bensì mantiene la natura di oro – il fango non gli nuoce – così, essi affermano, quali che siano le opere degli ilici con cui si trovano a contatto, essi (gli gnostici) non subiscono alcun danno né perdono nulla della loro sostanza pneumatica » (*AdvHaer.*, I, 6, 2). Un'immagine dello stesso pensiero si ha nel « Canto della Perla » (*Atti di Tomaso*, 108-13).

62, 20: « *Sono cristiano* »] In una società divisa da classi e privilegi il nome « cristiano » è motivo di stupore perché è al di sopra e al di fuori di qualsiasi divisione. L'autore del testo *A Diogneto*, verso l'anno 120, scrisse: « Essi (i cristiani) sono nella carne e vivono secondo la carne, passano la loro vita sulla terra, ma sono cittadini del cielo [...]. In una parola, i cristiani sono per il mondo ciò che l'anima è per il corpo. L'anima è diffusa in tutte le membra del corpo, ma non è del corpo, come i cristiani abitano nel mondo, ma non sono del mondo » (*A Diogneto*, V, 8-9; VI, 1-3). A proposito del nome « cristiano » (sorto nei primordi del cristianesimo: *Atti*, 11, 26) e dell'impegno che vi si connetteva, ecco le parole di Ignazio martire, vescovo di Antiochia: « Siamo suoi discepoli e impariamo a vivere secondo il cristianesimo. Poiché colui che si chiama con un altro nome, diverso da questo, non è di Dio » (*Ad Magnes.*, X, 1). Qualche commentatore (ad esempio Ménard, p. 165) presume che l'autore pensi all'ascesa del cristiano gnostico verso il Pleroma attraverso le sfere celesti, e che gli interroganti siano gli arconti: vedi *VangMar.* e qui 76, 22 sgg.; 86, 4 sgg. Altri ritengono che l'autore ricordi che il nome « cristiano » sia motivo di timore per i nemici della Chiesa (R. McL. Wilson, *The Gospel of Philip*, London, 1962, p. 110). Interpretazioni che giudico troppo limitative. Il « segno » è il nome del Figlio che conoscono soltanto gli iniziati. Cfr. Ireneo, *AdvHaer.*, I, 15, 2; *ExcerTh.*, 22, 4-5; e *PS*, 130, 9-13.

63: *Dio è un mangiatore di uomini*] Sarebbe troppo ovvio vedere qui una polemica contro i sacrifici e contro le false divinità. È invece naturale seguire l'indirizzo del pensiero gnostico dell'autore; secondo lo gnosticismo tutto deve ritornare a Dio o immedesimandosi con lui (come gli gnostici) o dissolvendosi in lui (come gli ilici: « inghiottiti dalla dolcezza del Padre e sciolti nella sua universale grandezza », *AdvHaer.*, I, 2, 2); cioè, o Dio raduna e attira a sé tutte le sue particelle, le sue gocce, disperse quaggiù, oppure scioglie tutta la materia facendola ritornare al nulla: « la loro fine sarà come il loro inizio; provengono da ciò che agli inizi non esisteva, ritorneranno a ciò che non esisterà » (*TrattTrip.*, 79, 1 sgg.).

Vasi di vetro] Sono, nell'allegoria, gli pneumatici prodotti per mezzo del soffio del demiurgo (che era poi il soffio di Sofia). Secondo il mito di Sofia, il grande arconte – Jaldabaoth – aveva ricevuto da sua madre una grande forza di cui ignorava la fonte e che credeva tutta sua; per intervento della madre, Sofia, il Metropator (madre-padre) primordiale, mandò cinque luminari presso Jaldabaoth affinché potesse dare vita all'uomo che con gli altri arconti aveva formato: « la loro opera (l'uomo) rimase totalmente inattiva e immobile per lungo tempo » (*ApocrGv.*, 19, 15 sgg.). Persuaso dai cinque angeli, Jaldabaoth (ignorante) soffiò sul corpo dell'uomo e in questo soffio c'era « il suo spirito, che è la potenza derivata da sua madre [...]. La forza della madre andò sul corpo psichico [...] il corpo si mosse, ricevette potenza e splendore » (*ibidem*, 19, 17 sgg.). Sull'allegoria dei vasi, vedi anche *VangVer.*, 25, 25 sgg.

63, 20: *L'eucarestia*] L'autore predilige andare alla radice di certe parole con particolare pregnanza: 62, 15 sgg.; 63, 25; per il battesimo: 74, 12 sgg.; 67, 5 sgg.: per l'un-

zione. Così qui non ricorre più al greco e all'ebraico, ma
alla lingua che meglio illustra il suo pensiero, alla lingua
siriaca (56, 3 sgg.) la cui letteratura cristiana era, allora,
in grande splendore ed esercitava un fascino profondo.
In siriaco *Pharisatha* è un participio passato femminile
plurale dal verbo *pāras* « rompere » o « stendere », « colui che è disteso », che nel linguaggio siriaco liturgico
ha il significato di « pane spezzato », « ostia » : il nostro testo è la più antica testimonianza (risale al II
secolo) del termine in quella liturgia, ma è preziosa, e
per questo ci interessa, in quanto attesta l'idea che del-
l'eucarestia aveva l'autore: Gesù steso sulla croce che separa il mondo superiore del Pleroma dal mondo inferiore. Nel rito dei cristiani siro-giacobiti l'ostia veniva
spezzata a forma di croce, le sue parti raffiguravano così
le parti di un uomo crocifisso. Nel pane dell'eucarestia
l'autore addita la presenza del Salvatore disteso sulla croce, e lo stesso pane eucaristico è simbolo della croce di
Gesù crocifisso. Cfr H.G. Gaffron, *Studien zum koptischen Philippusevangelium*, Bonn, 1969, pp. 182 sgg. e
pp. 364 sgg. con la bibliografia ivi citata.

tintoria] Cfr. 61, 12 sgg.

63, 30: *La Sofia*] Frase tormentata da lacune ma, in complesso, abbastanza chiara. Riferisco qualche versione: « *Il
Salvatore amava Maria* Maddalena più di *tutti* i discepoli. *Ed egli* la baciava spesso sulla *bocca*. Gli altri *discepoli* erano *gelosi di lei. Essi domandarono* e dissero a lui »
(Krause). « La sapienza che si chiama sterile è la madre
degli angeli; e la donna del *Cristo* (è) Maria Maddalena.
Il *Cristo tuttavia* amava Maria più di *tutti i discepoli*, e
la salutava molte volte (con un bacio) sulla sua *bocca*;
i restanti discepoli gli muovevano dei *rimproveri* riguardo a lei » (Kasser). « La sapienza chiamata "la sterile" è
la madre *degli angeli*. E la compagna del *Salvatore* è Maria Maddalena. *Ma Cristo* amava lei più di *tutti* i discepoli *ed era solito* baciarla spesso sulla *bocca*. Gli altri *discepoli erano offesi* da ciò e *manifestavano la disappro-
vazione* » (Isenberg). La traduzione data ritengo sia la
più corretta. Abbiamo qui uno dei temi fondamentali del
VangFil.: il matrimonio spirituale, cioè l'unione del fidanzato con la fidanzata. La Sofia psichica, la Sofia deca-

duta fuori del Pleroma non genera che aborti e con l'aiuto degli angeli è la madre del mondo materiale. Cfr. il mito di Sofia. Invece, Maria Maddalena rappresenta la Sofia unita al Salvatore, è la femmina diventata maschio: « gli elementi femminili, cambiati in uomini, si uniscono agli angeli ed entrano nel Pleroma. Perciò si dice che "la femmina si cambia in uomo" e la Chiesa di quaggiù in angeli » (ExcerTh., 21, 3). Su Maria Maddalena vedi VangMar.; sulla frase vedi 59, 6 sgg.

64, 10: *Beato colui*] Cfr. VangVer., 30, 15-16.

La superiorità] Vedi 60, 34 - 61, 5. La sentenza è piuttosto complessa. L'uomo è quello celeste, l'Adamo-luce (cfr. OrM., 108, 3 sgg.), il modello di ogni gnostico. La sua superiorità è nascosta perché l'uomo interiore è celato così come tutti i valori spirituali. Gli animali domestici rappresentano gli psichici, i selvatici gli ilici aventi anche la connotazione di forze misteriose della sfera materiale. Cfr. H.-M. Schenke, *Der Gott « Mensch » in der Gnose. Ein religionsgeschichtlicher Beitrag*, Göttingen, 1962; R. Rudolph, *Urmensch*, in RGG, VI, 1962, pp. 1195-97; J.-E. Ménard, *L'Évangile selon Philippe...*, Paris, 1967, pp. 173 sgg.

64, 20: *Se uno scende*] Allusioni ai riti battesimali in uso presso gli gnostici valentiniani: svestizione, discesa nell'acqua, immersione, salita dall'acqua, unzione e imposizione del nome (Cristo-cristiano), vestizione, l'eucarestia (col pane e il calice pieno di vino e acqua), il matrimonio spirituale. Quelli che non hanno ricevuto l'unzione e pretendono di avere il nome, se ne appropriano indebitamente perché, in realtà, restano ancora nello stato di bisogno. Vedi Introduzione, pp. 161 sgg.

64, 30: *Così accade*] Divisione dei periodi e lettura divergono da studioso a studioso. Ménard, ad esempio, propone: « Così è *del fatto della fidanzata. Se qualcuno è in un mistero, il mistero del matrimonio, è grande. Poiché senza di lui il mondo non ci sarebbe. Infatti, la consistenza (σύστασις) del mondo è l'uomo. E la consistenza dell'uomo è il matrimonio* ». Battesimo, unzione, camera nuziale sono tre misteri dei quali tratta il VangFil. e qui l'argomento è il più importante dei tre: per « la camera

nuziale » vedi 69, 23 sgg.; 67, 27 sgg.; 84, 21 sgg. Il matrimonio terrestre, afferma l'autore, moltiplica gli uomini,
ed è « nella contaminazione », eppure anch'esso è un mistero (cfr. anche 81, 34 - 82, 26 e Introduzione, pp. 160 sg.);
e tanto più è un mistero in quanto immagine del « matrimonio incontaminato » che moltiplica il numero degli
uomini celesti (pneumatici), e causa misteriosa della stabilità del mondo e della sua durata. Secondo lo gnosticismo
sono infatti le piccole fiamme all'interno degli gnostici
che sostengono il mondo esteriore. La consumazione finale (συντέλεια) arriverà quando tutte queste fiammelle si
uniranno al loro rispettivo angelo, e tutte unite si con-
giungeranno al Cristo pneumatico nel matrimonio spirituale tra il Salvatore e Sofia; è così che il matrimonio ha
una singolare forza soprannaturale e tutto in lui si consolida. Forse l'autore aveva presente anche il passo di san
Paolo: « Mariti, amate le vostre mogli come Cristo ha amato la sua Chiesa [...]. Questo mistero è grande; intendo dire che si applica a Cristo e alla Chiesa » (*Ef.*, 5, 25. 32).
Vedi ad esempio R.M. Grant, *The Mystery of Marriage
in the Gospel of Philip*, in VigChr, 15, 1961, pp. 129-40.

65: *Vi sono spiriti impuri maschili*] Queste poche righe sono il concentrato di alcune idee gnostiche. L'unità
archetipa era androgina, come il Metropator, e l'uomo
gnostico la deve riscoprire in se stesso (cfr. *ExcerTh.*, 64).
Causa generale del male in questo mondo sono gli arconti gelosi della luce spirituale, del soffio divino, interiore
all'uomo. Esseri maligni maschi e femmine erano comuni
in molte religioni e assai diffusi nelle dottrine gnostiche
(interessanti per il nostro testo le pagine di F.C. Andreas
e W.-B. Henning, *Mitteliranische Manichaica aus Chine-
sisch-Turkestan*, I, Berlin, 1932, pp. 193, 10-199, 22). Lo
gnostico domina tutte queste forze o potenze maligne perché, unito al proprio angelo, è come il fidanzato e la fidanzata cioè come il Salvatore e la sua compagna Sofia
(che cadde soltanto quando volle essere sola!). Il disobbe-
diente non è l'uomo, ma il grande arconte. Cfr. *Apocr
Gv.*, 19, 15 sgg.; 24, 28 - 25, 7; sul dominio di queste potenze sull'uomo cfr. *NatArc.*, 96, 18 - 97, 2. Riguardo al-
l'inefficacia degli spiriti cattivi sugli gnostici cfr. la figura di Norea che li rappresenta: *NatArc.*, 92, 33 sgg.

65, 10: *Quando donne sciocche*] Le due immagini sono
da leggere seguendo le dottrine gnostiche. Il testo seguente (65, 30 - 66, 1) è molto incerto.

66: *Non avere paura*] Cfr. *VangTom.*, 51, 10 sgg.; *Excer
Th.*, 48, 2-4; 51, 1-52, 1 (sulla carne e sulla paura).

66, 10: *In questo mondo*] Passo che riprende la divisione classica dei valentiniani: « luogo superiore » che è
quello dei pneumatici e della risurrezione; « luogo di
mezzo » (μεσότης) riservato agli psichici e agli arconti; il
mondo, « luogo » proprio degli ilici (cfr. Ireneo, *Adv
Haer.*, I, 71). Tuttavia, come abbiamo già osservato
altrove, il « luogo di mezzo » non ha sempre valore uniforme; ad esempio nel presente testo designa anche l'Ade,
gli inferi, come risulta chiaramente in *PS* (cc. 144 - 47).
Cfr. L. Moraldi, *Testi gnostici*, cit., pp. 481 sgg. Secondo
quanto immaginavano gli gnostici l'andare nel luogo di
mezzo è la più grande sfortuna: l'anima vinta dall'ignoranza non ha più il desiderio di ciò che le è ormai impossibile; non le resta che vagare a motivo dei suoi peccati,
o dissolversi e annientarsi: i suoi stati sono tristezza, timore, angoscia. Nel mondo popolato da tre classi, ilici-
psichici-pneumatici, non c'è ancora né chi sia del tutto
buono né chi sia già pronto per essere annientato; tutti
hanno ancora un tragitto da compiere (cfr. *AdvHaer.*,
I, 6, 1). « La stirpe psichica [...] trovandosi nel mezzo sia
per la sua origine sia per la sua stessa costituzione ha un
doppio aspetto a seconda della sua determinazione al bene o al male » (*TrattTrip.*, 119, 21 sgg.). Il mondo e il
luogo di mezzo sono luoghi riservati agli ilici e agli psichici peccatori.

66, 20: *Alcuni né vogliono*] Per i due periodi, così poco
chiari, Schenke ha dato una ricostruzione, della quale
riassume il senso come segue: « Alcuni né vogliono né
possono. È forse il volere che li rende peccatori? No, ma
il non volere. Gli altri, anche se vogliono, non ne traggono alcun vantaggio, perché non l'hanno fatto. La volontà è buona, non l'azione. La giustizia si dissimulerà ad
ambedue i gruppi ». La mia ricostruzione ha seguìto quella di Isenberg. Ménard non sottintende « peccare », ma
« fare il bene » e vede negli ilici coloro che non vogliono

né possono, negli psichici coloro che non possono anche
se lo vogliono e cita a questo proposito il testo di san
Paolo: « Non faccio il bene che voglio, ma compio proprio il male che non voglio » (*Rom.*, 7, 19).

66, 30: *Un apostolico*] « Apostolico » è detto un discepolo
degli apostoli. Si tratta di una visione apocalittica del
castigo di coloro che si trovano nella regione di mezzo;
il dialogo è tra i pneumatici, che sono nel Pleroma, e
quelli della regione di mezzo. Per l'espressione « tenebra
esteriore » vedi Mt., 8, 12; 22, 13, ecc.; per il discorso nel-
l'aldilà cfr. Lc., 16, 19 sgg. (il ricco epulone e il povero
Lazzaro). Quelli del luogo di mezzo implorano coloro che
sono nel Pleroma affinché gettino acqua nel fuoco, ma
questi rispondono che non possono. Sul fuoco divoratore
degli ilici e psichici a loro assimilati, vedi *PS*, c. 27 e
ExcerTh., 37 e 38.

67, 20: *battesimo, unzione*] sono i cinque misteri o « sacramenti »: vedi Introduzione, pp. 160 sgg.

67, 30: *Il Signore ha detto*] È venuto, cioè, per il ritorno
dell'uomo alla sua origine divina, quindi per il ritorno
dell'uomo a se stesso, al suo « io » trascendente. Rigenerazione che raddrizza ogni cosa e assume sempre, nello
gnosticismo, l'aspetto di un processo cosmico.

Coloro che affermano] Il Cristo – insegna il nostro autore – si è manifestato rivestito di un corpo sensibile, il
corpo esteriore del Cristo inferiore, che era l'immagine
del Cristo pneumatico, cioè del Logos unito al Padre. Il
Salvatore aveva, dunque, in sé le primizie di quello che
avrebbe salvato: dalla sapienza ebbe l'elemento pneumatico; dal demiurgo ebbe l'elemento psichico; dall'economia dell'incarnazione una sostanza psichica speciale (visibile, palpabile, passibile); ma è sempre lo stesso Logos:
nulla al di sotto di lui, nulla al di sopra di lui. Così lo
gnostico: è avvolto dall'elemento psichico invisibile, dalla natura ilica, invisibile, infine dalla carne visibile. Al-
l'infuori di questo ci sono solo corruzione e tenebre; il
pneumatico, lo gnostico, deve spogliarsi gradatamente del
suo corpo ilico, poi della sua anima psichica, per potere
entrare nel Pleroma come spirito puro: così può raggiun-

gere, in fondo a se stesso, la mente (νοῦς)-Padre, che è al
di sopra di tutto e contiene tutto. È per esprimere questi movimenti che l'autore si serve della parabola evangelica (« il Padre mio che è nel segreto [...] entra nella
tua camera ») « Ho fatto esterno l'interno, e interno
l'esterno; possa la tua volontà adempiersi in tutte le mie
membra » (Atti di Tomaso, c. 147); e vedi il VangTom.,
loghion 22. Nel periodo successivo (68, 27 sgg.) ritorna
lo stesso pensiero relativo alla salita dei pneumatici nel
loro Pleroma, al ritorno nell'unità reso possibile dalla
venuta del Cristo. Occorre che quanti sono usciti dal Pleroma e sono entrati nel mondo siano gli stessi che escono
dal mondo e ritornano nel Pleroma.

68, 20: Se rientra in lui] È espresso il pensiero del ritorno all'unità dalla dualità, spesso ricorrente nei testi gnostici; cfr. VangVer., 25, 15 sgg.; VangTom., loghia 22,
106, 114. L'ultimo periodo è reso bene a senso da Isenberg: « Se egli diventa nuovamente completo e raggiunge il suo primo "io", non vi sarà più morte ». Non mi pare motivato riferire « la prende in se stesso » alla « morte », come fa Krause. Per capire il senso della versione
data occorre tener presente un principio fondamentale
dello gnosticismo sulla divisione dei sessi espresso bene da
Platone: « Amore ricongiunge la natura antica, e si sforza di fare, di due, uno e di guarire la natura umana. Ciascuno di noi è quindi un complemento di uomo, in quanto è stato tagliato [...] da uno in due: ciascuno dunque,
cerca sempre il proprio complemento » (Simposio, cit.,
191 d). Non meno interessante è un testo rabbinico del
VI-VII sec.: « Quando il Santo [...] creò l'uomo, lo creò ermafrodito, come è detto: quando il Santo [...] creò l'uomo, lo creò bifronte, lo segò e ne risultarono due schiene » (Bereshit Rabba, cit., p. 70). Vedi pp. 173 sgg.

Mio Dio] L'abbandono di Cristo da parte di Dio (il testo è di Mc., 15, 34) manifesta la caduta del Cristo nel
mondo psichico e ilico, caduta simile a quella di Sofia.
Ma nell'ora della morte (che è l'ora della sua risurrezione) il Cristo ridiventa quello che non aveva mai cessato
di essere, e riprende coscienza della sua origine divina,
poiché la sua anima ritorna al suo pneuma (spirito) ed
egli penetra nel Pleroma, separato ormai dal mondo infe-

riore per mezzo della croce: in tutto questo, com'è noto, il Cristo è la proiezione mitica di ogni pneumatico.

68, 30: *Il Signore risorse*] « Il Salvatore ha divorato la morte (tu non lo devi ignorare) poiché ha abbandonato il mondo transeunte, è passato in un eone non transeunte e si è innalzato da solo, dopo avere divorato il visibile, e ci ha indicato la via della nostra immortalità » (*De Resur.* o *Lettera a Regino*, 45, 14 sgg.). Nella risurrezione pneumatica risuscitiamo col Cristo, dice l'autore, ma non con una carne materiale, cioè ilica, e neppure con la nostra anima psichica, bensì con una carne autentica, che è quella del Cristo; è necessario che ci sbarazziamo della nostra tunica di pelle e conserviamo soltanto l'abito del Cristo-Logos, col quale ci identifichiamo. L'autore del *De Resur.* scrisse in questo contesto: « il Figlio di Dio, o Regino, era il Figlio dell'uomo, e li inchiodava tutti e due, essendo in possesso dell'umanità e della divinità » per vincere la morte in quanto Figlio di Dio e, in quanto Figlio dell'uomo, realizzare la restaurazione (ἀπο-κατάστασις) in seno al Pleroma « poiché prima che esistesse (l'attuale) organizzazione (del mondo) egli preesisteva come seme (σπέρμα) superiore della verità » (44, 22 sgg.).

69: *Certo, siamo stati*] Oppure, con un'altra divisione della frase: « Siamo stati rigenerati grazie allo Spirito Santo, ma siamo stati generati dal Cristo a due a due. Siamo stati unti nello Spirito; allorquando siamo stati rigenerati, fummo riuniti » (Ménard); e ancora: « Siamo stati generati un'altra volta per mezzo dello Spirito Santo; tuttavia siamo stati generati anche dal Cristo. Ambedue le volte fummo unti dallo Spirito; e allorché siamo stati generati, allora noi due fummo uniti dal matrimonio » (Kasser). Le due generazioni e le due unzioni avvengono nel battesimo e nel mistero dell'unzione. La lettura « due a due » (possibile) sottolinea l'aspetto di *syzygia* (coppia) nella generazione (vedi 67, 10 sgg.).

69, 10: *Senza luce*] La gnosi è una contemplazione trasformante.

70: *il velo fu strappato*] Alla morte di Gesù (Mt., 27, 25). Vedi 84, 20 sgg. È questo uno dei testi dai quali traspare la stretta relazione dell'autore con l'ebraismo: sembra inverosimile che fosse di estrazione pagana.

70, 10: *Se la donna*] Vedi 68, 22 sgg. Gli elementi maschili, cioè gli angeli, restarono nell'Adamo perfetto, mentre
il seme femminile, imperfetto, tratto da lui, divenne Eva,
dalla quale derivano gli elementi femminili. La separazione tra l'Adamo perfetto ed Eva ripete la separazione di Sofia dal Logos: due separazioni causa di morte (cfr. *Rom.*,
5, 12 - 21; 7, 10; *Ebr.*, 2, 14 - 15). Il Salvatore sveglia l'anima e la rende cosciente del seme spirituale che ha in sé;
a proposito di questo movimento, Maria Maddalena afferma di sentire in sé l'uomo interiore col quale si identifica: « il mio uomo luminoso mi ha mossa, ha gioito e
ribollito in me » (*PS*, 113, 1). Sulla separazione di Eva
dall'Adamo autentico, vedi *NatArc.*, 87, 24 sgg.; *Apocr
Gv.*, 22, 18 sgg.; *OrM.*, 113, 21 sgg.

70, 20: *L'anima di Adamo*] Sull'anima di Adamo e il soffio, vedi *NatArc.*, 87, 32 sgg., *ApocrGv.*, 19, 27 sgg.; « Egli
(Jaldabaoth) soffiò in lui il suo spirito che è potenza derivata da sua madre ». Vedi 63 nota.

70, 30: *Sulle rive del Giordano*] Il testo si riferisce a un
evento molto ripensato e variamente interpretato nella
letteratura gnostica, il battesimo di Gesù. L'autore insegna che in quella occasione ebbe luogo, per Gesù, la rigenerazione, la figliolanza divina, la redenzione e quindi
la sua consacrazione ufficiale a Figlio di Dio salvatore
(« salvato » perché lui discendendo quaggiù ebbe, naturalmente, bisogno di salvezza, e il presente testo è uno dei
più espliciti in merito). Si tratta di una delle interpretazioni gnostiche del battesimo di Gesù che presuppone una
sua nascita comune da Maria e da Giuseppe (vedi 55,
23 sgg.; 73, 9 sg.). Ma nel passo che segue (« Se è lecito »)
pare che l'autore voglia mediare tra la scuola orientale di
Valentino (che riteneva il Cristo perfetto fin dalla nascita e considerava Maria un « canale » dal quale nulla
assunse) e la scuola occidentale che additava nel battesimo il momento nel quale su Gesù discese il Cristo e in
Maria il mistico letto nuziale. Si osservino qui i cinque
stadi dell'apparizione del Cristo: uscita dal Pleroma, Incarnazione, Battesimo, Unzione, Redenzione; solo dopo
che egli stesso conobbe la sua origine celeste, ecc., può illuminare gli altri, cioè essere un « salvato salvatore »

(vedi *ExcerTh.*, 22, 6-7; 26, 3; 34, 2; e L. Moraldi, *Testi gnostici*, cit., pp. 413 sgg.).

71, 20: *In mezzo al paradiso*] Sugli « alberi del paradiso » gli gnostici dissertavano volentieri: chi ne considerava due, chi tre e chi cinque (vedi 73, 27 sgg.). Cfr. *Tratt Trip.*, 106, 27 sgg.; *OrM.*, 110-11; *PS*, 2, 4; 10, 5; 86, 15. 22-24, ecc. Sui vincoli tra l'albero della vita e il destino dell'uomo, cfr. E.R. Goodenough, *Jewish Symbols in the Greco-Roman Period*, New York, 1958, pp. 87-139.

72, 30: *Coloro che vogliono*] Schenke fa iniziare il periodo con l'espressione: « Gesù ha amato l'umanità », ma la frase non ha alcun supporto nel testo copto. Il testo sottolinea il ritorno dell'uomo decaduto alla sua origine divina grazie al nome che riceve nel momento battesimale. « Dobbiamo adempiere » è preso da Mt., 3, 15.

73, 10: *piantò un giardino*] La piantagione di questo giardino (παράδεισος) e di questo albero non è menzionata altrove. Il mestiere di Giuseppe è, invece, un tema comune della letteratura apocrifa (cfr. L. Moraldi, *Apocrifi*, cit., II, indice analitico alla voce « Giuseppe »).

Ma l'albero della vita] Ecco come è presentato da un altro testo gnostico: « Il colore dell'albero della vita è come il sole; i suoi rami sono belli; le sue foglie sono come quelle del cipresso; il suo frutto è splendente come i grappoli d'uva; la sua altezza raggiunge il cielo. Vicino a esso si trova l'albero della gnosi » (*OrM.*, 110, 12 sgg.). Un altro testo gnostico affianca all'« albero della vita » e all'« albero della gnosi », l'ulivo « che purificherà i re e i sommi sacerdoti della giustizia che si manifesteranno negli ultimi giorni; l'ulivo si era manifestato alla luce del primo Adamo a motivo dell'unzione che se ne riceve » (*OrM.*, 111, 3 sgg.).

73, 20: *Dio piantò*] L'intero passo fino a « fu l'inizio della morte », a motivo delle numerose lacune, è interpretato in vari modi che mantengono però tutti lo stesso senso sostanziale.

74: *l'albero della gnosi*] L'albero che la Bibbia chiama

« del bene e del male » per i testi gnostici è l'« albero della gnosi », e su di esso vi era pure un breve inno:

> Tu sei l'albero della gnosi,
> quello che è nel paradiso
> quello dal quale ha mangiato il primo uomo.
> Esso aprì la sua intelligenza,
> esso amò la sua coimmagine,
> condannò le altre immagini estranee,
> e ne ebbe ripugnanza.
> (*OrM.*, 110, 31 sgg.)

L'altro albero, che dava la conoscenza del bene e del male, è la legge, l'albero della morte, l'albero della vita è invece l'albero della gnosi. L'autore si dibatte nel dilemma descritto da san Paolo nel famoso testo: « Un tempo vivevo senza la legge, ma quando venne il precetto il peccato prese vita, e io morii. Il precetto datomi per la vita risultò fonte di morte » (*Rom.*, 7, 9-10).

74, 10: *quando egli disse*] Vedi *Gen.*, 2, 16: « Di tutti gli alberi del giardino tu puoi mangiare; ma dell'albero della conoscenza del bene e del male non devi mangiare, perché nel giorno in cui ne mangerai, dovrai certamente morire ».

L'unzione] Vedi Introduzione, pp. 163 sgg.

Anche il Cristo] Sulla unzione di Cristo, spesso menzionata nei testi gnostici, alla quale attribuiscono grande importanza, cfr. ad esempio *ApocrGv.*, 6, 22; *VangEg.*, 55, 11 sgg. Come nel N.T., così anche nei testi gnostici l'unzione è opera dello Spirito e della conoscenza: *Lc.*, 4, 18; *Atti*, 4, 27; 10, 38; *1 Cor.*, 1, 21 sg.; 1 *Gv.*, 2, 20-27. Spesso i testi gnostici rilevano la derivazione di Cristo dall'unzione (crisma), comune alla lingua ebraica e alla lingua greca (χρῖσμα - χριστός). L'autore sentiva ancora in « Cristo » il valore originale dell'ebraico « Messia » (Unto) e lo rileva spesso (56, 3 sgg.; 62, 9 sgg.; 69, 5 sgg.).

74, 20: *Il Padre era*] Nel suo contesto immediato e mediato la frase è da comprendere in senso gnostico: il Cristo è lo gnostico, il prototipo dei perfetti. Essenza della gnosi è che lo spirituale si ritrovi in Dio, che è all'interno di tutti. È proprio della natura della gnosi procedere

costantemente su due registri, e i suoi testi contengono
sempre un doppio senso. È ugualmente proprio della gnosi che lo spirituale si ritrovi in Dio, nel Padre che è nel
suo interno: questa unione per mezzo della conoscenza si
trova già nei Vangeli canonici, e nella gnosi è identificazione e compenetrazione silenziosa del soggetto e dell'oggetto, di Dio e dello gnostico. « Tale promessa comporta-
va la loro istruzione e il loro ritorno a ciò che essi erano
stati fin dall'inizio; di questo possedevano una goccia, di
modo che a esso potessero fare ritorno, ed è ciò che si
chiama "redenzione" » (*TrattTrip.*, 117, 18 sgg.).

Bene disse] Le parole del Signore qui riferite non si leggono altrove. A motivo delle numerose lacune nel testo,
le letture degli studiosi hanno qualche divergenza. Ho
seguito più da vicino Schenke, Ménard, Kasser e Isenberg.
Lo gnostico che penetra nel Pleroma e domina ogni cosa
ride di tutto con disprezzo.

75: *È così anche*] L'autore si riferisce all'eucarestia cui dà
minore spazio che al battesimo, all'unzione e alla camera
nuziale. Sull'eucarestia, vedi 63, 21 sgg.; 67, 29 sgg.; 75,
14 sgg.; 77, 2 sgg. Vedi Introduzione.

Il mondo] La trasgressione (παράπτωμα) di Sofia e del
demiurgo che, ognuno a modo proprio, vollero imitare
il mondo eterno del Pleroma: vedi per il mito di Sofia la
nota a 60, 10. Tutti quanti appartengono alla sfera dello
psichico e dell'ilico (arconti, demiurgo, ecc.), non possono
ricevere alcuna realtà autentica, quindi non la possono
comunicare agli altri. Vedi anche 61, 36 - 62, 5.

75, 10: *Il calice*] L'autore ha presente il sacramento del-
l'eucarestia, sacramento dei perfetti perché permette loro di unirsi alla sfera celeste. « Calice della preghiera » o
« della benedizione » (ποτήριον τῆς εὐλογίας: *1 Cor.*, 11,
23-26). Vedi anche 57, 5 sgg. ove è detto che il « sangue »
è lo Spirito Santo e la « carne » è il Logos, l'uomo perfetto (79, 33 - 80, 5), il Cristo totale (76, 1 sgg.). L'autore insiste sul concetto di pienezza e di riunificazione. La
dottrina dell'uomo perfetto fu attinta, probabilmente,
da san Paolo: « Fino a che perveniamo tutti nell'unità
della fede e della piena conoscenza del Figlio di Dio a

costituire l'uomo perfetto, all'altezza della statura della
pienezza del Cristo » (*Efes.*, 4, 13; cfr. *Col.*, 1, 18).

75, 20: *Un cavallo*] Come al solito, al termine della pagina ci si trova tra le congetture per mancanza parziale
del testo. Come un animale ne genera altri della sua specie, così colui che è ilico genera ilici, lo psichico genera
psichici e Dio genera dèi, cioè pneumatici, la « stirpe
(γένος) eletta »: « Una volta formati dal Salvatore, noi
siamo diventati figli dell'uomo e della camera nuziale »
(*ExcerTh.*, 68). Il nome cristiano annulla la distinzione
tra giudei e greci (cfr. *Gal.*, 3, 28 sg.); anche se i primi
cristiani provenivano da ambienti ebraici, non erano diventati cristiani per il solo fatto della loro origine ebraica, come un giudeo non poteva discendere da un greco.

76: *Mentre, in questo mondo*] Contrapposizione tra il matrimonio di questo mondo e il matrimonio spirituale.
Schenke e Ménard ritengono che la contrapposizione sia
piuttosto tra uomo e donna da una parte, e forza e debolezza dall'altra (cioè angelo e pneumatico decaduto).

76, 10: *A quanti hanno*] Colui che conosce il tutto, ma
non conosce se stesso è privo di tutto, cfr. *VangTom.*, 45,
19 sgg.; 45, 29 sgg.; e 32, 14 - 33, 5. Abbiamo qui la più
chiara definizione della gnosi che incontriamo nel *Vang
Fil.* Vedi anche *VangVer.*, 21, 10-14; 22, 13-15. Perciò il
maestro gnostico Valentino nell'istruzione battesimale avvertiva: « Non solo il bagno è liberatore, ma anche la
gnosi » (*ExcerTh.*, 78, 2).

76, 20: *Non soltanto*] Il Pleroma è il Regno della luce e
i pneumatici sono i figli della luce; questo Regno è del
Cristo pleromatico: vedi 57, 28 sgg.; 67, 30 sgg.; essendo
luce, sfugge alle potenze cosmiche che impediscono il
rientro nel Pleroma (cfr. *VangMar.*, 15-16). Sul « figlio
del Metropator », « luce pura », che è poi il Cristo, vedi
ApocrGv., 6, 10 sgg.; sulla epinoia luminosa data al primo uomo e insidiata dagli arconti, vedi *ApocrGv.*, 22, 20
sgg.

76, 30: *di questi luoghi*] « Luogo » = il mondo; « luogo
di mezzo » dove, dopo la morte, l'anima è dissolta con

tutta la malvagità che la dominava quaggiù (vedi 66, 15 sgg. e nota). È così che l'uomo può dominare il mondo, perché lo possiede tutto: in lui sono il Logos e lo Spirito divino, che dominano tutte le regioni dell'universo superiore; liberandosi della materia e dell'influsso degli spiriti malvagi, diventa capace di raggiungere la redenzione perfetta e penetra nell'eternità senza fine.

77: *L'uomo santo*] Per la gnosi che non riconosce alcuna creazione, perché per essa è tutto emanazione, il bene e il male si trovano insieme in questo mondo: l'uno sarà ricondotto all'unità, l'altro (il male) sarà riassorbito e annullato. La trasformazione della materia in qualcosa di spirituale corrisponde a un movimento ciclico proprio di tutto lo gnosticismo (vedi ad esempio 53, 14 sgg.). « Pane » e « calice » si riferiscono all'eucarestia (vedi 74, 36 - 75, 2; 75, 14 sgg.): lo gnostico purifica il pane, il calice e lo stesso corpo come il Cristo ha purificato l'acqua del battesimo: anch'egli, infatti, è un Cristo. Una connessione tra l'eucarestia e la salute dei cristiani fu notata anche da san Paolo (*1 Cor.*, 11, 30 sgg.).

77, 10: *Colui che ha la conoscenza*] Vedi il testo: « conoscerete la verità e la verità vi farà liberi » (Gv., 8, 32); e: « In verità, in verità vi dico: chiunque commette il peccato è schiavo del peccato » (*ibidem*, 8, 34).

77, 20: *Ma l'amore edifica*] Gli gnostici devono impegnarsi, per amore, a rendere perfetti i deboli, gli psichici. L'autore ha certo presente il famoso « Inno all'amore » dell'apostolo Paolo (*1 Cor.*, c. 13); le qualità di questo amore sono ben sintetizzate nelle righe 31-37. Non è detto — come scrisse qualcuno — che il nostro autore non avrebbe sottoscritto l'espressione di san Paolo in merito alla superiorità dell'amore sulla conoscenza (*1 Cor.*, 13, 2): tranne che la prospettiva gnostica è diversa (vedi anche 79, 18 sgg.), ma l'insistenza con la quale i testi gnostici ritornano sull'amore e il rimprovero che rivolgono ai cristiani della Grande Chiesa, non lasciano dubbi sulla grande considerazione che essi avevano dell'amore.

78: *il samaritano*] È il samaritano della parabola evangelica (Lc., 10, 25-37).

78, 10: *una moltitudine*] Testo che può derivare dalla *Lettera di Giacomo* (5, 20) e da *1 Pietro*, 4, 8.

78, 30: *Se tu diventi*] La gnosi è una mistica che trasforma. Per lo stesso tema vedi 61, 20 sgg.

79, 10: *Colui che è*] È lo psichico o il pneumatico decaduto trattenuto quaggiù nella sfera dell'ilico e non ancora liberato; liberi sono i pneumatici liberati, 69, 1 sgg.; 72, 17 sgg.; 75, 14 sgg. L'imperfetto involontariamente trattenuto prigioniero può liberarsi e salire nel Regno, ma il pneumatico, se pecca, è irrimediabilmente punito. Si tratta di un rigorismo attestato, in alcune comunità cristiane del cristianesimo primitivo, dall'*Epistola agli ebrei* (6, 4-8; 10, 26-31; 12, 16-17).

80: *Poneteci domande*] Le espressioni dell'autore si fanno sempre più esoteriche. È verosimile che le due domande debbano sembrare poste dagli psichici (i discepoli) ai perfetti (gli gnostici) che sono i successori degli apostoli, tra i quali il nostro autore. Nei due capoversi seguenti si può leggere la risposta.

80, 20: *figli, servi, animali*] Cioè i pneumatici, gli psichici, gli ilici, le tre grandi categorie di uomini secondo lo gnosticismo: « A partire da Adamo sono generate tre nature: la prima è l'irrazionale, alla quale appartiene Caino; la seconda è la natura ragionevole e giusta (cioè la psichica), della quale fa parte Abele; la terza è la pneumatica, alla quale appartiene Seth » (*ExcerTh.*, 54, 1). Poiché lungo questo *VangFil.* ci siamo più volte imbattuti in passi collaterali, è opportuno qui tenere presente anche un altro testo illuminante: « Non, dunque, a partire dal pneuma (spirito), né a partire da chi ha ricevuto il soffio (lo psichico) semina Adamo: questi sono, infatti, due elementi divini, emessi ambedue con la mediazione di Adamo, ma non da lui. Il suo elemento ilico opera nel seme e nella generazione, in quanto è mescolato alla semenza (pneumatica), e, in questo luogo, non può venire escluso da questa mescolanza quaggiù. In questo senso Adamo, nostro padre, è il primo uomo tratto dalla terra, terreno (χοϊκός). Se avesse seminato partendo dallo psichico e dal pneumatico — come ha fatto a partire dall'ilico –, noi saremmo nati tutti uguali e giusti, e in tutti ci sarebbe stato l'Insegnamento (διδαχή). È per questo che vi sono molti ilici, un piccolo numero di psichici, ma rari sono i pneumatici. Così l'elemento pneumatico è salvo per natura; lo psichico, dotato di libero arbitrio, ha la proprietà di volgersi alla fede e all'incorruzione, o all'incredulità e alla corruzione, in base alla propria scelta; quanto all'ilico, egli è perduto per natura » (*Excer Th.*, 55, 2 - 56, 3).

81, 10: *C'è il Figlio dell'uomo*] Espressione evangelica con la quale Gesù designa se stesso; per lo gnosticismo vedi, per questa e le altre designazioni, il testo gnostico *SophJesChr.*, e l'altro testo affine *Eugnosto il Beato* (L. Moraldi, *Testi gnostici*, cit., pp. 446-72).

81, 20: *Ma si dice*] Tutto ciò che viene dalla coppia (*syzygia*) è Pleroma, ciò che viene da uno solo è pura immagine; un conto è « creare » (lavoro solitario di un artefice), altro conto è « generare ». Il Cristo generato dall'Uomo, genera figli del Figlio dell'Uomo, quale sposo nella camera nuziale. Al contrario, il demiurgo può soltanto creare: distinzione essenziale tra il mondo pneumatico, invisibile, e il mondo psichico, sensibile e visibile: vedi 55, 14 sgg.; 56, 3 sgg.; 57, 24 - 58, 5, ecc. « Tutto ciò che proviene dalla coppia (*syzygia*) è Pleroma; tutto ciò che viene da uno solo è immagine » (*ExcerTh.*, 32, 1).

82, 20: *Abramo*] Vedi « Abramo, vostro padre, esultò al pensiero di vedere il mio giorno; lo vide e se ne rallegrò » (Gv., 8, 56).

83, 10: *L'ascia*] Vedi le parole nella predicazione del Battista: « La scure è ormai alla radice degli alberi » (Mt., 3, 10). Nelle righe che precedono e in queste abbiamo una illustrazione dell'aspetto escatologico della gnosi. Solo Gesù è l'uomo che ha trasformato tutto il cosmo nel quale erano frammischiati buoni e cattivi, luce e tenebra, ed egli soltanto può veramente distruggere tutta la materia; solo la gnosi, che coincide con la sua venuta, può liberare l'anima – la scintilla divina – che si trovava avvolta nelle tenebre (cfr. anche 60, 23 sg.; 53, 14 sgg.; 79, 31 - 80, 4).

83, 20: *non facciamo*] Vedi il testo di san Paolo ai romani, 7, 19.

84: *Se voi conoscerete*] È il testo di Giovanni 8, 32.

84, 20: *All'inizio*] Santo dei santi (cioè la parte più recondita del tempio di Gerusalemme, ove — fino alla distruzione operata da Nabucodonosor — si trovavano l'arca dell'alleanza, le tavole della legge, e i cherubini d'oro). Il velo (χαταπέτασμά), che separava il santo dei santi dal resto del tempio, lo poteva oltrepassare soltanto il sommo sacerdote (una volta all'anno e con precise osservanze). Lo stesso sommo sacerdote e il velo godettero di una ricchissima messe di interpretazioni allegoriche da parte dei più celebri padri orientali e occidentali della letteratura cristiana. Sul velo squarciato, vedi Mt., 27, 51; Mc., 15, 38; e, per una prima simbologia: *Ebr.*, 6, 19; 9, 3 sgg.; 10, 20 sgg. Vedi 69, 27 sgg.

85, 30: *Ogni pianta*] Parole che leggiamo anche in Mt. 15, 13, ma non si tratta necessariamente di una citazione diretta o indiretta; come tutti gli altri testi incontrati, così anche questo non è verosimile che si rifaccia ai libri del canone del N.T. Possono essere reminiscenze della tradizione o ritocchi redazionali avvenuti lungo la trasmissione del *VangFil* (vedi Introduzione).

86: *figlio della camera nuziale*] Dal matrimonio che si realizza giorno e notte, il pneumatico, da questo mondo, è già entrato nel Pleroma: comprende direttamente i misteri dell'aldilà, e non — come gli altri — per mezzo di parole inadeguate e tenui segni materiali. Egli ha oltrepassato lo stadio dei tipi e delle immagini; da quaggiù ha già raggiunto la pienezza del suo essere, è salito alla luce eterna, si è identificato con essa, e non può più essere visto e molestato dagli arconti (cfr. *ExcerTh* 64-65; 68). Vedi Introduzione.

BIBLIOGRAFIA

Tutta la bibliografia relativa ai testi di Nag Hammadi fu raccolta dagli inizi fino al 1970 da D.M. Scholer, *Nag Hammadi Bibliography: 1948-1969*, Leiden, 1970, ed è annualmente aggiornata nella rivista « Novum Testamentum ».

VANGELO DI TOMASO

Edizioni del testo

Labib, Pahor, *Coptic Gnostic Papyri in the Coptic Museum at Old Cairo*, vol. I, Cairo, 1956; dalla tavola 80 alla 99 è dato per la prima volta il testo copto del nostro Vangelo.

Guillaumont, A. - Puech, H.-Ch. - Till, W.C. - 'Add-Al-Masiḥ (Yassah), *L'Évangile selon Thomas*, Paris, 1959; è l'*editio princeps* col testo copto e le versioni in francese, in tedesco, e l'indice dei termini copti e greci.

Leipoldt, J., *Das Evangelium nach Thomas*, testo copto e versione tedesca, TU, 101, Berlin, 1967; il Leipoldt si cimentò più volte col *VangTom.*: fece la prima versione tedesca in ThLZ, 83, 1958, pp. 481-96; versione riveduta per il volume *Koptisch-gnostische Schriften aus den Papyrus-Codices von Nag-Hammadi*, Theologische Forschung, 20, Berlin, 1960, pp. 10-26.

The Facsimile Edition of the Nag Hammadi Codices, Published under the Auspices of the Department of Antiquities of the Arab Republic of Egypt in Conjunction with the United Nations Educational, Scientific and Cultural Organization, Codex II, Leiden, 1974, pp. 32, 10 - 51, 28; è il testo copto al quale oggi tutti si attengono.

Versione e studi

Bakera, A., *Fasting to the World*, in JBL, 84, 1965, pp. 291-94.
— *The Gospel of Thomas and the Diatessaron*, in JThSt, 16, 1965, pp. 449-54.
— *The Gospel of Thomas and the Syriac Liber Graduum*, in NTSt, 12, 1965, pp. 49-55.

Bauer, J.B., *The Synoptic Tradition in the Gospel of Thomas*, in *Studia Evangelica*, III, TU, 88, Berlin, 1964, pp. 314-17.

Brown, R.E., *The Gospel of Thomas and St. John's Gospel*, in NTSt, 9, 1963, pp. 155-77.

Doresse, J., *L'Évangile selon Thomas ou Les paroles de Jésus*, Paris, 1954; è la prima versione del *VangTom*.

Ehlers, B., *Kann das Thomasevangelium aus Edessa stammen? Ein Beitrag zur Frühgeschichte des Christentums in Edessa*, in VigChr, 12, 1970, pp. 284-317.

Fitzmyer, J.A., *The Oxyrhyncus Logoi of Jesus and the Coptic Gospel According to Thomas*, in ThSt, 20, 1959, pp. 505-60.

Garitte, G., *Les « Logoi » d'Oxyrhynque et l'apocryphe copte dit « Évangile de Thomas »*, in « Le Muséon », 1960, pp. 151-72.
— *Les « Logoi » d'Oxyrhynque sont traduits du copte*, in « Le Muséon », 73, 1960, pp. 335-49.

Gärtner, B., *The Theology of the Gospel of Thomas*, London, 1961.

Grant, R.M., *Notes on the Gospel of Thomas*, in VigChr., 13, 1959, pp. 170-80.

Grant, R.M. - Freedman, D.N., *The Secret Sayings of Jesus*, con traduzione inglese del *VangTom.*, New York-London, 1960.

Grant, R.M. - Freedman, D.N., *Geheime Worte Jesu: Das Thomas-Evangelium*, con un contributo di J.B. Bauer, *Das Thomas-Evangelium in der neuesten Forschung*; traduzione del *VangTom.* di H. Quecke, Frankfurt a.M., 1960.

Guillaumont, A., *Sémitismes dans les logia de Jésus retrouvés à Nag-Hammadi*, in « Journal Asiatique », 246, 1958, pp. 113-23.
— *Les Logia d'Oxyrhynchos sont-ils traduits du copte?* in « Le Muséon », 73, 1960, pp. 325-33.

Haenchen, E., *Die Botschaft des Thomas-Evangeliums*, Berlin, 1961; opera ottima da completare con la bibliografia critica dello stesso Autore in ThRd, 27, 1961, pp. 147-74 e 306-38: *Literatur zum Thomasevangelium*.

Harl, A., *A propos des Logia de Jésus: Le sens du mot*, in « Revue d'Études Grecques », 73, 1960, pp. 464-74.

Kasser, R., *L'Évangile selon Thomas. Présentation et commentaire théologique*, Neuchâtel, 1961.

Klijn, A.F.J., *The « Single One » in the Gospel of Thomas*, in JBL, 81, 1962, pp. 271-78.
— *Das Thomasevangelium und das altsyrische Christentum*, in VigChr., 15, 1961, pp. 146-59.
— *Das Thomasevangelium in Edessa: Die Stadt des Apostels Thomas; Das älteste Christentum in Syrien*, Neukirchen-Vluyn, 1965, pp. 64-83.

Kmosko, M., *Liber Graduum e codicibus syriacis Parisiis, Londoni, Hierosolymis alibique asservatis*, Patrologia Syriaca, 3, Parisiis, 1926.

Koester, H. - Lambdin, Th.O., *The Gospel of Thomas* (II, 2), nell'opera collettiva *The Nag Hammadi Library in English*, Translated by Members of the Coptic Gnostic Library Project of the Institute for Antiquity and Christianity, James M. Robinson, Director, Leiden, 1977, pp. 117-30 (brevissima introduzione di Koester e versione di Lambdin).

218   BIBLIOGRAFIA

Marcovich, M., *Textual Criticism on the Gospel of Thomas*, in JThSt, 20, 1969, pp. 53-64.

Ménard, J.-E., *L'Évangile selon Thomas et le Nouveau Testament*, in SMR, 9, 1966, pp. 147-53.
– *Les problèmes de l'Évangile selon Thomas*, in *The Nag Hammadi Texts*, Leiden, 1972, pp. 59-73.
– *L'Évangile selon Thomas*, Nag Hammadi Studies, 5, Leiden, 1975; ottimo commento, anche se molto spesso percorre più la strada larga dell'ambientazione che quella più stretta del testo.

Moraldi, L., *Apocrifi del Nuovo Testamento*, 2 voll., Torino, 1977².
– *Testi gnostici*, Torino, 1982.
– *L'universo reintegrato: prospettive gnostiche di salvezza*, in RivBibl, 30, 1982, pp. 127-43.

Puech, H.-Ch., *En quête de la Gnose*, Paris, 1978, 2 voll.; traduzione italiana *Sulle tracce della Gnosi*, Adelphi, Milano, 1985 (la seconda parte, pp. 329-578, è interamente dedicata al Vangelo di Tomaso).

Quecke, H., *Das Thomas-Evangelium*, nel volume di W. C. Unnik van, *Evangelien aus dem Nilsand*, Frankfurt a.M., 1959, pp. 161-73 (versione con brevissime note). Vedi Grant-Freedman.

Quispel, G., *Gnostic Studies*, 2 voll., Istanbul, 1974-1975; il II volume contiene importanti studi sul *VangTom*. al quale il Quispel dedicò molte ricerche.

Schrage, W., *Das Verhältnis des Thomas-Evangeliums zur synoptischen Tradition und zu den koptischen Evangelienübersetzung*, Beihefte ZNW, 29, Berlin, 1964.
– *Evangelienzitate in Oxyrynchus-Logien und im koptischen Thomas-Evangelium*, in *Apophorete. Festschrift für E. Haenchen*, Berlin, 1964, pp. 251-68.

Till, W.C., *New Sayings of Jesus in the Recently Discovered Coptic « Gospel of Thomas »*, in BJRL, 41, 1958-1959, pp. 446-58.

Unnik, W.C. van, *Evangelien aus dem Nilsand*, Frankfurt a.M., 1959, pp. 57-69.

Vööbus, A., *Celibacy. A Requirement for Admission to Baptism in the Early Syrian Church*, Papers for Estonian

Theological Society in Eide, Stockholm, 1951; opera ben anteriore alla scoperta del *VangTom.*, ma nella quale è trattato ampiamente il tema ricorrente in alcuni detti del nostro Vangelo.

Wilson, R.McL., *Studies in the Gospel of Thomas*, London, 1960.
– « *Thomas* » *and the Growth of the Gospels*, in Harv ThR, 53, 1960, pp. 231-50.

VANGELO DI MARIA

Till, W.C. - Schenke, H.M., *Die gnostischen Schriften des koptischen Papyrus Berolinensis 8502*, TU, 60/2, 2ᵃ edizione ampliata, Berlin, 1972, pp. 24-32, 62-79.

Roberts, C.H., *Catalogue of the Greek Papyri in the John Rylands Library*, vol. III, Manchester, 1938, pp. 18-23.

Schmidt, C., *Ein vorirenäisches gnostisches Originalwerk, in koptischer Sprache*, in « Sitzungsberichte der preussischen Akademie der Wissenschaften », 1896, pp. 834-47.

Till, W.C. - Carratelli, G.P., Εὐαγγέλιον κατὰ Μαριάμ, in « La Parola del Passato », 1, 1946, pp. 260-67.

Wilson, R.McL. - MacRae, G.W., *The Gospel According to Mary*, in NHC, XI, Leiden, 1979, pp. 453-71.

VANGELO DI VERITÀ

Edizioni del testo

Malinine, M. - Puech, H.-Ch. - Quispel G., *Evangelium Veritatis*, Zürich, 1956; è l'*editio princeps* con il testo copto accompagnato dalle versioni francese, inglese, tedesca, da note e indice dei termini copti e greci.

Malinine, M. - Puech, H.-Ch. - Quispel, G. - Till, W.C., *Evangelium Veritatis, Supplementum*, Zürich, 1961; completa l'edizione precedente con la pubblicazione delle quattro pagine (due fogli) allora mancanti.

The Facsimile Edition of the Nag Hammadi Codices, Published under the Auspices of the Department of Antiquities of the Arab Republic of Egypt in Conjunction with the United Nations Educational, Scientific and Cultural Organization, Codex I, Leiden, 1977, pp. 16, 31 - 43, 24.

Versioni e studi

Arai, S., *Die Christologie des Evangelium Veritatis. Eine religionsgeschichtliche Untersuchung*, Leiden, 1964.

Böhlig, A., *Zur Ursprache des Evangelium Veritatis*, in « Le Muséon », 79, 1966, pp. 317-33.

Colpe, C., *Heidnische, jüdische und christliche Ueberlieferung in den Schriften aus Nag Hammadi*, VIII, in JbAC, 18, 1978, pp. 131-46.

Dupont, J., *Gnosis. La connaissance religieuse dans les Épîtres de saint Paul*, Louvain-Paris, 1949.

Fecht, G., *Der erste « Teil » des sogenannten Evangelium Veritatis (S. 16, 31 - 22, 20)*, in « Orientalia », 30-32, 1961-1963, pp. 371-90, 85-119, 298-335.

Giversen, S., *Evangelium Veritatis and the Epistle to the Hebrews*, in « Studia Theologica », 13, 1959, pp. 87-96.

Grobel, K., *The Gospel of Truth. A Valentinian Meditation on the Gospel*, London, 1960.

Haardt, R., *Zur Struktur des Planes-Mythos im Evangelium Veritatis des Codex Jung*, in « Wiener Zeitschrift zur Kunde des Morgenlandes », 58, 1962, pp. 24-38.

Krause, M., *The Gospel of Truth*, in Gnosis. *A Selection of Gnostic Texts*, opera diretta da W. Foerster e tradotta in inglese da R. McL. Wilson, Oxford, 1974, pp. 53-70.

Leipoldt, J., *Das Evangelium der Wahrheit*, in ThLZ, 82, 1957, pp. 825-34.

MacRae, G.W., *The Gospel of Truth (I, 3 and XII, 2)*, nell'opera collettiva *The Nag Hammadi Library in English*, Translated by Members of the Coptic Gnostic Library

Project of the Institute for Antiquity and Christianity, James M. Robinson, Director, Leiden, 1977, pp. 37-49.

Marrou, H.-I., *L'Évangile de Vérité et la diffusion du comput digital dans l'Antiquité*, in VigChr, 12, 1958, pp. 98-103.

Ménard, J.-E., *L'Évangile de Vérité. Rétroversion grecque et commentaire*, Paris, 1962.
— *Les élucubrations de l'Évangile de Vérité sur le «Nom»*, in SMR, 5, 1962, pp. 185-214.
— *La πλάνη dans l'Évangile de Vérité*, in SMR, 7, 1964, pp. 3-36.
— *La «connaissance» dans l'Évangile de Vérité*, in Rev ScR, 41, 1967, pp. 1-28.
— *L'Évangile de Vérité*, NHSt, II, Leiden, 1972.

Moraldi, L., *Apocrifi del Nuovo Testamento*, 2 voll., Torino, 1977².
— *Testi gnostici*, Torino, 1982.
— *L'universo reintegrato: prospettive di salvezza*, in Riv Bibl, 30, 1982, pp. 127-43.

Nagel, P., *Die Herkunft des Evangelium Veritatis in sprachlicher Sicht*, in OrLitZ, 61, 1966, pp. 5-14.

Quispel, G., *La conception de l'homme dans la gnose valentinienne*, in EranosJb, 15, 1947, pp. 249-86.
— *Der gnostische Anthropos und die jüdische Tradition*, in EranosJb, 22, 1953, pp. 195-234.
— *Das ewige Ebenbild des Menschen. Zur Begegnung mit dem Selbst in der Gnosis*, in EranosJb, 41, 1967, pp. 305-17.

Ringgren, H., *The Gospel of Truth and Valentinian Gnosticism*, in «Vox Theologica», 18, 1964, pp. 51-65.

Sagnard, F., *Extraits de Théodote*, SC, 23, Paris, 1970.
— *La gnose valentinienne et le témoignage de saint Irénée*, Paris, 1947.

Schenke, H.M., *Die Herkunft des sogenannten Evangelium Veritatis*, Göttingen, 1959.
— *Das Evangelium der Wahrheit*, nel volume di W.C. van Unnik, *Evangelien aus dem Nilsand*, Frankfurt a.M., 1959, pp. 174-85 (è data soltanto la traduzione del testo).

Segelberg, E., *Evangelium Veritatis. A Confirmation Hom-*

ily and its Relation to the Odes of Solomon, in « Orientalia Suecana », 8, 1959, pp. 3-42.

Story, C., *The Nature of Truth in « The Gospel of Truth » and in the Writings of Justin Martyr. A Study of the Pattern of Orthodoxy in the Middle of the Second Christian Century*, Leiden, 1970.

Till, W.C., *Bemerkungen zur Erstausgabe des « Evangelium Veritatis »*, in « Orientalia », 27, 1958, pp. 269-86.
– *Die Kairener Seiten des « Evangelium der Wahrheit »*, in « Orientalia », 29, 1959, pp. 170-85.
– *Das Evangelium der Wahrheit. Neue Uebersetzung des vollständigen Textes*, in ZNW, 50, 1959, pp. 165-85.

Unnik, W.C. van, *The « Gospel of Truth », and the New Testament*, in *The Jung Codex. A Newly Recovered Gnostic Papyrus*, London, 1955, pp. 79-129.
– *Das Evangelium der Wahrheit*, in *Evangelien aus dem Nilsand*, cit., pp. 69-81.

VANGELO DI FILIPPO

Edizioni del testo

Labib, Pahor, *Coptic Gnostic Papyri in the Coptic Museum at Old Cairo*, vol. I, Cairo, 1956: con altri testi copti, l'opera contiene la prima pubblicazione, in facsimile, del testo; le tavole presentano un testo rimpicciolito e spesso illegibile: il *Vangelo di Filippo* è contenuto nelle tavole da 99 a 134: su questa pubblicazione si basano tutte le prime versioni, vedi W.C. Till.

Till, W.C., *Das Evangelium nach Philippos*, Patristische Texte und Studien, 2, Berlin, 1963; è l'*editio princeps* che presenta il testo copto pubblicato nelle tavole di Pahor Labib ma diligentemente emendato; importanti osservazioni su quest'opera furono fatte da M. Krause, in « Zeitschrift für Kirchengeschichte », 75, 1964, pp. 168-82.

The Facsimile Edition of the Nag Hammadi Codices, Published under the Auspices of the Department of Antiquities of the Arab Republic of Egypt in Conjunction with the United Nations Educational, Scientific and Cultural Organization, Codex II, Leiden, 1974, pp. 51, 29 - 86, 19.

Versioni e studi

Bauer, J.B., *De Evangelio secundum Philippum coptico*, in « Verbum Domini », 41, 1963, pp. 280-88.

Catanzaro (de), C.-J., *The Gospel According to Philip*, in JThSt, 13, 1962, pp. 35-71.

Colpe, C., *Heidnische, jüdische und christliche Ueberlieferung in den Schriften aus Nag Hammadi*, IV, in JbAC, 18, 1975, pp. 144-65, spec. le pp. 149-52.

Gaffron, H.G., *Studien zum koptischen Philippusevangelium unter besonderer Berücksichtigung der Sakramente*, Bonn, 1969; è il migliore studio sui sacramenti nel *Vang Fil*.

Grant, R.M., *Two Gnostic Gospels*, in JBL, 79, 1960, pp. 1-11.
– *The Mystery of Marriage in the Gospel of Philip*, in VigChr, 15, 1961, pp. 129-40.

Helmbold, A., *Translation Problems in the Gospel of Philip*, in NTSt, 11, 1964, pp. 90-93.

Isenberg, W.W., *The Gospel of Philip*, con introduzione e traduzione, nell'opera collettiva *The Nag Hammadi Library in English*, Translated by Members of the Coptic Gnostic Library Project of the Institute for Antiquity and Christianity, James M. Robinson, Director, Leiden, 1977, pp. 131-51.

Janssens, Y., *L'Évangile selon Philippe*, in « Le Muséon », 81, 1968, pp. 79-133.

Kasser, R., *L'Évangile selon Philippe*, in RThPh, 20, 1970, pp. 12-35 e *ibidem*, pp. 82-106.
– *L'Évangile selon Philippe, propositions pour quelques reconstitutions nouvelles*, in « Le Muséon », 71, 1968, pp. 407-14.

Koschorke, K., *Die « Namen » im Philippusevangelium. Beobachtungen zur Auseinandersetzung zwischen gnostischem und katholischem Christentum*, in ZNW, 64, 1973, pp. 307-22.

Krause, M., *The Gospel of Philip*, in *Gnosis. A Selection of Gnostic Texts*, opera diretta da W. Foerster e tradotta in inglese da R. McL. Wilson, Oxford, 1974, pp. 76-101.

Leipoldt, J. - Schenke, H.M., *Koptisch-gnostische Schriften aus den Papyrus-Codices von Nag-Hammadi*, Theologische Forschung, 20, Hamburg, 1960, pp. 33-65.

Ménard, J.-E., *L'Évangile selon Philippe*, Montréal-Paris, 1964.
– *L'Évangile selon Philippe*. Introduction, texte, traduction, commentaire, Paris, 1967.
– *L'Évangile de Philippe* e *L'Exégèse de l'âme*, in *Les Textes de Nag Hammadi*, Colloque du Centre d'Histoire des Religions, Strasbourg, 23-25 ottobre 1974, in NHSt, VII, Leiden, 1975, pp. 56-57.

Moraldi, L., *Apocrifi del Nuovo Testamento*, 2 voll., Torino, 1977².
– *Testi gnostici*, Torino, 1982.
– *L'universo reintegrato: prospettive di salvezza*, in Riv Bibl, 30, 1982, pp. 127-43.

Orbe, A., *La unción del Verbo*, Estudios Valentinianos, III, Roma, 1961.

Potterie, I. de la, *L'onction du Christ*, in « Nouvelle RTh », 80, 1958, pp. 225-52.
– *L'onction du chrétien par la foi*, in Bibl, 40, 1959, pp. 12-69.

Quispel, G., *Der gnostische Anthropos und die jüdische Tradition*, in EranosJb, 22, 1953, pp. 195-234.

Sagnard, F.-M.-M., *La gnose valentinienne et le témoignage de saint Irénée*, Paris, 1947.
– *Extraits de Théodote*, SC, 23, Paris, 1970.

Schenke, H.M., *Das Evangelium nach Philippus. Ein Evangelium der Valentinianer aus dem Funde von Nag-Hammadi*, in ThLZ, 84, 1959, pp. 1-26; è la prima versione apparsa e successivamente riedita con leggere modifiche (vedi Leipoldt); per questa versione Schenke si basò sull'unico testo copto allora disponibile pubblicato da Pahor Labib.
– *Die Arbeit am Philippus-Evangelium*, in ThLZ, 90, 1965, pp. 321-32.

Segelberg, E., *The Coptic-Gnostic Gospel According to Philip and its Sacramental System*, in « Numen », 7, 1960, pp. 189-200.
– *The Baptismal Rite According to Some of Coptic-Gnostic Texts of Nag-Hammadi*, in *Studia Patristica*, V, TU, 80, Berlin, 1962, pp. 117-28.
– *The Antiochene Background of the Gospel of Philip*, in « Bulletin de la Société d'Archéologie Copte », 18, 1966, pp. 205-23.

Schmid, S., *Brautgemach*, in *RAC*, II, pp. 524-28.
– *Brautschaft, heilige*, in *RAC*, II, pp. 258-64.
Unnik, W.C. van, *Three Notes on the Gospel of Philip*, in NTSt, 10, 1964, pp. 465-69.

Wilson, R.McL., *The Gospel of Philip*, tradotto dal testo copto con introduzione e commento, London, 1962.
– *The New Testament in the Nag Hammadi Gospel of Philip*, in NTSt, 9, 1962-1963, pp. 291-94.

GLI ADELPHI

FINITO DI STAMPARE NEL GIUGNO 2005
DALLA TECHNO MEDIA REFERENCE S.R.L. - CUSANO (MI)

Printed in Italy

GLI ADELPHI
Periodico mensile: N. 52/1993
Registr. Trib. di Milano N. 284 del 17.4.1989
Direttore responsabile: Roberto Calasso